재외한인 민족교육 모형개발과 네트워크 구축

전남대학교 세계한상 · 문화연구 3차총서 5

재외한인 민족교육 모형개발과 네트워크 구축

Development of Ethnic Education Model and Construction of Network
for Overseas Koreans

김정숙, 임채완, 김경근, 서범종 지음

북코리아

21세기에 들어서 세계적으로 가속화되고 있는 초국가적인 인구이동과 더불어 다문화시대가 도래하면서 민족간 공생의 개념이 점점 확산되고 있다. 이러한 시대적 배경 속에서 이 총서는 2003년 9월 한국학술진흥재단 기초학문육성사업 인문사회과학 분야의 연구과제로 선정된 전남대 세계ㆍ한상문화연구단의 '세계한상네트워크 구축과 한민족공동체 조사연구' 사업의 3차년도 연구성과를 집약하여 출판한 것이다.

이번에 출판으로 완성된 3차년도 연구과제는 제1차년도 재외한인 사회의 경제환경 및 문화영역, 제2차년도 재외한인 기업의 경영활동 및 사회ㆍ문화영역에 이어 각 영역별로 재외한인의 네트워크 실태를 진단하고 지구적 차원에서 민족네트워크 구축을 위한 전략 및 구체적인 대안을 제시하는 데 초점이 맞추어져 있다.

제1차 총서와 제2차 총서에 이어 세 번째로 발간되는 이번 총서는 『재미한인 기업의 네트워크』, 『재일코리안 기업의 네트워크』, 『중국조선족 기업의 네트워크』, 『러시아ㆍ중앙아시아 한상네트워크』, 『재외한인 민족교육 모형개발과 네트워크 구축』, 『재외한인 권익보호 단체와 활동가 네트워크』, 『재외한인 언론인 네트워크』, 『재외한인 여성공동체 네트워크』, 『재외한인 정보자원 생성과 변천』, 『재외한인 사회단체 네트워크』, 『재외한인 문화예술 네트워크』 등 총 11권으로 구성되어 있다. 각 지역별 재외한인사회의 특성을 반영하되 글로벌 수준의 디아스포라 네트워크 구축이라는 공통적인 주제로 집약되어 발간되는 이번 총서는 연구단이 1년간에 걸쳐 수행한 연구성과들이 체계적으로 집약되어 있다. 또한 세부과제팀별로 지구화 시대 글로벌 네트워크 구축이라는 큰 틀 속에서 재외한인들의 자본, 노동력, 정보교류의 특징 등을 상세히 분석하고 있다.

이번 총서는 2005년 9월부터 1년간 67명의 연구원을 비롯해 총 200여명의 국내외 연구자와 현지조사자들이 투입된 연구결과물이다. 이 연구의 대상 및 국가는 재외한인들이 가장 많이 밀집되어 있는 미국, 일본, 중국, 러시아·중앙아시아 지역의 25개 재외한인 거점지역들이다. 연구단이 3차년도에 수집한 연구성과 중에서 재외한인 관련 데이터베이스 및 네트워크 구축의 가치가 있는 주요 성과들을 살펴보면 다음과 같다.

먼저 한상분야에서, 미국한상연구팀은 재미한인 기업연감 4,000개 리스트, 재미한인 9개 금융기관 리스트, 재미한인기업 리스트 252개, LA 재미한인 의류업 리스트 104개 등을 확보했다. 기타 재미한인 사회단체 리스트 341개, 사진 100장, 오디오 파일 20개를 입수했다. 재일한상연구팀은 기업가 리스트 1,059개, 뉴커머 기업가 리스트 195개, 기업가 관련 사진 80장, 개인 디렉토리 12,000여건, 단체 디렉토리 20건 등을 확보하였다. 중국한상연구팀의 경우, 기업 디렉토리 300개, 명함 100장, 기업가 및 각종 사진 900장, 오디오 30여건 등을 입수하였다. 러시아·중앙아시아 한상팀은 고려인 기업 87개, 고려인 자영업자 48개, 고려인 단체 26개, 고려인 교민단체 39개, 한국진출기업 리스트 151개, 한국진출 교민 자영업 리스트 191개 등을 수집하였다. 이처럼 풍부한 자료들은 그동안 공식·비공식적으로 산재하였던 각종 문헌들을 재조사하거나 현지조사 과정을 통해 직접 입수한 자료들로서 한상의 실태에 대한 학문적, 실용적 기초자료로서 가치를 지닌다 하겠다.

다음으로 재외한인 교육연구팀에서는 재미한인학교 100개, 재일조선인 학교 140개, 중국조선족 학교 240개, 러시아·중앙아시아 한인학교 230개 리스트를 확보하였고, 기타 관련사진 27장, 오디오 파일 33개를 수집하였다. 재외한인 사회단체팀에서는 미국한인단체 100개, 일본한인단체 100개, 중국한인단체 100개, 개인 디렉토리 60개, 단체 디렉토리 90개 리스트, 사진 55장을 수집하였다. 재외한인 언론팀에서는 개인 디렉토리 89개, 단체 디렉토리 86개, 국가별 신문과 언론인 사진 60장, 오디오 파일 6개 등을 수집하였다. 재외한인 법률인권팀에서는 개인 디렉토리 101개, 단체 디렉토리 65개 등을 수집하였는데, 구체적으로 중국조선족 변호사 리스트 110명, 중국조선족 변호사 인적사항 52명, 중국조선족 로펌 및 변호사 소개 32건, 재외한인 법적 분쟁 및 제한사례 208건, 재외한인 제한 법령 50건을 수집하였다. 재외한인 집거지 사회문화팀에서는 개인 디렉토리 197개, 단체 디렉토리 79개, 사진 200장, 비디오 및 DVD 1건, 재외한인 문화예술인 리스트 300개, 재외한인 문화예술공간 리스트 50개, 재외한인 집거지 사진 550매를 수집하였다. 재외한인 정보자원팀에서는 개인 디렉토리 65개, 단체 디렉토리 57개, 사진 1400장, 오디오 파일 28개, 중국 조선문 정보자원, 중국조선족 자작곡 및 악보, 동영상 및 영상, 러시아·중앙아시아 고려인 정보자원 등 다수를 발굴하였다. 재외한인 여성팀에서는 개인 디렉토리 377개, 단체 디렉토리 58개, 사진 209장, 오디오 파일 97개, 그리고 여성지도자 활동사 100건, 여성활동가 103명, 재외한인 여성의 사회적 불평등사례 94건, 여성활동가 녹취자료 85건, 재외한인 여성단체 및 복지기관 58개 리스트를 확보하였다.

이처럼 제3차년도 연구총서는 세계 주요 국가에 분포한 재외한인을 대상으로 수집한 자료를 바탕으로, 그들의 경제와 교육, 문화, 사회, 언론, 인권, 여성, 정보자원 등 광범위한 영역에 걸친 활동상황 및 네트워크 구축실태에 관한 풍부한 정보를 담고 있다. 11권의 책들은 주요 한인 집중 거주지역인 5개 지역에 걸쳐 11개 팀의 연구자들이 그동안 조사한 자료를 바탕으로 수차례에 걸친 국제학술회의 등을 통해 전문가 집단의 논평과 보완과정을 거쳤으며, 전문가 초청 집담회와 워크숍 등의 과정을 통하여 수정 보완한 내용들을 토대로 완성된 것이다. 이번 제3차 총서 발간을 계기로 해외 각지에 분포된 재외한인의 연결망과 교류실태에 관한 더욱 실감나고 흥미 있는 정보들을 얻을 수 있을 것으로 기대한다. 주지하다시피 제1차 총서와 제2차 총서의 발간은 국내외 학계와 관련단체는 물론 연구자들의 큰 관심과 반향을 불러 일으켰고 그 중 7권은 대한민국학술원과 문화관광부로부터 우수도서에 선정되는 성과를 거두기도 하였다.

우리 연구단은 이번 총서를 통하여 재외한인 연구가 학문적으로 더욱 심화되어 작금에 국내에서 논의되고 있는 '재외동포학' 내지 '디아

스포라 연구'가 새롭게 정초되는 기회가 되었으면 하는 바람을 가져본
다. 이를 위해서는 재외동포사회에 대한 연구가 일회적 산물로 그치지
않고, 향후 전문교재의 발간, 학제간 강좌의 개발 등 구체적인 프로그램
개발은 물론 '디아스포라와 인문학' '디아스포라 연구의 인문학적 지
평' 등 인문학적으로 참신한 의제(agenda)를 개발하여 이를 한국사회 내
에 담론화시켜 내는 데 성공해야 할 것이다.

　이 총서가 발간되기까지 많은 사람들이 물심양면으로 지원을 아끼지
않았다. 무엇보다도 지난 3년간 현지조사과정에서 만났던 수많은 재외
한인 관련 단체장, 기업가, 연구조력자, 현지조사자의 노고에 깊이 감사
드린다. 그분들의 순수한 열정과 도움없이는 이 총서가 완성되기 힘들
었을 것이다. 또한 연구과제를 지원해 주고 연구과정이 원활하도록 배
려를 아끼지 않으신 한국학술진흥재단의 허상만 이사장님과 관계자들,
전남대학교 강정채 총장님과 산학협력단 관계자들, 국내외 학술회의 참
가자 및 전문가, 연구단 홍보를 위해 지원을 아끼지 않으신 사회단체
및 언론사 관계자, 비좁은 연구실에서 밤잠을 설쳐가며 함께 노력해 온
연구단 식구들께 진심으로 감사를 드린다. 또한 총서의 출간을 허락해
준 북코리아출판사 이찬규 사장님과 편집자들께도 심심한 감사의 뜻을
전한다.

2008년 4월

용봉골 연구동에서

세계한상·문화연구단장　임 채 완

오늘날 우리 사회에서 초국가주의와 디아스포라에 관한 담론은 더 이상 낯선 주제가 아니다. 국경을 넘는 지구적인 인구이동 과정에서 새로운 삶의 터전을 형성한 이산민족 집단, 즉 '디아스포라(diaspora)'의 실존적 경험에 관해 한국사회가 학문적인 관심을 갖기 시작한 지 십년이 넘고 있다. 재외한인분야에서 시작한 이러한 관심은 점차적으로 타민족의 경험을 반영한 보편적 디아스포라 현상과 다문화주의에 대한 새로운 담론으로 증폭되고 있다.

한국사회가 건국 후 60년 만에 세계 10위권의 교역강국으로 부상하면서 세계의 주목을 받은 것처럼 재외한인들도 현지에서 경제적 지위나 문화적 영향력을 강화시키며 사회의 주역으로 성장해 왔다. 어느새 145년을 넘긴 한인디아스포라의 역사는 전 세계 174개국에 걸쳐 수많은 한인공동체를 정착시키고 있다. 재외한인은 한반도 전체인구의 10% 정도인 700만 명을 넘어섰다. 이들은 유럽과 북미지역뿐만 아니라 중국, 러시아, 일본, 아프리카, 알레스카, 브라질 등 다양한 지역과 영역에서 활동하고 있다.

재외한인들은 일찍부터 거주지에서 민족고유의 문화유산을 계승발전하면서도 다양한 민족과 교류하면서 현지화를 추구하였다는 점에서 모국에 살고 있는 한국인들보다 먼저 국제화의 길을 개척했다. 모국이 척박한 가난을 극복하고 선진국의 대열에 도달하는 동안에 재외한인들이 낯선 이역에서 정착해 온 과정은 결코 순탄치 않은 역경이었다. 그러나 민족의식을 결절(結節)로 한 초국가적인 네트워크의 출현으로 세계 각국에 분산되었던 한민족은 통합적인 구심력과 함께 원거리 디아스포라

공동체의 가능성을 얻게 되었다.

그런가 하면 세계 전역에 걸친 한인공동체의 존재만큼이나 한국사회 내에도 지구상의 어느 곳 못지않게 다양한 인종과 민족이 혼거하는 다문화사회로 변모하고 있다. 1980년대 말 이후 한국에 직장을 구해 장기적으로 체류하는 외국인력은 약 100만 명에 달하고 있다. 인구통계에 따르면 한국에서 국제결혼을 통해 성립된 다문화가정은 전체적으로 11만 쌍이 넘으며 출신국가도 무려 112개국에 달한다. 뿐만 아니라 2025년에는 한국에 상주하는 외국인의 규모는 250만 명에 달할 것으로 보인다. 이처럼 한국은 바야흐로 이민송출국에서 이민대상국으로 변모하고 있는 것이다.

지난 수년간 한국사회는 국제이주여성, 외국인노동자문제 등과 같은 다문화사회의 도전과 충격을 겪으면서 글로벌 시대에 대한 준비의 부족을 질책하는 목소리가 작지 않았다. 재외동포재단, 노동부, 법무부 등의 관련기관에 의해 부분적인 지원책이 모색되었지만, 글로벌 사회공동체 패러다임을 주도할 학술적 기반을 제공하는 전문기관은 많지 않다.

이 점에서 세계한상·문화연구단의 재외한인과 디아스포라 연구는 그동안 근대적 영토공간의 경계 안에 제한되어 있던 민족구성원에 대한 관심을 탈영토적인 공간으로 확장시켰으며, 초국가적인 인구이동의 흐름과 정착과정에 대한 생생한 경험들을 학문적으로 정립하였다는 점에서 의미를 높이 평가할만하다. 더욱이 재외한인에 대한 연구를 보편적인 '디아스포라' 현상에 대한 관점에서 바라보게 함으로써 최근의 다문화주의 담론과 연결시켜 생각할 수 있게 하였다는 점에서 우리 사회에 기여한 바가 크다 하겠다. 세계한상네트워크와 한민족문화공동체 조사연구가 가진 학술적 가치는 디아스포라, 국제인구이동, 해외정보, 초국가 민족연결망, 국제교류, 국제비즈니스 등에 걸친 다양한 학제적 연계성을 제공하는 단초를 마련했다는 점이라 할 수 있다.

전남대학교 세계한상문화연구단이 적극적으로 제기했던 디아스포라 연구의 중요성은 이제 사회적으로 큰 관심사로 등장하고 있다. 첫째, 초국가적 디아스포라 네트워크에 대한 관심이 크게 증가했다. 거대 중국대륙을 부활시킨 세계 화상(華商), 브릭스(BRICs) 경제권의 축인 인도인상(印商), 미국과 러시아 경제에 막강한 영향력을 가진 유대인네트워크는 글로벌 시대 국가경쟁력의 표상이 되고 있다. 둘째, 노동력의 국제이동에 따른 다양한 사회현상에 대한 관심도 크게 증가하고 있다. 중국, 중앙아, 동남아 외국인노동자의 국내유입이나 한국인의 캐나다, 인도, 호주, 중남미, 북미, 유럽 등 세계각지로의 초국가적 이동현상은 유출국과 유입국 모두의 관심을 증가시켰다.

이 책자는 지난 2003년 8월 이후 3년간 한국학술진흥재단의 지원을 받아 진행된 "세계한상네트워크 구축과 한민족공동체 조사연구"의 연구성과를 집약하여 연구총서 형태로 발간한 것이다. 총서의 매 책장 마다 지난 5년간 이 역작을 발간하는데 참여했던 연구책임자를 비롯한 연구원들의 땀과 노력의 흔적이 각인되어있다. 우리는 해외한인사회에 대한 다양한 기초조사를 바탕으로 엮어진 이 총서가 그 동안 관심영역 밖에 머물던 재외한인 문제에 대한 지속적인 관심과 통찰력 있는 시각들을 제공할 것으로 기대한다.

　하나의 책자가 세상의 빛을 보기 위해 생명력을 가지는 첫걸음이 길고 지루한 활자화 과정이라면 두 번째의 생명력은 독자들에게 남겨진 몫이다. 여러 모로 한정된 연구의 제약여건을 극복하고 마침내 활자로 탄생한 이 책의 행간에 축약된 의미들은 독자들이 재해석하고 새롭게 보완해 가야할 것이다. 그렇게 함으로써 이 총서는 단순히 한 시대에 읽도록 재단된 책으로 끝나지 않고, 역사 속에 길이 쓰여지는 텍스트로 완성될 수 있을 것이다. 한 가지 덧붙여 강조하고 싶은 점은 이 책의 진정한 주인이 척박한 이역의 땅에서 민족의 맥을 이어온 재외동포들이라는 점이다. 총서의 한 장 한 장 마다 고난의 역사 속에서 재외동포들의 땀과 눈물이 숨어 있음을 기억하며 넉넉한 마음으로 일독할 것을 추천하는 바이다.

2008년 4월
희망제작소 상임이사 박원순

세계화로 인해 국경을 초월한 무한 경쟁이 전개되고 있는 작금의 상황에서 장차 재외한인 사회를 주도할 차세대들이 한민족으로서의 정체성을 갖고 모국과의 관계를 긴밀하게 유지하도록 하는 것은 매우 중요한 과제라고 할 수 있다. 이들은 활용 여하에 따라 장차 모국 발전에 기여할 수 있는 잠재력이 매우 큰 한민족공동체의 핵심 인적자원의 일부가 될 수 있기 때문이다. 이러한 측면에서 재외한인 차세대를 위한 민족교육은 중요한 의의와 당위성을 갖는다고 볼 수 있다.

이러한 맥락에서 저자들은 먼저 미국, 일본, 중국, 중앙아시아 지역의 『재외한인 민족교육 실태』에 관한 연구와 『재외한인의 민족교육관』에 관한 연구를 수행한 바 있다. 그 결과 지역별 재외한인 민족교육의 목적, 민족교육기관의 설치 현황, 민족교육과정의 편성 및 운영, 민족교육에 대한 기대, 민족교육 내용의 편성 및 운영에 대한 인식을 파악하였다. 저자들은 이러한 자료들을 바탕으로 미국, 일본, 중국, 중앙아시아 지역별 재외한인에게 적합한 민족교육 모형을 개발하고, 민족교육을 위한 네트워크 구축의 필요성을 인식하게 되었다. 이에 저자들은 한국학술진흥재단의 지원을 받아 '세계한상 네트워크와 한민족문화공동체 조사연구'의 일환으로 『재외한인 민족교육 모형 개발 및 네트워크 구축』을 연구하게 되었다. 이 책은 그에 따른 주요 연구 성과를 정리한 것이다.

이 책의 구성은 다음과 같다. 먼저 제Ⅰ장에서는 연구의 필요성과 목적을 밝히고, 연구내용과 방법에 대해 간략히 설명하였다. 제Ⅱ장에는 재외한인 민족교육 모형 개발의 기본 방향과 준거에 대해 정리하고, 민족교육 네트워크의 개념 및 효과를 제시하였다. 제Ⅲ장에서부터 제Ⅵ장에서는 미국, 일본, 중국, 중앙아시아 순서로 재외한인 민족교육의 모형과 네트워크 구축 방안을 제시하였다. 제Ⅶ장에서는 재외한인 지역 간 민족교육 네트워크 구축 방안을 정리하였다. 끝으로 제Ⅷ장에서는 연구결과를 요약하고 그 함의를 논의한 후 향후 과제를 제시하였다.

이 책이 나올 수 있도록 여러 가지 형태로 도움을 주신 분들께 감사의 뜻을 전하고 싶다. 특히 현지 실사를 나갔을 당시에 많은 도움을 주신 재미한국학교 북가주지역협의회 최미영 회장, 연변대학의 허명철 교수, 일본 민단중앙본부 손성길 문교국장, 우즈베키스탄 한국교육원의 장원창 박사의 협조가 없었다면 이 책은 나오기 어려웠을 것이다. 끝으로 초고를 읽고 유익한 논평을 주어 여러 오류를 바로잡을 수 있게 해준 전남대학교 세계한상문화연구단의 여러 전임연구원들께도 감사의 마음을 표하고 싶다.

2008년 4월
저자 일동

Ⅷ 맺음말 ·········· 239

1. 요약 ·········· 239

2. 연구의 함의 및 향후 과제 ·········· 252

표 차례

그림 차례

I
머리말

1. 연구의 필요성 및 목적

현재 세계 각국에 거주하는 재외한인의 수는 2007년도 현재 약 700만 명에 이르고 있다. 이는 세계 여타 국가와 비교할 때 그 숫자나 인구 비율에 있어 최상위권을 차지하는 것이다(외교통상부, 2007). 이미 100년 전부터 여러 가지 동기에 의해 조국을 떠난 재외한인들은 낯설고 척박한 이국땅에서 온갖 고난과 역경을 극복하고 당당하게 삶의 뿌리를 내려왔다. 이처럼 재외한인들이 오랜 세월 동안 거주국의 문화에 동화되지 않고 꿋꿋하게 민족혼과 뿌리를 지켜낼 수 있었던 것은 무엇보다도 민족교육의 힘이라고 할 수 있다.

그런데 세계화의 물결은 재외한인들이 처해 있는 환경은 물론 삶의 방식까지도 크게 바꾸어 놓았다. 귀화하거나 거주국 국민과 혼인하는 재외한인들이 급증하고 있으며, 민족언어가 상실되는 현상이 도처에서 나타나고 있다. 이러한 상황은 재외한인이 민족정체성을 유지하면서 미래에도 살아남을 수 있을 것인가에 대한 의문을 품게 만들고 있다. 따라서 재외한인들이 민족정체성을 확립하여 한민족공동체에 적극 참여하고, 거주국에서 잘 적응하여 당당한 한민족의 일원으로서 살아가도록 하기 위해서는 무엇보다도 민족교육이 중요하다. 또한 세계화로 국가와 민족의 경계가 점차 불분명해지고 있는 현 시점에서 지구촌 사회의 일원으로 갖추어야 할 의식과 능력을 갖춘 인재를 개발하는 차원에서도 재외한인 민족교육은 그 당위성을 갖는다(김경근 외, 2005).

한국 정부는 그동안 재외한인들이 민족정체성을 지키는 동시에 현지 사회에 성공적으로 적응할 수 있도록 돕기 위한 일환으로 재외한인 민족교육기관을 지원하는 데 힘써 왔다. 그러나 재외한인 교육기관의 양적인 성장에도 불구하고, 재외한인 교육은 일정 부분 한계점을 드러내고 있다. 이러한 문제는 세계 각국의 재외한인들을 위한 체계적인 교육 시스템을 갖추기가 쉽지 않다는 점과 재외한인들에게 적합한 민족교육 내용을 제공하지 못한 점에 상당 부분 기인한다. 무엇보다도 재외한인들을 위한 민족교육을 지원함에 있어 가장 중요한 점은 각국의 재외한인들이 당면한 민족교육의 장애요인을 파악하고, 또한 각 재외한인의 요구 수준을 반영한 민족교육 내용을 제공하는 것이라 하겠다. 실제로 재외한인들은 지열별로 이주의 역사가 다르며, 그들이 속한 거주국의 사회경제적 여건도 동일하지 않기 때문에 그들이 당면하고 있는 민족교육의 문제점과 민족교육에 대한 그들의 요구수준에서도 차이가 있을 수밖에 없다.

따라서 재외한인 민족교육은 이전과는 다른 방향에서 각 지역별로 특성에 맞게 새롭게 접근될 필요가 있다. 즉 세계화 시대의 재외한인 민족교육은 민족의 언어, 역사, 문화를 가르침으로써 올바른 민족관과 역사관을 갖게 하는 동시에 거주국이 갖는 이질성과 다양성을 존중하는 방향에서 추구되어야 한다. 재외한인 민족교육이 지구촌 시대의 보편적 이상과 부합되지 않는 원색적 민족주의나 과도한 국수주의로 경도된다면 이는 궁극적으로 거주국의 반발을 야기하여 재외한인 민족교육의 존립기반 자체에 심각한 위협으로 작용하게 될 것이기 때문이다.

이에 본 연구팀은 전술한 문제의식을 바탕으로 하여 재외한인들 대다수가 거주하는 미국, 일본, 중국, 중앙아시아를 중심으로 각 지역에 적합한 민족교육 모형을 개발하는 한편 이를 뒷받침할 수 있는 민족교육 네트워크를 구축하기 위한 기초조사를 수행하였다. 연구팀은 지난 2년 간 1차 년도에는 '재외한인 민족교육의 실태'를 살펴보았고 2차 년도에는 '재외한인의 민족교육관'을 고찰한 바 있다. 이러한 일련의 연구를 통하여 연구팀이 얻은 결론은 각각의 재외한인 사회는 고유의 정치적·경제적·역사적·문화적 특성을 지니고 있기 때문에 민족교육도 그와 같은 지역적 특수성을 감안하여 실시되어야 한다는 점이다. 같은 맥락에서 민족교육의 실천을 뒷받침할 수 있는 네트워크도 각각의 재외한인 사회를 중심으로 구축될 필요가 있다.

최근 정부는 재외동포교육 강화방안을 확정·발표하고 '재외국민 등의 교육지원에 관한 법률안'을 입법 예고하였다. 이 방안의 요체는 재외동포교육의 질을 획기적으로 개선하기 위해 정부의 재정지원을 현재보다 2배 이상 확대하겠다는 것이다. 무한경쟁의 세계화 시대에 재외한인이라는 민족자원을 십분 활용하는 일의 중요성을 감안할 때, 이러한 정부의 재외동포교육 강화 노력은 매우 고무적인 현상으로 볼 수 있다. 그러나 정부의 재정지원 확대가 소기의 성과를 거두기 위해서는 재원의 효율적 활용이 무엇보다 중요하며, 이러한 맥락에서 각 재외한인 사회별로 적절한 민족교육 모형을 개발하고 이를 뒷받침할 네트워크 구축 방안을 모색하는 일은 매우 시급한 과제라고 할 수 있다.

2. 연구 내용 및 방법

1) 연구 내용

본 연구에서의 연구 내용은 크게 두 가지이다. 첫째, 연구대상 지역(미국, 일본, 중국, 중앙아시아)별 재외한인들을 위한 민족교육 모형을 개발하였다. 민족교육 모형에는 세 가지 하위 영역이 포함되며, 구체적인 내용은 다음과 같다.

조사 영역	하위 영역
민족교육의 거점, 대상 및 교육내용	• 민족교육의 주도적 기관 • 민족교육의 대상 및 교육내용
민족교육기관의 내실화	• 하드웨어적 측면 • 소프트웨어적 측면 • 인적지원 측면
민족교육의 활성화	• 민간지원 확대 • 정부의 제도적 지원

둘째, 재외한인 민족교육 네트워크를 구축하기 위해 다음의 내용을 조사하고자 하였다.

① 각 지역별 민족교육 네트워크 구축

각 지역별 민족교육기관(한국교육원, 한국학교, 한글학교, 기타)의 네트워크 방안

각 지역별 민족교육기관의 교재, 교육방법, 교육 자료의 확보 방안

각 지역별 민족교육 담당 인적교류 방안

② 각 지역간 민족교육 네트워크 구축

재외한인 민족교육 교류를 지원하기 위한 오프라인 민족교육 네트워크 방안

재외한인 민족교육 교류를 지원하기 위한 온라인 민족교육 네트워크 방안

2) 연구 방법 및 연구 모형

우선 본 연구를 위한 연구 방법을 제시하면 다음과 같다.

⑴ 연구 방법

가. 문헌연구

1, 2년차 연구결과를 종합적이고 체계적으로 검토하여 주요 발견점과 시사점을 도출하였다. 아울러 연구 대상국의 민족교육과 관련된 자료(논문, 도서, 기록물, 기사 등)와 그밖에 연구 대상국과 관련된 연감, 각종 통계자료, 외교백서 등을 수집하여 분석하였다. 문헌연구를 통하여 얻은 자료는 현지 조사를 위한 기초 자료로 사용하였다.

나. 설문지 조사와 현지방문 조사의 결합

민족교육 모형을 구안하기 위해 수행된 본 연구는 지난 3년간 수집했던 양적·질적 자료를 분석에 활용하였다. 우선 1차년과 2차년에 실시했던 설문조사를 통해 수집된 양적 자료를 바탕으로 재외한인 민족교육의 실태 및 수요를 개괄적으로 고찰하였다. 또한 본 연구에서는 각 연구대상국을 방문하여 재외한인 민족교육 전문가, 민족교육 담당자, 학생 및 학부모 등을 대상으로 민족교육 모형 개발을 위한 심층면접과 참여관찰을 실시하였다. 본 연구에 참여한 제보자의 구체적인 인적사항은 지역별 민족교육 모형을 다룬 각 장에서 자세히 소개하였다.

다. 전문가 회의

연구결과의 실행 가능성을 높이기 위해서 전문가 회의를 실시하였다. 1, 2차년도 연구결과를 바탕으로 재외한인 민족교육 모형 개발 및 네트워크 구축 방안에 대해 재외한인 민족교육 문제에 정통한 국내외 전문가들과의 간담회를 가졌고, 그를 통해 질적 자료를 수집하였다.

(2) 연구 모형

본 연구는 세계 각지의 재외한인 사회에 적합한 민족교육 모형을 모색하고 네트워크를 구축하기 위해 수행되었으며, 이를 위해 〈그림 Ⅰ-1〉과 같은 내용, 전략, 목표를 설정하였다.

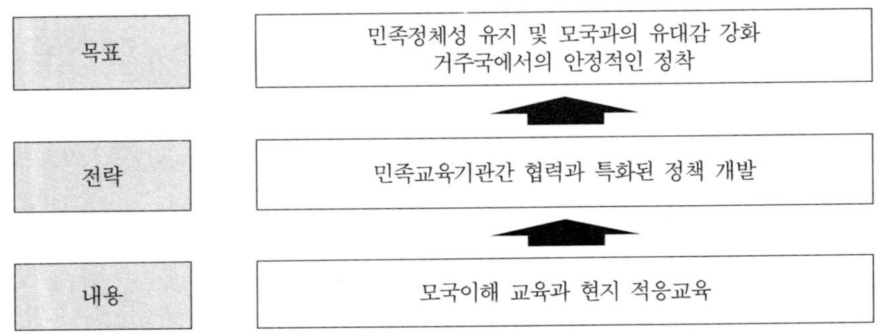

〈그림 Ⅰ-1〉 민족교육 모형 및 네트워크 구축의 내용, 전략, 목표

민족교육의 기본적인 내용은 "모국이해 교육과 현지 적응교육"으로 설정하였다. 이는 민족교육기관간의 유기적인 협력과 특화된 정책 개발을 통해 달성될 수 있다. 특화된 정책개발이 의미하는 바는 각 재외한인 사회가 매우 이질적이고, 각 집단이 처한 상황이 다르기 때문에 모든 재외한인 집단을 동일하게 다룰 것이 아니라, 각 집단마다 민족교육을 활성화하는데 있어 전략 집단의 선정 및 프로그램의 차별화를 꾀하자는 것이다. 이러한 민족교육의 내용과 전략을 바탕으로 한 민족교육 모형의 궁극적인 목표는 재외한인들로 하여금 "민족정체성의 유지 및 모국과의 유대감 강화, 그리고 거주국에서의 안정적인 정착"을 유도하는 것이다.

각 지역별 재외한인들에게 적합한 민족교육 모형 및 네트워크 구축 과정의 틀은 〈그림 Ⅰ-2〉와 같다. 우선 1차년과 2차년의 자료를 바탕으로 재외한인 민족교육기관의 실태 및 민족교육관을 통해 민족교육에 대한 평가를 개괄적으로 실시하였다. 민족교육기관의 실태는 민족교육 기관의 운영진을 대상으로 파악하였고, 민족교육관은 민족교육 수요자 (학생과 학부모)를 대상으로 살펴본 민족교육관이 고려되었다. 구체적 으로 민족교육기관의 실태는 시설, 학습자료, 교사 변인을 통해, 민족교 육 수요자의 민족교육관은 한민족으로서의 자긍심, 민족교육의 필요성, 민족교육에 대한 만족도, 민족교육에 대한 문제의식, 민족교육에 거는 기대, 중시하는 민족교육 내용 변인을 통해 검토하였다.

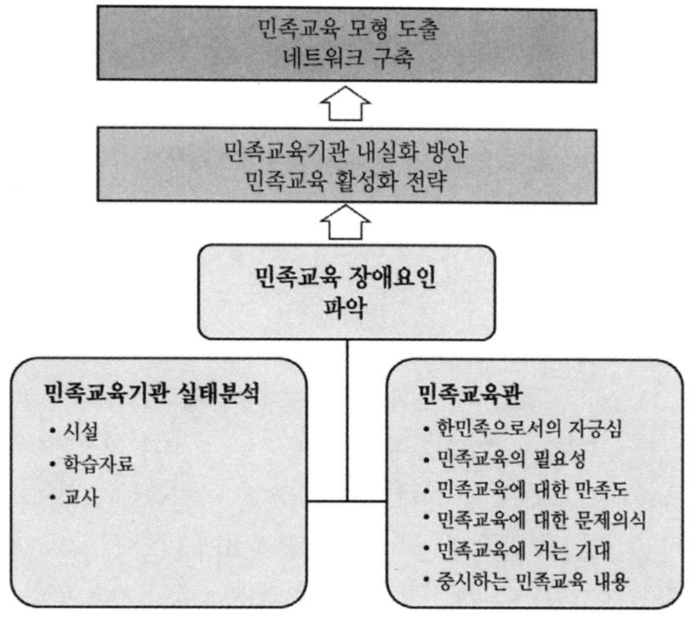

〈그림 I-2〉 민족교육 모형 개발 및 네트워크 구축 과정의 틀

다음으로 각 지역에 거주하는 재외한인 학부모와 학생 그리고 민족 교육 전문가와의 심층면담을 통해 얻어진 질적 자료를 바탕으로 민족 교육의 장애요인을 파악하는 한편, 민족교육기관의 내실화 방안 및 민 족교육 활성화 전략을 제시하는 과정을 거쳐 각 지역별 재외한인 사회 에 적합한 민족교육 모형과 네트워크 구축 방안을 도출하고자 하였다.

3. 연구의 범위

재외한인들은 정치·경제적인 이유로 인하여 특정 지역에 집중적으로 거주하는 경향을 보이고 있다. 따라서 이 연구에서는 연구대상 지역을 선정함에 있어서 상당수의 재외한인들이 거주하고 있는 미국, 일본, 중국, 중앙아시아 지역으로 한정하였다. 또한 재외한인 민족교육은 가정, 학교, 사회 등 다양한 교육의 장에서 실시되고 있는 바, 본 연구에서 다루는 민족교육의 범위에는 정규 또는 비정규 교육기관에서 실시되는 교육이 포함된다.

4. 연구 주제의 독창성 및 선행연구와의 차별성

세계화의 격랑 속에서 재외한인들은 자칫하면 자신의 정체성을 상실하여 거주국은 물론 모국으로부터 환영받지 못하는 상황에 처할 수 있다. 그러나 만약 각 지역에 적합한 재외한인 민족교육 모형을 개발하고 이를 뒷받침할 수 있는 네트워크를 구축하여 민족교육을 효율적으로 실시할 수 있다면 재외한인들은 자신은 물론 모국과 거주국의 발전에 크게 기여하는 소중한 인적자원으로 성장할 수 있을 것이다. 지금까지 총론적인 차원에서 민족교육의 실태나 문제점에 대한 연구는 간헐적으로 수행된 적이 있다. 그렇지만 재외한인 민족교육과 관련하여 각 지역별로 적합한 민족교육 모형을 개발하고 이를 뒷받침할 수 있는 네트워크를 구축하는 작업은 그 중요성에도 불구하고 거의 이루어진 적이 없다. 여기에 이 연구의 독창성이 있다고 볼 수 있다. 이는 각 재외한인 사회의 민족교육의 실태 및 특성에 두루 정통한 전문가가 없었던 사실과도 무관하지 않은 것으로 보인다. 본 연구팀은 지난 2년간에 걸쳐 재외한인의 민족교육 실태 및 민족교육관을 심도 있게 고찰할 수 있는 기회를 가졌다. 이를 통해 각 지역별로 고유의 민족교육 모형을 개발하고 이를 뒷받침할 수 있는 네트워크를 구축하는 일의 중요성을 절감하였고, 이를 수행할 수 있는 전문성도 갖추게 되었다. 따라서 본 연구는 재외한인 민족교육의 실태와 민족교육관에 관한 선행연구를 바탕으로 하여 타당성과 현실성이 높은 민족교육 모형과 네트워크 구축 방안을 제시할 수 있을 것으로 기대된다.

5. 책의 구성

이 책은 모두 여덟 개 장으로 구성되어 있다. Ⅱ장에는 이 연구에서 논의되는 민족교육 모형 및 네트워크와 관련된 이론적 논의를 살펴보았다. Ⅲ장에서부터 Ⅵ장까지는 미국, 일본, 중국, 중앙아시아 지역의 순서대로 지역별 민족교육 모형과 네트워크 구축 방안을 제시하였다. 각 장은 1) 재외한인 사회의 특성, 2) 민족교육의 현황, 3) 주요 제보자 소개, 4) 민족교육에 대한 평가 및 민족교육의 장애요인, 5) 민족교육 모형과 네트워크로 구성된다. 1)~4)의 항목들은 민족교육 모형과 네트워크가 재외한인 사회의 특성 및 거주국의 상황을 바탕으로 도출될 수 있는 것이기에 포함시켰다. Ⅶ장에서는 재외한인 지역간 민족교육 네트워크 구축 방안을 조사하여 제시하였고, 끝으로 Ⅷ장에서는 3차년의 연구 성과를 정리하고 향후 과제에 대해 논의하였다.

Ⅱ
연구의 분석틀

여기에서는 본 연구에서 논의될 민족교육 모형 개발의 기본방향과 준거에 대해서 정리하고, 민족교육 네트워크 구축과 관련하여 네트워크의 개념 및 효과에 대해 살펴보고자 한다. 아울러 민족교육 네트워크의 필요성 및 유형을 검토해 보겠다.

1. 민족교육 모형 개발

1) 민족교육 모형 개발의 기본 방향

민족교육은 민족의 고유성을 확인하고 내부적으로는 구심력을 확보하게 함으로써 민족정체성을 유지하게 하는 기능을 수행한다. 기본적으로 민족교육은 민족의 통합과 발전을 추구하는 교육이라고 할 수 있다. 즉 민족교육은 선천적 소여·유대를 기반으로 하여 한 민족 및 인류의 존속·발전을 위하여 공동운명체적인 자각과 미래지향적인 안목에서, 안으로는 그 민족 고유의 과제를 풀며, 밖으로는 인류가 공통으로 지니는 과제를 풀 수 있는 인간을 의도적·구안적·계속적으로 조성하는 민족단위의 후천적 교육이라고 할 수 있다(김정환, 1973).

과거 민족정체성은 대단히 안정된 모습을 보였다. 국경을 경계로 하여 민족의 외부와 내부의 구분이 선명하였고 민족정체성도 국가 권력에 의해 쉽게 확립되었다. 그러나 세계화 시대에 국가간의 장벽은 형식화되었고 국경을 초월한 사회적 상호작용이 이루어지고 있다. 따라서 개인의 정체성은 그 이전 시기에 비해 대단히 복합적이고 가변적인 속성을 지니고 있다고 할 수 있다(남호엽, 2001).

정보화와 세계화 시대를 살아가고 있는 세계 각국의 재외한인들 역시 거주국의 사회문화적 환경에 적응하면서 민족정체성을 유지하는 것이 쉽지 않을 가능성이 크다. 더구나 현재는 민족의 동질성을 선언적으로 강조함으로써 민족정체성을 유지하는 것이 가능했던 과거와는 상황이 다르다. 또한 재외한인 2~3세들은 거주국의 구성원으로 거주국의 문화와 신념체계를 내면화하고 있기 때문에, 그들이 민족정체성을 유지하는 것은 더욱 어려운 일이 되고 있다.

따라서 세계화 시대의 재외한인들을 위한 민족교육은 안정된 구조 속에서 지속적으로 재생산되는 것으로 보기보다는 거주국의 사회적 조건과 상황에 맞추어 탄력적으로 변모하는 것으로 개념화되어야 한다. 또한 민족교육은 배타적인 민족성을 강조하는 것이 아니라 문화의 다양성을 인정하고 공존을 모색하는 미래지향적 면모할 갖출 필요가 있다. 즉 민족 외부의 문화적 다양성이 내부와 비교해서 이질적인 것으로 배제될 것이 아니라, 문화적 다양성을 인정하고 개방적인 태도를 가질 필요가 있다. 따라서 민족교육의 범위와 방법에 대한 논의도 이러한 관점을 바탕으로 하여 이루어져야 할 것이다.

2) 민족교육 모형의 준거 및 내용

민족교육 모형은 〈표 Ⅱ-1〉과 같다. 여기에는 민족교육의 거점과 대상 및 교육내용, 민족교육기관의 내실화 방안, 민족교육의 활성화 방안이 포함된다. 이 내용들은 각 지역별 재외한인 민족교육기관의 실태에

대한 분석과 민족교육에 대한 요구수준에 대한 평가 및 민족교육의 장
애요인에 대한 심층 분석을 통해 도출된 것이다. 구체적인 내용은 다음
과 같다.

<표 II-1> 민족교육 모형의 세부 내용

단계	항목	내용
민족교육의 거점, 대상 및 교육내용	거점	민족교육을 주도적으로 담당해 나갈 기관은 어디인가
	대상 및 교육내용	민족교육의 주된 대상은 누구인가 민족교육의 주된 내용은 무엇인가
민족교육기관의 내실화	하드웨어	시설 및 교육자료 측면에서 어떤 지원이 이루어져야 하는가
	소프트웨어	민족교육 관련 프로그램이나 학습자료 측면에서 어떤 지원이 이루어져야 하는가
	인적지원	민족교육기관을 내실화하기 위해 정부에서 어떤 인적 지원이 이루어져야 하는가
민족교육의 활성화	민간지원 확대	NGO 단체 및 거주국에 진출한 한국 기업 등의 지원 방안
	정부의 제도적 지원	민족교육 활성화를 위한 정부의 정책적 지원 방안

ㅇ민족교육의 거점, 대상 및 교육내용 : 민족교육 모형 개발에서는
  무엇보다도 민족교육의 거점, 즉 민족교육을 체계적으로 집행할 수
  있는 주도적 기관을 선정하는 것이 중요하다. 이것은 각 지역별 재
  외한인 민족교육이 어떤 기관을 중심으로 실시되고 있으며, 미래에
  는 어떤 기관이 담당해야 할 것인지를 바탕으로 결정되어야 할 것
  이다. 또한 현재 모든 재외한인 사회는 세대교체를 겪고 있고 거주
  국 사회로의 동화를 경험하고 있다. 따라서 변화하는 재외한인 사
  회의 특성을 고려하여 민족교육의 대상에 누구를 포함시킬 것인지
  를 결정하고, 그들에게 어떤 교육내용을 전달할 것인지 결정해야
  할 것이다.

○민족교육기관의 내실화 : 민족교육이 효율적으로 집행되기 위해서는 민족교육기관의 하드웨어 및 소프트웨어 측면의 정비가 체계적으로 이루어질 필요가 있다. 이를 위해서는 이미 조성된 민족교육기관의 하드웨어, 소프트웨어 측면에 대한 지원이 필요하다. 또한 민족교육기관을 내실화하기 위해서는 인적 지원 역시 중요하다. 이를테면 민족교육 담당교사들의 양성 및 연수를 체계적으로 관리하고, 이에 대한 지원을 고려해 볼 수 있다.

○민족교육의 활성화 : 민족교육기관을 내실화하는 방안 외에 민족교육을 활성화하기 위한 방안도 마련되어야 한다. 이는 민족교육 수요자들의 민족교육에 대한 참여를 제고시키기 위해 민간지원의 확대 및 한국 정부의 제도적 지원 체계를 의미한다. 민간 차원의 지원은 거주국의 정치적, 외교적 여건에 따라 정부의 지원이 어려운 상황에서 요청되는 제도적 지원 방안이며, 한국 정부의 제도적 지원은 정부가 민족교육을 이수한 재외한인 차세대들을 인적자원으로 활용하기 위한 정책 방안을 의미한다. 기실 정부와 민간 부문이 재외한인들을 위해 어떠한 제도적 지원 방안을 마련하는가에 따라, 재외한인들의 민족교육에 대한 관심과 참여는 달라질 수 있을 것이다. 따라서 민족교육을 활성화하기 위한 정부와 민간 차원의 지원 방안은 민족교육 모형에서 중요하게 고려되어야 할 요인이라 할 수 있다.

2. 네트워크의 개념 및 효과

민족교육 네트워크 구축에 관한 본격적인 논의를 하기에 앞서, 여기에서는 네트워크의 개념과 효과에 대한 이론적 논의를 살펴보도록 하겠다.

네트워크(network)는 통신기술 관점에서 서버 간, 서버와 단말기 간, 단말기 간의 물리적, 상호의존적 연결망을 의미하는 개념으로 사용되어 왔다. 사회학과 인류학 분야에서 개인과 조직 간의 연계와 집단 구성원들을 통합하는 다양한 방식에 관심을 가지면서 네트워크에 대한 연구가 활발해지고 있다(최항섭, 2007).[1]

특히 네트워크에 대한 사회학적 논의는 사회자본(social capital)에 관한 연구에서 주로 이루어지고 있다. 이는 네트워크가 사회자본이 저장되어 있거나 전달하는 기제로써 중요하게 간주되기 때문이다. 사회자본의 개념은 부르디외(Bourdieu)와 콜만(Coleman)에 의해 체계화되었고, 푸트남(Putnam)과 포르테스(Portes)에 의해 응용되면서 널리 소개되었다. 부르디외(1986)는 사회자본을 "상호 면식(acquaintance)과 인식이 제도화된 관계의 네트워크라는 지속적인 형태를 보유함으로써 얻게 되는 실재적이거나 잠재적인 자원의 총합"으로 정의한다. 콜만(1988)에 따르면, 사회자본은 사회구조의 일정 국면을 구성하며, 그 구조 내 행위자의 특정 행위를 촉진하고, 특정 목적을 달성한다는 점에서 생산적이다. 이러한 사회자본은 구성원들 간의 관계구조(structure of relation) 내에 존재한다. 한편 푸트남(2000)은 사회자본을 "협력된 행동을 촉진함으로써 사회의 효율을 개선시켜주는 신뢰, 규범, 네트워크와 같은 사회적 조직의 요소들"로 정의한다.

사회자본에 대한 정의와 강조점이 학자들마다 차이가 있지만, 사회자본이 사람들 사이의 관계 또는 네트워크에 의해 형성된다는 공통점을 확인할 수 있다. 이처럼 사회자본이 사람들간 관계 속에서의 상호작용을 전제로 하기 때문에, 네트워크는 사회자본의 형성에 필수적인 요소라고 할 수 있다. 이와 관련하여, 푸트남은 초기에는 신뢰, 규범, 네트워크를 사회자본의 세 가지 요소로 정의했지만 이후에는 네트워크만을

---

1) 특히 인간관계 또는 인간과 조직간의 관계를 언급할 때는 네트워크라는 개념보다는 연결망이라는 개념이 주로 사용된다.

좀 더 엄격하고 확실한 사회자본으로 규정한 바 있다(Schuller, Baron and Field, 2000; 구혜정, 2002에서 재인용).

상술한 네트워크 내에 존재하는 사회자본 또는 네트워크 그 자체는 참여자들에게 어떤 효과와 가치를 제공하는가. 네트워크 이론가들이 지적하는 네트워크의 효과는 정보획득효과와 지원효과로 정리해 볼 수 있다(손동원, 2002). 정보획득효과란 네트워크라는 관계망에 속하게 됨에 따라 이전에 획득할 수 없었던 정보를 얻게 되는 효과를 말한다. 우리는 익명의 사람과의 관계에서 정보를 얻고자 할 때 많은 시간과 비용을 감수해야 하는 경우가 많다. 그렇지만 네트워크를 통해 원하는 정보를 얻게 되면 비용과 시간이 줄어드는 동시에 일정 수준 이상의 정보를 얻을 수 있다. 따라서 네트워크를 통한 정보획득효과는 정보탐색의 비용절감 효과와 정보의 질적 제고 효과라는 두 가지 측면을 포함한다. 한편 지원효과는 네트워크에 의해 맺은 다른 사람들로부터 정서적, 물질적 지원과 조언 및 충고 등을 얻게 되는 효과를 말한다.

그런데 이들 학자들에 따르면, 네트워크의 존재 양상 또는 사람들이 맺고 있는 관계의 정도에 따라 사회자본의 형성은 달라질 수 있다. 예컨대 콜만은 폐쇄성이 있는 네트워크(network with closure)가 폐쇄성이 없는 네트워크(network without closure)보다 사회자본의 형성을 촉진할 수 있다고 역설한 바 있다(Coleman, 1988). 이와는 반대로 폐쇄성이 없는 네트워크로 표현될 수 있는 '약한 유대'가 사회자본의 확대에 유용하다는 주장도 있다. 이는 Granovetter(1973)의 연구를 통해 소개된 바 있다. Granovetter는 관계의 정도를 강한 유대와 약한 유대로 구분했다. 일반적으로 가족이나 절친한 친구, 오랜 시간을 같이 보내는 동료들과의 사이는 강한 유대인 반면에, 그냥 알고 지내는 사람들은 약한 유대라고 할 수 있다. 그는 약한 유대에 의해서 얻어지는 정보는 충성도나 강도는 낮을 수 있지만 다양한 사람들과 관계를 맺음으로써 새롭고 신선한 정보를 얻을 수 있다고 말한다. 반면에 강한 유대에 의해서 얻어지는 정보는 그 신용도나 확실성은 높아도 주로 유사한 환경에서 상호 작용하는 사람들간에 형성되기 때문에 그 정보가 무의미한 것일 수 있다고 보았다.

최근 세계화, 정보화에 따라 네트워크화 또는 상호연결망의 형성이 용이해짐에 따라, 약한 유대의 일종인 온라인 네트워크가 사회자본을 증가시킬 수 있는지에 대한 논의가 이루어지고 있다. 일반적으로 온라인 네트워크는 면대면 상호작용을 감소시킴으로써 사회자본의 형성을 위축시키는 것으로 간주되어 왔다. 그러나 일부 연구자들은 온라인 내에서의 상호작용이 면대면 상호작용을 보완하거나 대체할 수 있다고 말한다. 실제로 컴퓨터에 의해 매개된 상호작용은 그 자체의 규범을 만들어냄으로써 지역사회 내의 긍정적인 효과를 미쳤으며, 또한 지역을 둘러싼 쟁점에 대한 토론과 실천을 활발하게 만들기도 한다(Hampton and Wellman, 2003; Wellman et al., 1996). 이에 따라 연구자들은 인터넷을 기반으로 한 온라인 네트워크가 사회자본의 새로운 형태로 기능할 수 있을 것으로 기대한다.

상술한 내용을 바탕으로 할 때, 재외한인 사회에서 형성된 다양하고 포괄적인 네트워크는 민족교육을 위한 정보의 교환 및 협력의 장으로서의 역할을 할 수 있을 것이다. 즉 민족교육 네트워크의 확립은 재외한인 구성원들로 하여금 민족교육에 관련된 정보와 인적, 물적 자원을 쉽게 찾도록 해 줌으로써 민족교육의 효율성을 높일 수 있을 것으로 예상해 볼 수 있다.

3. 민족교육과 네트워크

민족교육 네트워크는 한민족 네트워크의 하위 분야로 논의될 수 있다. 한민족 네트워크는 재외한인들의 연결망을 구축하여 재외한인들의 역량을 결집하고, 무한경쟁의 세계화시대에 공동대처하는 협조체제를 구축하는 것이 주목적이다. 한민족 네트워크의 구축은 세계 각국에 산재한 재외동포가 양적으로 크게 성장했음에도 불구하고, 지금까지 정부가 이들을 국가 발전과 민족 번영을 위한 주된 인적자원으로 양성하는 데 주력하지 못했고 이들에 대한 지원 역시 미흡했다는 판단에서 도입되었다. 한국 정부가 한민족 네트워크의 결성에 적극적인 관심을 갖게 된 것은 중국과 이스라엘의 정치경제적 발전에 있어서 화교 네트워크와 유대인 네트워크의 역할에 주목하기 시작하면서부터이다.

전 세계 136개국에 거주하고 있는 해외 화교의 숫자는 약 3,000만 명에 이른다. 화교들은 국경을 초월한 네트워크를 구성하여 상호보완적인 경제 관계를 구축하고 있다. 전 세계의 화교 조직은 약 9,500여 개가 되는데 아시아에 6,500개, 미주에 약 2,500개가 있다. 전세계의 중국인을 연결하는 '세계화상 네트워크'(World Chinese Business Network: WCBN)에는 1999년 말 20개국 10만개 화교기업이 가입하여 활동하고 있다.

한편 유대인 네트워크는 민족적, 문화적 네트워크를 오래 전부터 발전시켜 온 성공적 사례로 꼽힌다. 세계 각 지역의 약 2,000만 명의 유대인들은 각 지역별로 독특한 유대민족권을 형성하고 있다. 특히 이들은 인터넷을 통해 서로 정보를 교환하며 사업을 하고 있는 것으로 유명하다. 이들이 이처럼 강력하고 광범위한 민족네트워크를 구축할 수 있었던 것은 수 천 년에 걸친 유목 생활 속에서 어떻게 '유대적인 것(jewish)'과 '정체성(identity)'을 유지할 수 있을 것인지에 대한 고민에서 비롯되었다. 이들은 다른 민족들과는 달리 한 곳에 정착할 수 없었고 결국 지리적 공간에 국한되지 않는 문화적 공동체를 구축하고자 했다. 여기에 이들이 공유하는 '유대교'라는 세계 종교가 공동체를 유지하는 토대로 작용하기도 하였다(박창규, 2003).

이와 같이 화교와 유대인들은 전 세계의 인적자원을 하나로 묶는 네트워크를 구성하여 이를 경제적 네트워크로 전환시키고 정치적, 문화적 영향력을 극대화시키는 방향으로 가고 있다. 이들이 이처럼 광범위한 네트워크를 형성할 수 있었던 기초는 바로 혈연, 종교 및 문화를 중심으로 민족정체성을 유지할 수 있었기 때문이다. 아울러 이들은 모두 경제력과 교육 분야에 역량을 집중했고 그것을 바탕으로 거주국과 모국 나아가 전 세계적인 네트워크를 꾸준히 형성하여 해외진출에 성공할 수 있었던 것이다.

그런데 화교와 유대인 네트워크가 자발적인 참여와 신뢰관계의 구축을 바탕으로 형성되고 유지되고 있다면, 한민족 네트워크는 타민족 네트워크를 의식하고서야 출발했고, 기업 등을 중심으로 한 일방적 구조가 대부분이어서 한인들의 자발적 참여를 끌어내기가 쉽지 않다. 그리고 한인들간의 상호연계도 매우 약하다. 이는 한인들간에 이주와 정착의 역사가 다르고, 또한 거주국의 역사나 경제적인 위상에 차이가 있기 때문에 한민족 네트워크 형성에는 극복해야 할 과제들이 많다고 할 수 있다(한겨레신문, 2002.11.4). 그 중에서도 가장 중요한 과제는 어떻게 수평적이고 호혜적인 네트워크를 형성할 수 있는가에 놓여 있다. 즉 재외한인들이 상호이해를 바탕으로 역사적, 문화적 유대관계를 유지할 수 있는 네트워크를 형성하는 것이 핵심이라 할 수 있다.

비록 한민족 네트워크 구축에는 많은 과제들이 산재해 있지만, 한민족 네트워크는 한국문화의 전파와 인적자원의 활용 측면에서 엄청난 잠재력을 가지고 있다는 데 의의가 있다. 즉 이는 한국과 세계 각국의 한인 사회를 매개하는 역할을 함으로써 문화 동질성을 유지하는데 기여할 수 있을 뿐만 아니라, 거주국내 재외한인들의 지위를 제고할 수 있는 협력체로서 기능할 수 있을 것이다.

1) 민족교육 네트워크의 필요성

세계에 산재한 재외한인들의 연대를 가능하게 하는 한민족 네트워크 구축의 기본 요건은 민족정체성에 있다고 할 수 있다. 재외한인의 민족정체성은 한민족의 혈통과 전통문화 그리고 거주국에서의 경험으로 인해 이중적인 성격을 띤다고 할 수 있다. 이러한 이중정체성은 자칫 어느 한쪽에도 끼지 못하는 주변부 정체성으로 남을 수도 있지만, 잘 활용할 경우 세계화 시대에 적합한 유연하고 다원적인 정체성이 될 수 있다.

민족정체성이 한민족 네트워크 형성의 기본 요건이라면, 민족정체성의 구성 요소라고 할 수 있는 민족언어와 민족문화, 역사를 보급하는 것은 민족교육의 몫이라고 할 수 있다. 이러한 측면에서 재외한인 차세대를 위한 민족교육은 중요한 의의를 갖는다고 할 수 있다. 그런데 지금까지 각 지역별 재외한인 민족교육은 한인들이 소수민족 집단의 성원으로서 구별되고 차별되는 것에 대한 반작용에 의한 성격이 강했고, 이민 1~2세들이 자녀들에게 일방적이고 당위적으로 강요해 온 경향이 있다. 아울러 한국 정부에서 민족교육에 접근하는 방식 또한 한국의 전통문화와 역사를 일방적으로 전달하는 방식을 고수해 왔다. 그러나 이러한 방법은 재외한인들이 민족교육에 대한 자발적 동기를 갖기 어렵게 하며, 또한 이들이 지닌 이중정체성의 잠재력을 발휘하도록 하는데도 한계가 있다. 따라서 재외한인들을 위한 민족교육의 내용이나 방법을 체계화하고, 지구촌 사회의 성원으로서의 의식과 능력을 길러주는 인재 개발이 되어야만 한다.

전술한 맥락에서 재외한인의 민족교육을 활성화하고, 그들을 잠재적인 인력으로 활용하기 위해서는 모국을 주축으로 하여 유기적으로 재외한인 지역간 민족교육 네트워크를 구축하는 것이 필요하다. 이를 통해 민족교육의 방향과 비전을 설정하고, 실효성 있는 재외한인 민족교육 정책을 추진할 수 있을 것이다. 특히 정치, 경제, 과학기술, 문화 등의 분야에서는 이미 재외한인들간의 네트워크가 가시화되고 있다는 점에서도 민족교육 네트워크 구축을 위한 제도적인 여건을 마련하는 것이 급선무이다.

2) 민족교육 네트워크의 유형

민족교육은 민족정체성의 형성과 유지에 핵심적인 역할을 하고 있으며, 민족교육의 효율적 실행을 위한 재외한인 사회 및 모국의 유기적 협력을 도모하기 위한 민족교육 네트워크는 중요한 의의를 갖는다.

재외한인 민족교육 네트워크는 크게 지역별 네트워크와 지역간 네트워크로 나누어 살펴볼 수 있다. 지역별 민족교육 네트워크는 민족교육을 효율적으로 집행하기 위해 필수적이다. 지역별 네트워크는 각 지역별 재외한인 사회가 보유하고 있는 자원을 전략적으로 활용하기 위한 것이다. 이러한 지역별 민족교육 네트워크에는 재외한인 사회에서의 주도적 민족교육기관, 한국교육원 및 재외공관, 그리고 한국 정부와 민간단체 등이 참여할 수 있다.

한편 재외한인 민족교육의 지역간 네트워크는 한민족 네트워크 구축과 관련하여 다양한 프로그램을 통해 이루어져 왔다. 그런데 재외한인 민족교육의 지역간 네트워크는 뚜렷한 구심점 없이 각 정부 부처에 의해 산발적으로 시행되고 있는 실정이다. 또한 각 지역 재외한인들에게 모국 방문의 기회를 제공하는 오프라인 행사가 대부분을 차지해 왔다. 오프라인 행사 역시 재외한인 차세대나 민족교육 담당 교사들을 초청하는 형식의 모국 방문 프로그램이 실시되고 있을 뿐 체계적인 프로그램이 개발되어 있지는 않다. 뿐만 아니라 오프라인 행사에 국한되다 보니 온라인을 통한 민족교육 네트워크의 체계도 마련되어 있지 않다.

그러나 최근에는 인터넷의 발달로 온라인 상의 네트워크 구축에 관심을 기울이고 있다. 온라인 네트워크는 개방적이고 효율적인 특성 때문에 선호되고 있지만 인터넷 인프라가 구축되어 있지 않은 지역의 한인들은 접근하기 곤란하다는 한계점이 있다. 또한 온라인 네트워크는 오프라인 현실의 반영이며 보완적인 기능을 하기 때문에, 온라인 네트워크가 오프라인 네트워크를 대체한다는 것은 현실성이 떨어진다. 따라서 재외한인 지역간 민족교육 네트워크는 오프라인과 온라인을 병행해 나가야 할 것으로 보이며,2) 기존의 오프라인 민족교육 네트워크가 지닌 한계점을 극복하고 다문화적인 접근을 통해 인재를 육성하는 미래지향적인 민족교육 체계를 구축해야 할 것이다.

---

2) 온라인 및 오프라인 민족교육 네트워크의 사례와 현황은 7장에서 자세히 다룰 것이다.

Ⅲ
재미한인 민족교육의 모형과 네트워크

1. 재미한인 사회의 특성

미국 이민은 크게 세 시기로 구분하여 이루어졌다. 첫 번째 시기는 하와이 사탕수수 농장 노동자들로 일단의 한인들이 미국 땅을 밟기 시작한 초기 이민부터 2차 세계대전이 끝나는 1945년까지의 이민 시기를 의미한다. 특히 1909년부터 1945년까지의 이민자들은 일제 탄압을 피해 정치망명을 한 독립운동가와 유학생들이 대부분이었다. 두 번째 시기는 1946년부터 1965년 이민법 개정 이전까지의 시기이다. 이 당시의 미국 이민은 한국전쟁 때 미국 병사들과 결혼한 한인 여성, 전쟁고아, 혼혈아, 입양아, 그리고 유학생 등을 중심으로 이루어졌다. 세 번째 시기는 1965년부터 현재까지 지속되고 있다. 1965년에 미국 이민법의 개정으로 인종차별이 완화됨에 따라, 한국에서 대학교육을 받고 전문직, 관리직, 사무직 등에 종사했던 많은 사람들이 이민에 적극적으로 참여하였다. 이러한 과정을 거치면서 재미한인 사회는 괄목한 만한 성장을 이루었고, 현재 재미한인의 수는 130만 명에 달하고 있다.

일반적으로 재미한인 사회는 다음과 같은 특성을 보이는 것으로 알려져 있다(장태한, 2004). 첫째, 재미한인 사회는 이민시기, 세대 등에 따라 언어, 문화, 정체성의 차이가 나타나는 복잡한 조직이라 할 수 있다. 1965년 이후에 이주한 한인 이민자들은 대부분 교육수준이 높은 편이다. 2000년 미국의 인구 센서스에 의하면, 25세 이상의 한인들 중 학사 학위 이상의 학력을 소유한 비율이 49.2%였는 바, 이는 미국 전체 평균인 26.8%보다 높고 아시안 중에서는 인도(63.8%)와 중국(51.6%)에 이어 세 번째이다. 이민 1세들은 한국어와 한국문화에 대한 애착이 강하고, 한국인이라는 정체성을 확고하게 가지고 있으며, 한국과의 밀접한 유대 관계를 유지하면서 살아가고 있다. 이에 비해 1.5세 또는 2~3세들은 부모 세대와는 전혀 다른 생활권에서 다른 정체성을 가지고 생활하고 있다.

둘째, 재미한인들은 높은 교육수준에도 불구하고 언어장애, 문화적 차이, 그리고 인종차별 등을 경험하면서 소규모의 자영업에 종사하고 있는 특성을 보인다. 재미한인의 자영업 비율은 상대적으로 매우 높은 편이지만, 소득수준은 별로 높지 않다. 2000년 인구 센서스에 따르면, 재미한인의 평균 가족소득은 미국인 전체 평균인 51,200달러에 미치지 못하는 50,000달러로 아시안들 중에서 최하위인 것으로 나타났다.

셋째, 재미한인 사회는 꾸준한 경제적 성장을 이루어왔고, 문화적·사회적 측면에서 코리안 아메리칸이라는 새로운 정체성을 확립하기 시작했다. 그리고 1992년 LA 폭동을 경험하면서 정치력 향상의 필요성도 절감하게 되었다. 그럼에도 불구하고, 재미한인의 정치력은 아직도 미미한 수준에 머물러 있다.

넷째, 재미한인들은 교회 중심의 생활을 하고 있다. 개신교 교회는 경제, 교육, 사회, 문화 그리고 종교적 측면에서 한인 사회의 중심 역할을 담당하고 있다고 할 수 있다.

전술한 특성을 지닌 재미한인 사회는 비교적 높은 민족정체성을 유지하고 있지만, 최근 세대에 따른 정체성 차이가 점차 커지는 상황에 직면해 있다. 그리하여 이민 1세대와 비교하여 이민 2세대와 3세대는 자신을 한인으로 동일시하는 정도가 약하고, 한국의 전통적 가치와 관습을 인정하고 지키는 정도도 약한 것으로 나타났다.[3] 자신이 가장 자유롭게 사용하는 언어를 세대별로 비교한 결과, 젊은 세대로 옮겨갈수록 언어동화가 급속히 진행되어 2세대 이상 응답자의 92%가 영어를 가장 자유롭게 사용하는 언어라고 지적하였다. 이에 따라 한국어, 한국문화, 한국역사 등을 배우고 접할 수 있는 기회를 제공하는 민족교육이 세대간의 정체성 차이를 완화시킬 수 있는 중요한 방법으로 기대를 모으고 있다(윤인진, 2000).

한편 현재 재미한인 사회는 2~3세대의 교육 방향을 제대로 제시하지 못하고 있다는 비판에 직면해 있다. 주류사회에서 생존하기 위해 요구되는 자질과 태도를 자녀들에게 전달하는 데 실패하고 있고, 이들 차세대들을 한인공동체와 연결시키는 작업도 미흡하다는 것이 이러한 비판의 요지이다. 따라서 작금의 재미한인 사회는 차세대들에게 새로운 가치관과 패러다임을 전달하고, 한인 사회의 입지를 강화시켜야 하는 과제를 안고 있다고 할 수 있다(북가주 두레공동체, 2005).

2. 재미한인 사회의 민족교육 현황

재미한인 사회에서 민족교육에 대한 관심과 노력은 크게 두 가지 차원에서 이루어지고 있다. 한편으로 1.5세 및 2세들의 정체성 확립을 위해 민족교육에 대한 관심이 고조되고 있다. 1.5세와 2세들은 주류 사회에 동화하는 교육을 받고 성장하고 있으며 미국적인 것은 모두 우월하며 그 외의 것(한국적인 것)은 열등하다는 잠재의식을 가지고 있다. 이

---

3) 이민을 연구한 학자들에 따르면 일반적으로 이민의 민족의식과 모국관은 세대에 따라 상당한 차이를 보이는 경향이 있다. 대체로 1세대는 모국에 관해 강한 애착과 민족의식을 갖는다. 2세대는 부모와는 반대로 민족의식이 약하고 심한 경우 모국을 증오하는 마음을 갖기도 한다. 그러나 3세대가 되면 오히려 할아버지의 고향을 동경하고 민족의식이 긍정적인 방향으로 전환한다고 한다. 이러한 민족의식은 당연히 거주국의 환경과 조건에 의해서도 심대한 영향을 받게 된다(이광규, 1997).

민 1세와 비교할 때 이들은 자신을 한인으로 동일시하는 정도가 약할 뿐만 아니라, 다른 한인과의 교류가 적으며 족내혼과 모국어 사용과 같은 한민족의 가치와 관습을 인정하고 지키려는 노력도 상대적으로 미흡한 것으로 나타났다. 게다가 이민 1.5세와 2세들은 학교나 또래집단에서 차별과 무시를 받고 있기 때문에 오히려 스스로 백인사회의 일원이 되고 싶어 하는 경향이 강하다. 그 결과 한민족으로서의 정체성을 고집하는 1세와 미국 사회에서 교육받고 성장한 1.5세, 2세간에는 상호 이해에 어려움이 발생하고 있다(윤인진, 2004).

다른 한편으로 1997년 11월 이후부터 한국어가 SAT Ⅱ에 포함됨에 따라 민족교육에 대한 실제적인 관심이 유지되고 있다. 장태한(2000)에 따르면, 이 사업은 재미한인 차세대들의 대학진학 가능성을 높일 수 있는 방안이 되는 동시에 보다 근본적으로 1.5세 및 2세들에게 코리안 아메리칸으로서의 자긍심과 자부심을 심어줄 수 있을 것으로 기대되고 있다. 즉 재미한인 차세대들이 한국어와 한국문화 뿐만 아니라 이민역사와 인물사를 통해 재미한인으로서의 정체성과 공동체 의식을 확립하는데 기여할 수 있다는 것이다.

재미한인 사회에서의 민족교육은 비정규학교인 한글학교를 중심으로 이루어진다. 미국에서 한글학교는 일제강점기에 처음으로 설립되었다. 초기 한글학교는 자녀를 한국인으로 키우는 동시에 부모의 통역자로 양성하는 실제적 목적을 달성하고, 나아가 독립운동의 상징으로 삼고자 설립된 것으로 볼 수 있다. 따라서 초기 한글학교는 한국계 이민 자녀들에게 한국문화를 배우게 하고, 한국인으로서의 긍지와 정체감을 심어주기 위한 민족교육기관의 성격이 강했다. 그러던 것이 1970년대부터는 그 성격이 변화하기 시작하였다. 1970년대 초부터 크게 늘어난 한글학교는 민족정체성 확립에 초점을 둔 민족교육이라기 보다는 오히려 실용적 목적을 추구하는 경향이 더욱 강하게 되었다. 주말학교 형태로 시작된 한글학교는 토요학교, 교회부설 한글학교, 주말 정시제 한국학교 등 여러 형식으로 운영되고 있다(최은수, 1998).

현재 한글학교는 미국의 정규학교에 재학하고 있는 자녀들에 대한 민족성 함양을 목적으로 모국어와 국사·전통문화 등의 교육을 보충적으로 실시하고 있다. 대개 한글학교는 현지 교민들의 자생적 노력으로 설립되었으며, 주로 토요일이나 일요일 등을 이용하여 수업을 진행한다. 건물은 한인교회의 건물이나 현지 학교의 교실 등을 빌려서 사용하는 경우가 많다. 한국정부에서는 한글학교 가운데 일정한 규모를 유지하고 등록된 학교들에 대해서 운영비의 일부를 지원하거나 국내 교과서와 재외국민용 교재를 무상으로 공급하고 있다. 한편 이들 한글학교의 수가 급증하면서 일종의 협의체인 재미한인학교협의회와 미주한국학교연합회가 결성되어 교사연수를 실시하고 정보를 교환하는 등 미주지역 한인자녀들의 교육을 위해 공동 노력을 펼치고 있다. 〈표 Ⅲ-1〉과 〈표 Ⅲ-2〉에는 관할 공관별 한글학교 현황과 학생수 현황이 제시되어 있다.

〈표 Ⅲ-1〉 재미 한글학교 총현황(2006)

(단위: 명)

소속 \ 구분	학교수	교원수	학생수 합계	학생수 일시	학생수 영주
주미국 대사관	80	672	4,346	171	4,175
주뉴욕 총영사관	213	1,951	12,502	585	11,917
주로스앤젤레스 총영사관	188	1,891	15,173	580	14,593
주보스톤 총영사관	23	231	1,078	118	960
주샌프란시스코 총영사관	76	692	4,796	304	4,492
주시애틀 총영사관	84	606	3,750	0	3,750
주시카고 총영사관	121	930	5,302	1,075	4,227
주하갓냐 출장소	4	52	516	12	504
주아틀란타 총영사관	91	785	4,236	37	4,199
주호놀룰루 총영사관	22	145	767	21	746
주휴스턴 총영사관	75	619	3,467	458	3,009
전 체	977	8,574	55,933	3,361	52,572

자료: 재외동포재단(2006). 『재외동포 교육기관현황』, pp. 29-30.

〈표 Ⅲ-2〉 재미 한글학교 학생수 현황(2006)

(단위: 명)

구분 소속	학생수									
	유치원생		초등학생		중학생		고등학생		성인	
	일시	영주	일시	영주	일시	영주	일시	영주	일시	영주
주미국 대사관	21	791	115	1,943	21	723	14	587	0	131
주뉴욕 총영사관	135	2,496	315	6,071	104	1,969	28	1,090	3	291
주로스앤젤레스 총영사관	50	2,570	120	6,188	285	3,282	107	2,420	18	133
주보스톤 총영사관	33	248	23	324	10	183	47	131	5	74
주샌프란시스코 총영사관	94	889	151	2,075	34	861	24	528	1	139
주시애틀 총영사관	0	810	0	1,582	0	833	0	350	0	175
주시카고 총영사관	268	984	456	1,895	84	690	44	342	13	235
주하갓냐 출장소	1	100	8	275	2	76	1	53	0	0
주아틀란타 총영사관	7	150	29	219	1	131	0	99	0	3,600
주호놀룰루 총영사관	1	142	1	283	2	175	0	104	17	42
주휴스턴 총영사관	153	764	199	1,196	36	540	14	314	56	195
전 체	763	9,944	1,417	22,051	579	9,463	279	6,018	113	5,015

자료: 재외동포재단(2006). 『재외동포 교육기관현황』, pp. 29-30.

한글학교에 다니는 학생의 구성 비율은 유치원을 포함한 초등학생이 70~80%이고, 나머지가 중·고등학생과 성인이다. 최근에는 상급반에 SATⅡ 시험을 준비하려는 학생이 크게 늘고 있다. 한글학교 교사는 주로 자원봉사자들로 충원되고, 교사들이 무료로 봉사하기 때문에 경비는 적게 들지만 업무의 연속성이나 책무성과 관련하여 어려움이 많다(김경근·고형일·황기우, 2004). 2006년 현재 미국 전역에 977개교의 한글학교가 설치되어 있는 바, 학생수는 55,933명이고, 교원 수는 8,574명인 것으로 파악되고 있다.

3. 주요 제보자 소개

본 연구에서는 재미한인의 민족교육 모형을 구안하기 위해 15명의 주요 제보자와의 심층면담을 실시하였다. 주요 제보자의 인적 사항은 〈표 Ⅲ-3〉에 간략하게 제시하였다.

<표 Ⅲ-3> 주요 제보자의 인적 사항

제보자	성별	인적 사항
한글학교 교장 A	여	• 하와이 O 한인학교 교장
한글학교 교장 B	남	• 하와이 K 한글학교 교장
한글학교 교감 C	남	• 텍사스주 오스틴 소재 한글학교 교감
한글학교 교장 D	여	• 하와이 M 한글학교 교장
한글학교 교사 E	여	• 캘리포니아 S 한글학교 교사 • 재미한인 1.5세대
미국 고등학교 교사 F	여	• 캘리포니아 토렌스 지역 영어 교사이자 한국어 교사 • 재미한인 1.5세대
학부모 G	남	• 북가주 한국학교 협의회 임원
학부모 H	여	• 재하와이 한인학교협의회 임원
학부모 I	여	• 텍사스주 오스틴 소재 한글학교에서 교사와 교장 역임, 현재 이사로 활동
학부모 J	여	• 북가주 한국학교 협의회 임원
학생 K	여	• 1세 때 미국으로 이민, 재미한인 2세대 • 미국 대학에서 2학년을 마치고 교환학생으로 서울에 와 있음
학생 L	여	• 텍사스주 오스틴 소재 한글학교 학생, 8학년
학생 M	여	• 텍사스주 오스틴 소재 한글학교 학생, 고등학교 2학년 • 1세 때 미국으로 이민, 10년간 한글학교 수학
전 LA 한국교육원장 N	남	• 미주 지역에서 5년 간 한국교육원장 역임 • 현재는 귀국하여 중학교 교장으로 재직 중
재외동포 전문가 O	남	• 국내의 대표적 재외동포 전문가로서 특히 재미한인 사회에 정통한 사회학자

본 연구에서 활용한 질적 자료는 지난 1년간 이루어진 참여관찰과 심층면담을 통해 수집한 것이다. 참여관찰과 심층면담은 대부분 미국 현지에서 이루어졌지만, 더러 국내에서 이러한 작업이 수행되기도 하였다. 그리하여 서울에 나와 있는 재미동포 2세와 심층면담을 실시하는가 하면, 지인들의 소개로 미국 고등학교에서 제2외국어로 한국어를 가르치는 교사 1명 및 한글학교 교사 1명과 이메일을 통해 면담을 실시하기도 하였다. 한편 미주 지역에서 여러 해 동안 한국교육원장을 역임한 교육계 인사 및 재외동포 전문가를 초청하여 재미한인 민족교육 문제를 심도 있게 논의하는 간담회도 가진 바 있다. 면담은 반구조화된 형식으로 1시간에서 1시간 반 가량 진행하였고, 면담 내용은 제보자의 동의를 얻어 녹음하여 면담이 끝난 후에 녹취하였다.

다음에서는 심층면담을 통해 얻어진 질적 자료를 바탕으로 민족교육의 장애요인이 무엇인지를 살펴보겠다. 아울러 민족교육기관의 내실화 방안 및 민족교육 활성화 전략을 제시하는 과정을 거쳐 재미한인 사회에 적합한 민족교육 모형을 도출하고자 한다.

4. 재미한인의 민족교육에 대한 평가 및 민족교육의 장애요인

여기에서는 재미한인 민족교육에 대한 평가 및 민족교육의 장애요인을 살펴보도록 하겠다. 이와 관련해서는, 우선 그동안 수집한 양적·질적 자료를 토대로 민족교육 모형 개발의 준거틀에 나와 있는 각 변인별로 현재의 수준을 평가하였다. 〈표 Ⅲ-4〉에는 재미한인 민족교육에 대한 평가 내용을 제시하였다.

<표 Ⅲ-4> 재미한인 민족교육에 대한 평가

대상	지표	척도	수 준	
민족교육 기관	시설	상		
		중	○	
		하		
	학습자료	상		
		중	○	
		하		
	교사	상		
		중	○	
		하		
대상	지표	척도	학부모	학생
민족교육 수요자	민족적 자긍심	상	○	○
		중		
		하		
	민족교육의 필요성	상	○	
		중		○
		하		
	민족교육에 대한 만족도	상		○
		중	○	
		하		
	민족교육에 대한 문제의식	상	○	
		중		○
		하		
	민족교육에 거는 기대	상	○	
		중		○
		하		
	중시하는 민족교육 내용	1순위	한국어, 역사, 문화 이해 프로그램	한국 방문 프로그램
		2순위	이중언어와 다문화 이해 교사양성프로그램	한국 대중문화 소개 프로그램
		3순위	정기적 교사연수 프로그램	이중언어와 다문화 이해 교사양성프로그램

1) 민족교육에 대한 평가

우선 재미한인 민족교육기관의 실태를 살펴보면 다음과 같다.

첫째, 민족교육기관의 시설은 비교적 양호한 것으로 나타났다. 재미한인의 민족교육기관은 전용건물과 임차인 경우가 각각 절반씩 비슷한 비율을 보였다. 교회 부설인 경우는 전용건물을 갖추고 있지만, 임차인 경우에는 기관운영에 어려움이 있을 것으로 보인다. 또한 냉난방 시설은 잘 갖추고 있었지만, 인터넷 시설 등은 다소 미비한 것으로 확인되었다.

둘째, 대부분의 민족교육기관에서는 적합한 교과서와 학습 자료가 부족한 것으로 나타났다. 한국에서 제작된 교과서가 지원되고 있긴 하지만, 교과서는 각 지역별 상황에 적합하지 않은 경우가 많고, 다양한 학습 자료가 존재하지 않기 때문에 민족교육을 실시하는 데 어려움이 있는 것으로 지적되었다.

셋째, 민족교육기관은 대부분의 교사들을 자원봉사자로 충원하고 있었는데, 이들의 대부분은 이민 1세 학부모이거나 유학생들이기 때문에, 이들의 한국어 구사 능력은 만족할 만한 수준인 것으로 나타났다. 그러나 이러한 자원봉사자의 특성상 민족교육 교사로서의 전문성은 다소 떨어지는 것으로 평가할 수 있다(김경근·고형일·황기우, 2004).

다음으로 재미한인의 민족교육관을 학부모와 학생을 중심으로 살펴보겠다.

첫째, 재미한인의 민족적 자긍심은 매우 높은 것으로 나타났다. 이와 같은 특성은 최근 재미동포를 대상으로 실시된 다른 여론조사를 통해서도 거듭 확인되고 있다. 이 조사에서 '한국인인 것에 자부심을 느끼는가'란 질문에 응답자의 78% 가량이 '그렇다'고 응답했으며, 이러한 응답 성향은 이민 1세대와 2세대, 그리고 연령 및 학력에 상관없이 비슷하게 높았다. 또한 '어떤 상황 또는 어떤 경험을 할 때 한국인이란 것에 자부심을 느끼는가'란 질문에는 '스포츠 경기에서 한국 대표팀이 승리할 때'(32%)가 '머리가 좋고 우수한 한국인이 많다고 인정받을 때'(6%)나 '한국 기업과 제품이 우수하다고 평가 받을 때'(5%) 등을 압도하여 재미한인이 지닌 민족의식의 일단을 잘 보여주었다(조선일보, 2006.5.10).

둘째, 민족교육의 필요성에 대해서는 자녀들보다는 부모들이 더 강하게 인식하고 있었다. 무엇보다도 부모들은 민족적 자긍심의 고취와 한국어 의사소통능력의 제고의 측면에서, 민족교육을 필요하다고 인식하고 있는 반면, 학생들은 한국어로 의사소통하는 능력이 주는 실제적 효용성 때문에 민족교육에 관심을 갖는 경향이 있었다.

셋째, 민족교육에 대한 만족도는 부모들보다는 자녀들이 더 높았다. 기본적으로 부모들은 학생들에 비해 한국의 관심과 지원 부족, 학생들의 학습동기 결여, 학습교재나 교육자료의 부족 등에 대해 비교적 큰 불만을 지닌 것으로 나타났다.

넷째, 민족교육에 대한 문제의식은 자녀들보다 부모들이 더 강했다. 이는 민족교육의 거의 모든 영역에서 부모들이 자녀들보다 더 부정적인 평가를 내리고 있는 사실을 통해 쉽게 파악할 수 있다.

다섯째, 민족교육에 거는 기대도 자녀들보다는 부모들이 더 컸다. 특히 부모들은 민족교육이 세대간 의사소통 및 상호이해에 크게 기여하고, 민족정체성의 확립과 민족자긍심의 함양에도 일조를 할 것으로 인식하고 있었다. 앞에서 부모들이 자녀들에 비해 민족교육에 대한 불만이 더 크고, 민족교육에 대한 문제의식도 더 강했던 것은, 그들의 민족교육에 거는 기대가 그만큼 더 큰 사실과 무관하지 않은 것으로 보인다.

마지막으로 중요하게 여기는 민족교육 내용으로 부모들은 한국어, 역사, 문화 및 현대 한국사회를 이해할 수 있는 프로그램을 첫 번째로 꼽았고, 그 다음으로는 이중언어와 다문화를 이해하는 교사양성 프로그램, 정기적 교사훈련 프로그램 등을 들었다. 한편 자녀들은 무엇보다도 한국 방문 프로그램에 지대한 관심을 표명했고, 그 다음으로 한국 대중문화 소개 프로그램, 이중언어와 다문화를 이해하는 교사양성 프로그램이 중요하다고 인식하고 있었다(김경근, 2005).

2) 민족교육의 장애요인

여기에서는 참여관찰과 심층면접을 통해 재미한인 민족교육의 주요 장애요인으로 파악된 것들을 정리하였다. 이와 관련해서는 민족교육에 대한 동기부여 결여, 한국 정부의 지원 부족, 열악한 교육여건과 교사의 전문성 부족, 적합한 교재의 부족 등이 주로 지적되었다. 여기에서 논의된 내용은 재미한인 민족교육의 발전방안을 모색하는 데 고려되어야 할 핵심 사안으로 볼 수 있다. 구체적인 내용은 다음과 같다.

(1) 민족교육에 대한 동기부여 결여

재미한인 민족교육과 관련하여 가장 큰 장애 요인으로 지적할 수 있는 것은 민족교육에 대한 교육수요자들의 동기부여 및 자발성 결여이다. 이와 관련해서는 주로 민족교육의 중요성에 대한 후속 세대들의 인식 부족이 문제가 되지만, 성취지상주의에 젖어 있는 부모의 근시안적 태도가 더 큰 걸림돌로 작용하는 경우도 비일비재하다.

일반적으로 후속 세대들은 민족정체성에 대한 인식이 강하지 않기 때문에 한국어 습득의 필요성도 느끼지 못하는 경우가 많다. 한글학교에 등록한 대부분의 학생들은 미국의 초등학교에 재학 중인 어린 학생들인 바, 이들은 대부분 정체성에 대한 고민을 심각하게 해본 적이 없다. 이들에게 남들이 다 쉬는 주말에 한글학교에 나가 한국어를 배우는 일은 상당히 납득하기 어려운 현실이 되기 쉽다.

학생들이 '토요일은 만화하는 시간인데, 미국학교도 안 가는데, 왜 한글학교 왜 나와야 되요? 선생님 한글 왜 배워야 되요?'라는 질문을 하면, '한국 사람이 한국말 모르면 되나?'라고 하면서도 학생들이 한국인이면서도 특별히 한국인이라는 것을 못 느끼고 있었기에 이런 답변이 궁색한 변명 같더라구요(한글학교 교감 C).

그럼에도 불구하고 이들이 한글학교에 다니는 데는 무엇보다도 부모들이 그것을 원한다는 사실이 크게 작용하고 있었다. 그리고 이 과정에서 가끔 한국에서 생활하다 온 또래 학생들을 접하면서 한국어를 잘 모른다는 사실 때문에 자격지심을 느끼게 되는 경험이 한국어 습득의 동기를 부여시켜주기도 한다.

엄마가 가라고 해서 갔어요. 크니까 한국에서 온 아이들이 많잖아요. 근데 그 아이들은 한국말 잘하고 난 못하니까 창피해요. 또 책 읽을 때 어려운 말 많이 있으니까 그 말을 배우기 위해서요. 그러면 책 읽는 것도 많이 늘고 쓰는 것도 많이 늘어요(학생 L).

한글학교에 재학 중인 학생들의 대부분은 자신의 뿌리를 잊지 않기 위해 한국어를 반드시 배우겠다는 절박함이 부족한 편이지만, 더러 이러한 인식이 성장하면서 변화하기도 한다. 일례로, 이민 2세이자 현재 대학생인 K는 청소년기에 부모의 권유로 한글학교에 다녔던 경험이 있었다. 부모는 평소 '한국 사람이 한국말을 알아야 한다'고 강조했고, 가정에서도 한국어를 사용했다. K가 성장한 지역은 한인 및 아시안과 같은 소수인종이 없는 백인 다수가 거주하는 지역이었지만, 한인 교회에 출석하면서 한인 친구들이나 한국에서 온 사람들과 어울리면서 한국어를 계속해서 사용하게 되었고, 그 때문에 한국문화에 대한 관심도 가지게 되었다. K는 한국어를 사용하는 것이 한인 커뮤니티에서 생활하기 위해 필요한 측면도 있지만, 기본적으로 한국말을 배우고 한국문화를 접하는 것은 한국 사람으로서 정체성을 지켜나가기 위한 활동이라 생각한다. 이는 K가 미국에서 청소년기를 거치면서 자신이 한국계 미국인이라는 정체성을 긍정적으로 확립함으로써 갖게 된 생각으로 보인다.

> 저도 되게 힘들었거든요. 고등학교 때 난 미국 사람이 아니고 한국 사람이라는 게. 미국에서 살아도 놀림 같은 것도 받고 그러거든요 … 미국에서 계속 살아도 (제가) 미국 사람이어도 피부색이 다르고 한국 사람으로 생겼으니까 … 부모님도 한국 사람이고 저도 한국 사람인데 다른 사람들이 저를 보면 어디서 왔냐고? 제가 미국 사람이라고 해도 부모님이 어디서 왔냐고 하면 한국에서 왔다고 말하게 되고 … 친구들도 다 미국 친구들이니까 생각하는 것도 행동하는 것도 미국 사람처럼 행동하는데, 그래도 한국 사람들하고 있으면 그래도 제가 한국 사람이니까 … (한국 사람처럼 행동하게 되요) 한국 사람이니까 한국말을 할 수 있어야 하지 않나 생각해요. 어릴 때부터 한국말 가르치고 드라마 켜주는 거 안 하면 진짜 관심이 없어질 것 같아요. 그렇게라도 해서 정체성을 지키기 위한 노력을 해야 할 것 같아요(학생 K).

재미한인 2세들은 성장하면서 아무리 미국에서 영어를 잘 하고 미국식 사고방식을 가지고 있다 하더라도 여전히 인종적으로 구별된다는 점을 인식하게 된다. K는 자신이 한국계 미국인이라는 정체성을 긍정적으로 수용하고 있고, 한국어나 한국문화에 대한 관심을 키워나간 경우라고 할 수 있다. 그러나 대부분의 이민 2세들은 미국에서 출생하여 미국 문화에 동화되고, 미국식 사고방식과 행동방식에 익숙해져 미국인 정체성을 내면화하게 된다. 이 때문에 이들은 한국어를 배우고자 하는 내재적 동기가 강하지 않다. 물론 중·고등학교 시절에 한국어와 한국문화에 관심을 가지고 있지 않던 2세들 중에서도 대학에 입학한 후에 정체성에 대한 고민을 하게 되면서 한국어를 습득하려는 사람들이 있기도 하다. 그렇지만 청소년 시기에 한국어나 한국문화에 노출된 경험이 없는 2세들은 성인이 된 이후에도 한국어나 한국문화에 대한 애착이 없는 상태로 미국인 정체성을 가지고 살아가는 경우가 많다.

그런데 최근 대학생 또는 대학을 졸업한 2세들 사이에서는 영어와 한국어를 모두 구사하는 이중언어 구사자가 한국이나 미국에서 취업을 하는 데 유리하다는 점을 인식하여 한국어 습득의 필요성을 강하게 느끼는 경우가 늘고 있다고 한다. 즉 한국어 습득이 주는 실제적 효용성이 한국어 학습의 필요성을 증대시키는 현상이 나타나고 있는 것이다.

한국이 국가적으로 지금 굉장히 발전돼 있으니까 오히려 지금 자라나는 2세들이 한국말을 배우는 데 더 자랑스러워해요 ⋯ 그러니까 언젠가는 나도 한국에 가야 되겠다 ⋯ 또 한국이 발전하면서 무슨 큰 비지니스에 관련되어서 내가 이중 언어를 하기 때문에 내가 거기서 좋은 직장을 얻을 수도 있다, 아니면 (모국의) 어떤 부분을 내가 도와줄 수도 있다 그래서 이중 언어를 참 갖고 싶어 해요. 그래서 한국말을 더 배우려고 애쓰고 ⋯ (한글학교 교장 D).

한국 사람이니까 대학갈 때 한국 가서 번역할 수 있고, 돈 많이 받으면 학비도 낼 수 있고. 그게 ⋯ (학생 M).

재외동포 전문가 O는 미주 지역 학부모들의 대다수가 이민 1세들이고 코리아타운과 같은 한인 커뮤니티가 존재하는 점 등은 한국어나 한국문화 교육을 활성화시킬 수 있는 요인이 될 수 있다고 지적했다. 그렇지만 초강대국으로서 미국 사회가 갖는 강력한 흡인력은 민족교육에 커다란 장애요인이 될 수 있음을 강조했다.

미국이라고 하는 나라의 위상이 초강대국이라고 하는 거죠. 슈퍼 파워, 그 초강대국이고 그것에 비해서 한국이라고 하는 것은 상대적으로 약소국이 되는 거죠⋯ . 그러니까 여전히 뭐 인종적 차이, 민족적인 차이가 있어도 아메리칸이라고 하는 것이 항상 앞서고 그것에 대해서 이들이 느끼는 자긍심의 정도가 굉장히 높죠. 그러니까 결국은 이 미국의 이러한 문화라고 하는 것이 굉장히 강한 흡입력을 갖고 있다는 거예요. 특히 우리 한인과 같은 이러한 이민자들, 소수 민족의 경우에는 이런 슈퍼 컬처에 동화의 압력은 엄청나거든요 … 이러한 대비 속에서 자신이 한인이라고 하는 것, 또는 한국어를 사용하는 것, 한국 문화에 대한 자긍심이라고 하는 것이 위축될 가능성이 크죠. 그래서 제가 볼 때는 다른 어느 사회와 비교해서 미국에 사는 이런 1.5세, 2세들의 경우에 이런 자신의 한인으로서의 어떤 자긍심, 이러한 부분이 뭐 설문지에서 보면 굉장히 높게 나오지만 미국이라는 커다란 데에서 위축될 수밖에 없어요(재외동포 전문가 O).

대부분의 이민 1세들은 일차적으로는 부모 세대와 자녀 세대의 의사소통을 위해 민족교육이 필요하다고 생각하고, 보다 근본적으로는 자녀 세대들이 자신의 뿌리를 잊지 않고 민족정체성을 유지하도록 하기 위해 민족교육이 필요하다는 인식을 갖고 있었다. 이와 관련하여, 제보자 A는 현재 미주 지역의 민족교육이 주로 한글학교에 의한 한국어 교육에만 집중되어 있다는 문제점을 인식하고, 좀 더 내실 있는 민족교육을 실시하기 위한 방안으로 민족학교 설립을 추진하고 있었다.

저희가 민족학교 설립을 추진하고 있는데 민족학교를 왜 경영을 하느냐 하면은 우리 문화와 우리 역사 같은 것을 가르치고, 또 우리가 인제 한국 사람의, 나는 어디에서 왔나, 정체성을 알게 하고, 또 민족사관을 가지고 … (생활하게 하자)(한글학교 교장 A).

그렇지만 일부 이민 1세 부모들은 한글학교에 자녀를 보내는 것조차 시간낭비로 여기기도 한다. 이들은 자녀들이 미국 사회에서 성공하기 위해서는 한국어보다는 영어를 능숙하게 구사할 수 있어야 한다고 생각하기 때문에, 가정에서도 한국어를 사용하지 않기도 한다. 이러한 행태를 보이는 부모들은 자녀들이 거주국에서 적응하고 성공하기 위해서는 영어를 잘 해야 하며, 그것이 자녀가 좋은 대학에 진학하는 데도 이롭다는 강고한 믿음을 갖고 있다. 이 때문에 이들 부모들은 미국으로 이민까지 가서 한국어와 한국문화를 자녀에게 가르치는 것이 불필요하다고 인식하는 경향이 강하다. 이와 같은 일부 부모들의 근시안적 자녀교육관은 차세대들에게 민족교육을 실시하는 데 걸림돌이 될 수밖에 없다.

아이들도 보면은 대학을 준비하기 위해서 SATⅡ 준비하거나 뭐 특강을 듣거나 대학가는 데 크레딧을 받기 위해서 운동시합을 가야 한다든지 하면은 (한글학교를) 빠지거든요. 빠지는데 부모가 그걸 아주 적극적으로 100% 찬성을 하는 입장인데, 애들 입장에서는 그걸 핑계로 한글학교를 커가면서 좀 등한시하게 되고 그러는데 … 학부모님 머리에 뿌리박혀 있는 거는 일류학교하고 일류대학교에만 들어가야지 하는 그거가 박혀있어요. 그렇기 때문에 우선 민족교육이 중요하다고 할 때는 학부모님들의 인식서부터도 교육이 필요하다는 거예요(학부모 G).

이민 온 우리 이 동포들은요, 우선 이 사회에 적응하기 위해서 한글보다도 영어를 더 중시하잖아요. 그래서 아이들한테도 한글을 잘 하는 아이들조차도 한글을 못 쓰게 하는 경우가 있어요. 그렇게 해서, 집에만 오면 (집에서도) 영어해라 해서, 아이들과 영어 쓰는 가정이 몇 있더라고요. 그래서 제가 그랬지요. 그렇게 해서 나중에 커서 한국말 다 잊어버린 다음에 그때 가서 후회해서 어떻게 할 거냐고, 지금 다시 한국말을 계속 쓰면서 영어를 배워라, 그런 이야기를 했는데 그 부모의 생각 자체가 그게 안돼요. 아니래요, 우리는 잘 살기 위해서 미국에 왔는데 왜 한국말을 써야 하느냐는 거예요. 그런 생각을 가진 부모들이 좀 있기 때문에 제가 생각하기에는 우선 이민 올 때에 그 민족교육을 먼저 시켜서 내보내는 것이 … (웃음)(학부모 H).

물론 재미한인 사회에서도 자녀들에게 명문대학 진학과 사회경제적 성공만을 강조하는 부모들의 자녀교육관은 비판의 대상이 되고 있다. 특히 많은 부모들이 자녀가 좋은 대학에 진학하는 것만을 중시할 뿐, 자녀들이 미국 주류사회에서 성공적으로 정착하기 위해 필요한 사항과 그들이 성장한 이후에 한인 사회와 어떤 관계를 맺을 것인지에 대하여 비전 및 방향을 제시해 주지는 못하고 있는 점에 대해서는 일각에서 심각한 문제제기가 있었다. 2006년 4월에 개최된 미국 북가주 지역 한글학교 교사연수회에서 배포된 자료집에서는 이 문제를 심도 있게 다루고 있었다.

> 우리는 아이들을 열심히 공부시켜서 주류사회에 들여보내지만 아이들이 주류사회에 들어간 다음에는 어떻게 되었는지 모릅니다. 이들과 우리 커뮤니티와의 연속성과 연결성이 없습니다. 그래서 우리 1.5세, 2세는 미국에서 성공하면 실종(lost people)이 되어 버리고 그렇지 않으면 이민 사회에 돌아와서 1세와 같은 사업을 놓고 경쟁해 나가는 경쟁자가 됩니다(북가주두레공동체, 2005: 15-16).

이와 같은 재미한인들의 자녀교육문화는 단기적으로 2세들에게 개인적인 차원에서의 사회경제적 성공을 보장해 줄 수는 있지만, 장기적으로 한인사회 전체의 정치적 영향력과 위상 제고에는 기여를 하지 못하는 결과를 초래하기 쉽다. 따라서 차세대들이 한인으로서의 정체성을 지니면서 동시에 주류사회에서 리더십을 발휘할 수 있도록 하기 위해서는 민족교육에 대한 부모들의 인식전환이 절실한 실정이다.

(2) 한국 정부의 지원 부족

재미한인들이 민족교육과 관련하여 동기부여가 미흡한 데는 한국 정부가 재미한인들에게 민족교육에 대한 적절한 유인을 제공하지 못하고 있는 점도 일조를 하고 있다. 자녀들에게 무조건 민족교육의 중요성만을 강조한다고 해서 민족교육에 대한 수요가 늘어나는 것은 아니다. 민족교육에 대한 수요는 민족교육을 이수했을 때 돌아오는 실질적인 혜택이나 편익이 제공될 때 증가할 수 있다.

지금까지 한국 정부는 재미한인들의 민족교육을 위한 지원을 꾸준히 제공해 왔으나, 민족교육에 대한 수요를 증대시키기 위한 실질적인 방안을 마련하는 데 소홀했던 것이 사실이다. 재미한인들은 한국의 국제적 위상이 제고되고, 그에 따라 재미한인 차세대들의 한국에 대한 관심이 높아지는 현 시점에서 한국 정부가 민족교육에 대한 필요성을 실질적으로 체감할 수 있는 프로그램을 마련해 주기를 희망하고 있었다.

> 한국어를 해서, 이중 언어를 함으로써 자기한테 돌아오는 혜택이 있어요. 우선 거기 이익이 있어야 무슨 동기가 있고 뭐가 생기고 부모가 시키려고 하지, 아무런 이익이 없으면 안돼요. 그러니까 이익을, 그 좀 어드밴티지랄까, 이익이 될 수 있는 그런 프로그램을 한국에서 좀 만들어줘야지. 그래야 하지마라 해도 하죠. 우즈베키스탄에서도 한국말을 배워서 한국 가면 돈을 벌수 있다 그러니까 하지 말라 해도 하는 거야. 그런 식으로, 뭔가 이걸 함으로 해서 자기한테 이익이 오고 그만큼 위상도 올라가고 원만한 생활을 할 수 있다 하는, 그런 동기 부여가 제일 중요한 거예요(한글학교 교장 B).

민족교육에 대한 유인을 증가시킬 수 있는 프로그램을 마련하는 일 못지않게 중요한 것이 그런 프로그램의 존재 및 활용방안을 재미한인 사회에 널리 알리는 일이다. 이러한 노력이 수반되지 않으면 정부의 지원이 비효율적인 투자로 남게 될 개연성이 크기 때문이다. 실제로 일부 재미한인들은 한국에서의 취업기회를 탐색하게 되는 과정에서 봉착하는 정보의 부재에 대한 아쉬움을 토로하고 있었다.

우리 딸 같은 경우는 인제 한국으로 치면 교육대학원 나와서 지금 영어 교사 자격증이 있거든요. 그런데 하루는 애가 한국말을 좀 하니까 "엄마, 나 한국에 가서 그 영어 못하는 애를 좀 가르치고 싶은데 …" 그런 일을 할 수 있느냐 물어 보더라고요. 그런데 그런 거 물어보는데 어떻게 대답을 할 수가 없더라고요. 그럴 때는 한국에 어떻게 가서 영어를 가르쳐야 되는지 그런 소스를 좀 알려줬으면 좋겠어요. 많은 아이들이 그런 생각을 하고 있거든요. 그래서 이중 언어를 하는 선생이 되는 거죠…(한글학교 교장 A).

한국 정부의 지원 부족과 관련하여 재미한인들은 2~3세의 모국방문 활성화 방안이 마련되어 있지 않은 점을 특히 아쉽게 여겼다. 많은 재미한인들은 모국방문이 재미한인 차세대들의 한인으로서의 자긍심과 민족정체성 강화에 도움이 되는 것으로 평가했다. 즉 현지에서 한글학교를 다년간 다니는 것보다 한 번 한국에 다녀가는 것이 모국에 대한 유대감 형성과 민족적 긍지 제고에 훨씬 더 효과적이라는 것이다.

두 살 때 한국에서 온 앤데, 2002년 월드컵 때 나갔어요. 한국에 가서 월드컵이 막 진행되는 것을 보면서 굉장히 자긍심을 가지고 왔더라구요. 자기는 한국인이라는 것에 대해서. 뭐 백팩에다 태극기까지 붙이고 다닐 정도로. 그리고 뭐 이제 TV 사러 가면 삼성 것 너무 잘 나와 있잖아요. 크게 대형 화면도 나와 있고 그러니까. 삼성꺼를 사겠다고 그렇게 애들이 되는 걸 봤거든요. 또 경험도 했구요(학부모 J).

이처럼 모국방문 프로그램은 무척 실효성 있는 프로그램이지만, 재미한인에게도 그것은 쉽게 선택할 수 있는 대안이 되지 못하고 있다. 이는 무엇보다도 재미한인이 다른 재외한인에 비해 경제적 형편이 양호하다는 인식 때문에 모국방문 프로그램에 대한 충분한 지원이 제공되지 않고 있기 때문이다.

　　우리 아이들은 여기서 나서 여기서 커서 교육을 받은 아이들인데, 한국말이 좀 서툴지요, 아무리 한글학교 다녔어도 … 근데 그 드라마 보면서는 한국말을 많이 배워요. 그리고 문화에 대해서도 많이 배우게 되고 … 그러더니 인제는 한국 가고 싶다는 거예요. 한 번 가서 직접 보고 싶다는 거예요. 그래서 그 드라마의 영향도 참 큰 것 같아요. 그래서 한국말도 많이 배웠고 … 지금 대학원 다니고 있지만 거기서 시간이 나면은 한글을 좀 더 배우고 싶어 하거든요. 물론 올 시간이 안 되어서 좀 그렇기는 하지만, 한국에서 그런 좋은 프로그램을 만들어 주시면, 뭐 정부지원이라도 있으면 꼭 보내고 싶어요. 그 여기 학생들이 많이 가고 싶어 해도 정부지원이 부족하니까 못가지요. 우선 비행기 표가 얼마나 비싸요. 그리고 거기 가서 있는 체류비용도 만만치 않고 … 그러니까 보통 여기서 뭐 아무리 벌어도 몇 천 불씩 대기가, 아주 잘 버는 상류집안에서만 가능한 일이지 중류집안에서는 힘들어요, 그거(웃음)(학부모 H).

　　재미한인의 생활수준이 여타 지역의 재외한인에 비해 높은 것은 사실이다. 그러나 앞에서 살펴보았듯이, 재미한인의 평균 가족소득은 미국인 전체 평균에 미치지 못하고, 아시안들 중에서는 가장 적은 편에 속한다. 이러한 상황에서, 상당한 액수의 방문비용은 현실적으로 재미한인 차세대의 모국방문에 커다란 제약요인이 될 수밖에 없다.

(3) 열악한 교육여건과 교사의 전문성 부족

　　재미한인 사회에서 민족교육은 주로 한글학교를 중심으로 이루어지고 있다. 그러나 한글학교의 대부분은 1970년대 이후에 설립되었고, 소규모 형태로 운영되고 있으며, 교육여건 또한 썩 좋은 편이 아니다. 한글학교들은 일정한 기준도 없이 개인이나 단체에 의해서 설립되는 경향이 있기 때문에 한글학교의 교육시설과 여건은 천차만별이다. 교회에 부설되어 운영되는 한글학교는 그나마 사정이 나은 편이지만, 개인이 운영하는 한글학교는 그 사정이 더욱 열악하다.

> 2세, 3세에게 한국어 교육을 잘 하기 위해서는 먼저 자체 건물이 필요하다고 봅니다. 현재 우리 학교는 미국 고등학교 건물을 빌려서 수업을 하는데 토요일 오전 9시30분에 시작해서 12시40분까지 수업을 합니다. 미국 교사들이 우리 학교에 주의사항도 많이 줄 뿐 아니라 여러 가지 제약이 많아 불편합니다(한글학교 교사 E).

교사 E가 일하는 한글학교는 정교사와 특별활동교사를 합해서 40명이 넘고 학생수는 거의 800명에 이르는 대규모임에도 불구하고 자체 건물을 확보하지 못하고 있다. 따라서 이보다 더 영세한 한글학교들은 훨씬 더 열악한 교육여건을 가지고 있을 가능성이 크다. 이와 같은 교육시설 및 여건의 열악함은 민족교육을 활성화하는 데 많은 제약을 가할 수밖에 없다.

이 밖에도 한글학교의 교육은 대체로 방학을 제외한 기간 동안에 기껏해야 주당 4시간 정도로 실시되는 것이 고작이다. 이는 한글학교의 특성상 주로 주말이나 주중 특정 요일 하루에 교육이 실시되고 있기 때문이다. 대부분의 한글학교들이 토요일에 교육을 실시하고 있는데, 고등학생과 성인들의 경우 토요일보다는 주중 저녁시간을 선호하는 경우가 많다고 한다. 이러한 교육시간의 제한은 한글학교들이 자체 건물을 소유하고 있지 못하기 때문에 발생하는 문제이기도 하다. 이 때문에 한글학교 교사들이 주말 시간을 할애해야 하는 부담이 발생하고 있고, 학생들로서도 주말에도 학교를 가야 하는 어려움이 있다.

한편 한글학교는 정규학교가 아니고 교사도 자원봉사자에 의존하는 비율이 매우 높다. 따라서 적정 교사수의 확보도 어렵지만 훌륭한 자질을 갖춘 교사를 초빙하는 일은 더욱 어렵다. 양질의 민족교육을 실시하기 위한 선결요건이라고 할 수 있는 전문성을 갖춘 교사의 확보는 재미한인 사회의 한글학교가 해결해야 할 중요한 과제 가운데 하나라 할 수 있다.

> 전문성을 갖춘 교사의 질을 높이는 것이 중요합니다. 전문적인 교사로의 전환이 가장 절실하여, 사례금을 인상시키고, 교사들 모집에도 경력을 고려하는 등 … 이제는 교사가 되기 위한 경쟁률도 높고, 교사의 질이 올라갔어요. 전문적 교사로 바뀌면서 수업의 질도 올라가고, 학생 수는 증가하여 이제 학교의 규모도 어느 정도 커졌어요. 규모는 어느 정도는 되어야 문화가 형성될 수 있어요(학부모 I).

교사들의 전문성 부족은 한글학교 교사들에게 그들의 역할이 학생들을 돌보거나 학생들과 함께 놀아주면서 시간을 보내는 것이라고 인식하게 만들기도 한다. 교사들 스스로가 이러한 인식을 하고 있을 경우, 체계적인 민족교육이 이루어지는 것을 기대하기는 어렵다.

> 제가 꼬맹이들을 맡아서 해봤는데 이제 "할아버지" 그러고 … "할아버지, 할아버지" 그러고 올라와서 머리 쥐어박고(웃음). 그러니까 놀아줘야 된다는 거예요. 그러니까 딴 애들이 또 와서 붙으려고 하면 "우리 할아버지다" 그러고 또 싸우고, 그거 뜯어 말리고 … 그게 인제, 그러니까 한글로 이야기를 하면서 놀아주는 거예요. 그게 참 중요한 것 같고요 … 지금 여기 우리 한글학교 (애들은 집중하는 시간이) 1~2분이 안 가요. 그러니까 재미있게 놀아주고 … 베이비시터 잘해주는 거야, 지가 최고라는 거야. 집에서는 어떻든 여기 오면 지가 최고야. 그러니까 최고로 만들어주는 거예요. 간식도 주고, 우리는 이제 탁구나 농구 같은 것을 가르치는데, 그런 시간을 기다리고 … (한글학교 교장 B).

이와 같이 한글학교 교사들은 한국어 지도를 위한 교육을 별도로 이수한 경우가 드물고 교수법에 대해서도 전문적인 식견과 소양이 부족하기 때문에 전통적인 강의식 교육방법을 고수하는 경우가 많다. 그리고 이것은 한글학교에서 이루어지는 교육이 학생들의 호응을 얻지 못하게 만드는 원인이 되기도 한다. 다음의 제보자 F는 이러한 문제를 해결하기 위해서는 한글학교 교사들이 학생들의 학습동기를 유발시킬 수 있는 새로운 교수법을 익혀야 한다고 강조했다.

> 보통 한글학교에서 가르치는 교사들은 한국에서 많이 살다 오신 분들로 수업방식이 다른 점이 많습니다. 거의 교회에서 이루어지는 한글학교는 중간고사다 모의고사 뭐 이런 형식으로 한국시험이랑 많이 흡사한 거 같아요. 아이들이 어려워하기도 하고, 아이들이 지루해서 가지 않으려고 하기도 하고 … 우선 (교사들이 학생들에게) 동기부여를 시킬 수 있는 교수법을 새롭게 익힐 필요가 있겠죠(미국 고등학교 교사 F).

(4) 적합한 교재의 부족

교재는 학생들의 민족교육에 대한 동기를 유발시키고 민족교육의 효율성을 높이는 데 매우 중요한 역할을 하는 것으로 볼 수 있다. 이러한 측면에서 민족교육을 담당하고 있는 교사들이나 재외동포 민족교육에 관심을 가지고 있는 전문가들은 각 지역별로 그 지역에 적합한 교재를 개발하는 것이 중요하다고 지적한다. 특히 미국처럼 광활한 국토와 다양한 문화적 배경을 가진 거대 인구에 의해 구성된 국가에서는 이러한 필요성이 더욱 큰 것으로 볼 수 있다.

> 한국에서 오는 교과서, 동포들이 고맙게 받지 않아요. 그거 뭐 … 그리고 실제로 LA에서는 '까치 까치 설날은' 뭐 이런 걸, '까치'를 배우는데, LA에는 까치가 없어요. 시카고에는 까치가 있습디다. 그런데 LA에는 까마귀밖에 없거든요. 그러니까 LA 동포들은 이제 그걸 예로 들면서, 한국에서 오는 교과서가 우리 LA에는 맞지 않는다, 우리는 우리대로 개발해야

되겠다, 그런 이야기들을 하는 것을 들었습니다(전 LA 한국교육원장 N).

한편 재미한인 차세대를 대상으로 하는 민족교육에서 한국의 역사와 문화만을 다루는 교재는 교육현장에서 수용도가 많이 떨어질 가능성이 있음을 지적하는 목소리도 있다. 이러한 지적은 미국에서 성장한 차세대들에게는 미국의 역사와 문화가 기준점이 될 수밖에 없다는 현실과 맞물려 상당한 설득력을 갖는다. 이 경우에 교재는 반드시 비교문화적인 관점을 통해 집필되고 가르쳐질 필요가 있다.

현지 상황에 적합한 교재 개발…이 부분은 사실 계속 제기되는 문제인데, 특히 저는 미국적인 상황에서는 매우 중요한 것 같아요. 그러니까 이들의, 미국에서 성장한 이 차세대들의 경우에서는 미국의 역사와 문화가 하나의 기준점이라는 거예요. 그래서 이 기준점과 비교선상에서 한국의 역사라든가 문화를 이렇게 서로 대비시켜가면서 설명을 해야 이들이 이해를 하지, 이런 것 없이 한국 것만 했을 경우에는 이것은 굉장히 설득력을 갖지 못한다는 부분이거든요. 그래서 이게 특히 제가 볼 때는 이 미주지역에서의 민족교육에 굉장히 중요한 점이라고 보고. 아무리 한국에서 현지 사정에 적합한 걸 만든다고 해도 불가능하기 때문에, 어떤 우리 한국에서 개발한 교재를 표준으로 하되 그 현지에서 이렇게 교육에 종사하시는 분들이 거기에 적합한 형태의 방식으로 이걸 수정을 하는 것을 좀 지원을 해서 현지에서 쓸모 있는 교재를 개발하는 것이 상당히 급선무라는 생각을 좀 갖게 돼요(재외동포 전문가 O).

아직까지는 교재가 다양하지 못한 점도 현장의 교사들에게는 아쉬운 대목으로 지적되고 있다. 특히 한글에 서툰 재미한인 차세대들을 위해 한글과 영어가 병기되어 있는 교재나 영어로 기술된 보조자료 등에 대한 수요가 큰 편이지만, 이러한 교재의 보급은 상당히 미흡한 편이다.

일단 2세, 3세 자녀들을 잘 가르치려고 한다면 시청각자료 및 교재가 풍부해야 하는데 한국에서 오는 교과서 외에 더 많은 교재가 있으면 좋겠습니다. 물론 영어와 한글로 표기 되어 있는 것이면 더욱 좋구요. 저는 몇몇 사이트에서 영문으로 표기된 한국문화에 관한 자료를 얻는 편이지만 한정되어 있어서 아쉬울 뿐입니다(한글교사 E).

이상에서 지적한 바와 같이, 교재와 관련해서 제기될 수 있는 문제점은 우선 현재 한국교육과정평가원이나 국제교육진흥원에서 개발한 교재들이 현지 상황에 적합하지 않다는 것이다. 재외동포 전문가 O가 지적한 대로 한국 정부에서 현지 상황에 적합한 교재를 개발하더라도 지역적인 특수성을 모두 파악하여 그것에 따라 교재를 차별성 있게 개발한다는 것 자체가 불가능하기 때문에 한국어 표준교육과정을 편성하고 그것을 바탕으로 현지에서 적합한 교재를 자체적으로 개발하도록 하는 방안을 마련할 필요가 있다. 또한 교재를 개발할 때는 한국의 전통문화와 역사를 맹목적으로 전달하는 데 주력하기보다는 비교문화적인 관점에서 미국의 역사, 문화, 사회와의 비교를 통해 스스로 자신의 뿌리를 자각하게 하는 접근방식을 따를 필요가 있다. 한편 한글교사 E의 지적은 새로운 형태의 교재 개발이 필요함을 시사해준다. 즉 지금까지 정부에서는 재외동포용 교재를 주로 인쇄 매체를 활용해 제작, 보급해 왔다. 그러나 인터넷이나 영상 매체를 통해 다양한 교육 콘텐츠와 풍부한 시청각 자료를 제공해 줄 수 있다면, 민족교육에 대한 관심과 동기유발에도 일정 부분 기여할 수 있을 것이다.

5. 재미한인 민족교육의 모형과 네트워크

1) 민족교육 모형

재미한인 사회에서 민족교육이 활성화되기 위해서는 무엇보다도 실질적인 교육수요자들이 민족교육에 대해 절박한 필요성을 느끼도록 할 필요가 있다. 다시 말해서, 민족교육이 학부모나 학생들에게 충분한 유인을 제공할 수 있어야 한다. 재미한인 사회가 여타 재외한인 사회와는 다른 고유의 특성이 있다는 점은 이러한 적절한 유인 제공의 필요성에 대해 주목하게 한다. 이와 관련하여, 제보자 N과 O는 재미한인 사회의 특성을 다음과 같이 설명했다.

미국에 200만 이상이 이민가신 분들은 자의에 의해서 가셨지, 국가의 운명 때문에 가신 것도 아니고, 또 생활수준이나 지식수준이 상당하신 분들이 많기 때문에 … 그들에 대한 교육적 책임도 한국에 있다는 것인데, 미국에 있는 우리 동포들 느낌은 '무슨 한국정부가 우리에게 교육책임을 …' 이런 것은 말이 좀 안되거든요. 재일동포나 재중동포, 중앙아시아의 동포들에게는 한국 정부의 교육책임이라는 것이 반가운 이야기지만, 미국에 있는 우리 동포들에게는 '한국교육' 어쩌고 하면 콧방귀도 안 뀌는 상황이죠 … . 이제는 재외동포 교육에 관한 논리와 비전을 개발하고, 동포들로 하여금 자신이 주재국 사람인지 한국 사람인지를 헷갈리게 하는 일을 우리 정부가 앞장서서 하면 안 된다(고 생각합니다.)(전 LA 한국교육원장 N).

미국하고 캐나다에서 그 어떤 한국어 교육이나 한국 문화 교육에 있어서의 일종의 그 촉진요인이 있고 또 저해요인이 동시에 있는 것 같아요. 어떻게 보면 우리가 물리학적으로 본다면, 그 이런 한민족 또는 뭐 한국 문화라고 하는 것을 한 개인에 있어서의 어떤 정체성의 핵으로 보고, 여기서부터 인제 밖으로 나가는 것을 우리가 원심력이라고 본다면, 이 원이 한인이라고 하는 정체성 혹은 한인사회 바깥쪽이 미국 주류사회가 되겠지요. 백인 문화 중심의 … 그걸 인제 원심력이라고 보고 … 이걸 잡고 다시 안쪽으로 끌어당기는 것을 만약에 구심력이라고 본다면, 이 구심력과 원심력이, 그러니까 이 두 가지 종류가 있는 것 같아요 … 그러니까 현지가 한국에 비해서 상대적으로 발전을 못한다 싶으면 우리 어떤 한국어, 한국 역사, 문화에 대한 동기와 관심이 커지게 되는 반면, 현지가 워낙 강하면 그거에 대한 동화의 압력이 굉장히 크다는 거 … 인제 그런 것이 이제 미국에 있어서 원심력이 강한 하나의 요인이 되는 거죠. 반면 또 구심력도 있어요. 그러니까 다른 중앙아시아나 또는 중국에 비교해서 이 미주지역이 한국어 교육이나 한국 문화 교육을 하기에 좀 더 유리한 조건들도 있어요. 뭐냐면은, 일단 부모들이 최근 이민자라는 거 그리고 이제 LA 코리아타운과 같은 것이 있다는 것도 하나의 큰 장점이죠. 여전히 이제 한인 언론 매체들의 네트워크, 그 다음에 또 한인들의 어떤 경제력들 … 이런 것들이 보면 또 그 하나의 잠재력들이죠. 근데 이제 아쉽게도 그러한 잠재력이 한국어 교육이나 한국 문화에 대한 관심으로 이렇게 이어지지 못했다고 하는 부분 … 그러니까 지금까지 보면 원심력이 구심력보다 훨씬 강하다고 하는 거 … 그럼으로써 세대가 진행될수록 주류사회로 동화되어버리는 경우가 더 강하다는 거거든요. 이런 부분들이 우리가 미주지역이 타 지역에 비해 갖는 독특한 특성인 것 같아요(재미동포 전문가 O).

아울러 제보자 N과 O는 재미한인 민족교육의 활성화할 때 염두에 두어야 할 사항을 몇 가지 제시해 주었다.

저는 몇 가지 아주 좀 실질적인 것을 제안을 하고 싶은데요 … 첫째는, 어느 기관이든지 기관장이 뭐 바뀌면 기관장의 성향에 따라서 또 그 사람의 비전에 따라서 기관 운영이 많이 달라지는데, 내 생각에는 해외 재외동포 교육기관, 해외에 있는 우리 재외동포 교육기관은 요런 일들은 해야 한다는 것을 좀 필드 매뉴얼을 하나 만들어 놓을 필요가 있어요. 두 번째로는 재외동포 교육이 상당히 중요함에도 불구하고, 국내에서 조차도 재외동포 교육에 관심이 별로 없어요. 국내에서 재외동포 교육에 대한 그런 뭐 당위성이라든지 이런 걸 한 번 검토하고, 그걸 기반으로 해서 적극적으로 사업을 개발을 하고 추진하는 것이 장기적으로 우리 국익에 도움이 되지 않겠는가 … 우리 한국인이 세계로 뻗어가는 데에 밑거름이 되지 않겠는가 하는 생각을 해봤고요. 세 번째로는, 한글학교 지원이 일률적으로 되고 있어요, 교과서 지원하고 운영비 지원하고 … 어느 나라나 그렇게 되어 있는 것 같은데, 그렇게 하지 말고 국가별로 지역별로 특성화해서 달리하자 하는 겁니다(전 LA 한국교육원장 N).

한 가지 중요한 것이 부모의 교육인 것 같아요. 2세들과 이야기해보면 자기들이 한국어를 잘 못하는 것에 대해 후회를 하는 경우가 많아요. 이제는 영어만 가지고는 부족한 상황이 되니까 이들이 항상 넋두리를 하는 것이 '왜 부모가 어렸을 때 조금 더 푸시를 하지 않았나.'라고 진심으로 하는 것 같아요. 어렸을 때 부모가 억지로라도 시킨 것에 대해 지금은 감사를 하거든요. 그러니까 부모의 태도가 자녀들에게 곧바로 영향을 주거든요. 그런데 현재 지금 이민가 있는 부모들은 한국에 대한 생각이 부정적인 것이 많아요. 한국에서 어떤 이유에서 왔던 간에 지금 소수 민족으로 살고 있고 직장도 자영업, 교회, 가정 이렇게 세 가지 속에서 제한된 삶을 살면서 삶의 의미, 정당화가 필요하고 대개 그러한 것은 한국에 대한 부정적인 평가를 통해 자신들이 이민 온 것에 대한 정당화가 많이 이루어져요. 그런데 이것이 결국은 자녀에게 그대로 연결이 되거든요. 그래서 첫 번째는 가정교육이 굉장히 중요하고, 부모가 자녀들에게 한국어의 중요성 그리고 한국인으로서의 어떤 자긍심을 얼마만큼 그 어렸을 때부터 주지시키고, 또 아이들이 공부를 하기 싫다 하더라도 계속해서 시키고 … 그래서 어렸을 때는 모르지만 이렇게 대학교에 들어가서 자발적으로 이런 정체감을 재발견 하게 될 때에는 엄청난 자원들이 있거든요. 두 번째는 교회가 됐든 교육기관에 있어서의 어떤 자원, 인프라가 잘 갖취져야 되는데 이럴 경우에 저는 한국 정부의 역할이 뭐냐 … 나는 결국 콘텐츠를 개발을 해서, 이들이 손쉽게 그것을 사용할 수 있게끔 만들어 주는 것이 저는 한국 정부의 역할이라고 보거든요(재외동포 전문가 O).

이러한 내용을 염두에 두고 재미한인 민족교육 모형을 제시하면 〈그림 Ⅲ-1〉과 같다.

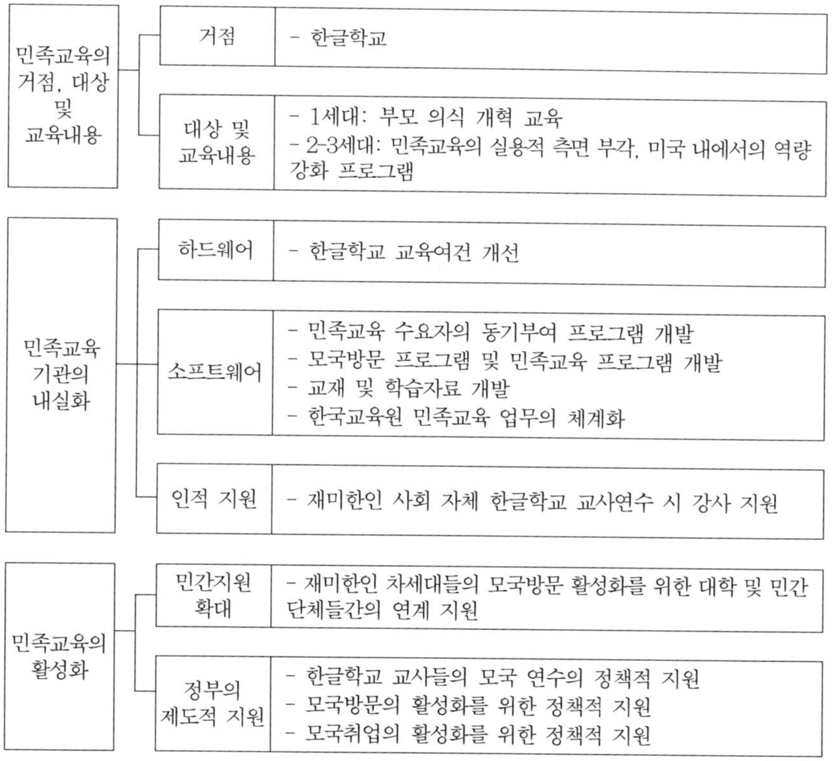

〈그림 Ⅲ-1〉 재미한인 민족교육 모형

(1) 민족교육의 거점, 대상 및 교육내용

❑ 민족교육의 거점

재미한인 사회의 민족교육은 한글학교에 의해 주도적으로 이루어져 왔고 앞으로도 그렇게 이루어질 것으로 보인다. 다만 향후 민족교육은 한글학교와 한국교육원의 유기적인 협력 하에 내실을 기할 필요가 있다. 특히 한국교육원을 중심으로 민족교육의 비전과 방향을 설정하고 그것을 바탕으로 하여 민족교육의 세부안을 마련할 필요가 있다.

❑ 민족교육의 대상 및 교육내용

민족교육의 주된 대상에는 재미한인 학부모와 학생 모두가 포함되어야 한다. 민족교육의 장애요인에서 살펴본 바와 같이, 재미한인 사회의 민족교육은 민족교육에 대한 재미한인 학부모의 인식 전환이 이루어졌을 때 활성화 될 수 있다. 이를 위해서는 정부가 개발한 부모교육 프로그램을 활용할 수 있을 것이다. 민족교육의 또 다른 대상은 재미한인 차세대인 2~3세들로, 이들에게는 민족교육에 대한 동기 부여를 촉진하는 프로그램을 시행할 필요가 있다. 예컨대 민족교육이 지니고 있는 실용적인 측면을 부각시키고, 재미한인 차세대가 미국 사회에서 정치적인 역량을 강화할 수 있는 내용에 역점을 둘 필요가 있다.

(2) 민족교육기관의 내실화

❑ 하드웨어 측면

앞서 살펴본 바와 같이 재미한인 민족교육의 주축을 이루는 한글학교의 시설은 양호한 편이었다. 그런데 교회 부설인 경우 전용건물을 갖추고 있지만 임차인 경우에는 기관운영에 어려움이 있는 것으로 예상된다. 특히 한글학교가 토요일 등 주말에 운영된다는 점을 감안하면 한글학교의 건물이 임차인 경우 여러 가지 번거로운 일이 발생할 수 있다.

따라서 기관운영에 어려움이 있는 한글학교에 대해서는 재정적인 지원이 이루어질 필요가 있다. 또한 효율적인 지원이 이루어지기 위해서는 미국내 주별 한글학교 상황을 파악하여, 차등적인 지원이 이루어져야 할 것으로 보인다.

❑ **소프트웨어 측면**

가. 민족교육 수요자의 동기부여 프로그램 개발

재미한인 2세들은 청소년기에는 부모들이 한국어를 배우도록 요구한 것에 대해서 공감하지 못했더라도, 성장한 이후에는 한국어를 구사할 수 있다는 것이 큰 도움이 된다고 깨닫는 경향이 있다. 따라서 2세들의 한국어 학습에서 부모들의 역할은 매우 중요하다. 즉 자녀가 싫증을 내더라도 일단 자녀가 한국어를 제대로 습득하게 하는 부모의 노력이 필요한 것이다. 그런데 재미한인 부모들 가운데 일부를 제외하고는 자녀들에게 한국어 교육을 강력하게 권유하는 경우가 드물다. 설령 자녀를 한글학교에 보낸다 하더라도 자녀의 학년이 높아지게 되면 부모들도 한국어를 가르쳐야 한다는 의식이 희박해진다. 앞서 재미동포 전문가 O가 지적한 바와 같이, 미국의 이민 1세 부모들이 지닌 독특한 특성이 한국어 교육에 대한 동기를 약화시키고 있다.

이와 관련하여 텍사스 오스틴 소재의 한글학교에서는 부모들의 의식 전환을 위한 교육 프로그램을 마련하여, 그를 통해 자녀교육에 대한 부모들의 인식을 전환하려는 노력을 기울이고 있었다. 동시에 학부모 회의가 있을 때마다 한국어 교육의 실용성에 대해 전달하고자 노력하고 있었다. 따라서 한국 정부가 부모들의 인식 전환을 위한 교육 프로그램 또는 홍보자료를 제작하여 보급한다면, 부모들의 자녀교육에 대한 태도 및 한국어 학습에 대한 인식을 바꾸는 데 일정 부분 기여를 할 수 있을 것으로 생각된다.

민족문화 이런 게 필요하다고 하는데 학부모들한테 그런 필요성이 두드러지지 않습니다. 시간적인 제약 속에서 토요일마다 (한글학교에) 나오는 것도 힘들고, 특히 고학년이 되어 가면 광의의 민족교육이라는 것이 아이들한테 별의미가 없어요. 실제로 아이들이 자라서 한글의 실용성이 무엇인지를 보여주어야 합니다. 그게 더 설득력이 있습니다 … 막연하게 교육을 시키는 것보다는 정확하게 아이들에게 목표의식을 심어주어야 하지 않겠는가 하는 점입니다. 한글교육도 민족이라고 해서는 아무런 전략이 없는 것 같아요. 한인사회가 주류사회에 빨리 진입할 수 있는 목표를 세우는 것이 중요하다고 봅니다. 저는 1세대이기 때문에 겪는 핸디캡을 2세는 어떻게 하면 극복할 수 있을까 라는 것이 교육의 목표로 세우는 것이 필요한 것 같아요. 이런 한글학교를 통해서 아이들의 한글교육도 중요하지만 부모들의 교육세미나, 대학교육세미나, 조기교육세미나 등을 실시하는 것도 필요하다고 생각합니다(학부모 I).

한편 제보자들은 학생들의 민족교육에 대한 동기유발을 위해서는 한국어 교육의 실용성이 중요함을 누누이 지적하였다. 특히 한국어와 영어를 동시에 구사할 수 있다는 점이 실제적인 효용성을 갖는다는 사실을 2세들에게 강조할 필요가 있다는 것이다. 뿐만 아니라, 학부모 I는 이민 2세들로 하여금 1세들이 겪은 제약을 뛰어넘어 미국 주류사회에 진입할 수 있도록 하는 것을 한글학교 교육의 목표로 삼아야 한다고 주장했다. 또한 그러한 목표의식을 학부모에게 인식시키는 것이 중요하고, 이를 위해 학부모를 위한 각종 교육프로그램이 필요하다고 지적하였다.

난 실질적으로 특별우대에 대해서 얘기해요. 우선 나도 이중언어자란 점 때문에 연봉이 높거든요 다른 교사보다도 … 그리고 정체성에 대해서도 얘기하고 … 또 한국인으로서 주류사회에 나가서도 결국은 한인사회에서 서포트를 받아야 하므로 그 관계를 절대 무시할 수 없으니까요(미국   고등학교 교사 F).

나. 모국 방문 프로그램 및 민족교육 프로그램 개발

재미한인 학부모 및 민족교육 담당자들이 민족교육의 활성화 방안으로 공통적으로 지적하고 있는 사항은 모국 방문 프로그램이었다. 한국어 연수나 홈스테이(home stay) 등을 통한 모국 방문은 한국 역사와 문화를 직접 체험하게 함으로써 한국에 대한 자긍심을 고취하고 한국어 학습에 대한 동기를 제공해 줄 수 있다는 점에서 긍정적으로 평가되고 있다. 실제로 한국어와 한국 문화에 무관심했던 학생과 성인들이 모국 방문 이후에 인식이 바뀐 사례를 자주 접할 수 있었다.

그런데 재미한인 학부모들은 모국 방문이 한국어 학습이나 정체성 확립에 긍정적이라는 것을 인식하고 있음에도 불구하고 경비 부담 때문에 모국 방문 프로그램에 자녀를 참여시키기가 쉽지 않는 반응을 보였다. 따라서 한국에서 영어를 배우고자 하는 학생들과 모국 방문을 원하는 재미한인 자녀들을 맺어주는 프로그램을 마련하여 경비를 절감할 수 있는 방안이 강구된다면 민족교육의 활성화에 큰 도움이 될 수 있을 것이다.

모국 방문의 효과에 대해서는 이견이 없지만 무턱대고 모국 방문의 기회만을 늘리는 것은 실효성 있는 민족교육 방안이 되기 어렵다. 제대로 된 모국 방문 프로그램이 마련되어 있지 않을 경우 오히려 모국 방문이 실망감을 증폭시켜 교육적 효과를 떨어뜨릴 우려가 있다. 따라서 모국 방문의 기간에 따라 체계적인 교육 프로그램을 개발하여 교육적 효과를 극대화하는 노력이 경주될 필요가 있다.

이와 관련하여, 이스라엘의 민족교육 프로그램 사례는 많은 시사점을 제공해 준다. 이스라엘의 경우, 재외동포에게 유대인으로서의 정체성을 갖게 하고 모국어 구사능력을 유지하도록 하기 위해 울판(Ulpan, 히브리어 집중과정)이라고 하는 민족교육 및 언어 프로그램을 개발하여, 해외에 거주하는 유대인들이 이를 쉽게 접할 수 있도록 제공하고 있다. 울판 프로그램은 유대인뿐만 아니라 외국인들에게 이스라엘 안팎에서 이스라엘의 역사, 문화, 언어를 접할 수 있도록 하며, 이스라엘 민족으로서의 정체성을 가지고 모국과도 지속적인 연계상태를 유지하도록 돕는다(김남희 외, 2005). 따라서 우리 정부도 이스라엘의 울판 프로그램과 유사한 프로그램을 개발하여 재외한인들이 한국인으로서의 정체성을 확립하고 모국과의 유대관계를 지속적으로 유지할 수 있도록 돕는 방안을 강구할 필요가 있다. 이를 위해서는, 한국역사, 한국문화, 한국인의 사상 등과 관련된 민족교육 프로그램에 관한 표준화된 교육과정을 마련하고, 하루 프로그램, 2~3일 프로그램, 1주일 프로그램, 1달 프로그램 등 다양한 형식으로 활용할 수 있도록 교육내용, 교재 및 교구, 지도용 지침서 등을 마련하는 것이 요구된다.

재미한인 2세들을 위한 모국 방문 및 민족교육 프로그램을 개발하는 것과 관련하여 전 LA 한국교육원장 N은 몇 가지 중요한 사항을 지적해 주었다. 그는 재미한인들을 위한 교육 프로그램을 개발하거나 실시한다고 할 때 그들이 거주국의 일원임을 잊어서는 안 된다고 강조한다. 또한 민족교육의 대상을 한국계 미국인에 국한하지 말고 확대시킬 필요가 있다고 제안한다.

> 재외동포 2~3세들이 한국인이 아니라 거주국의 일원이라는 것을 인정해야 합니다. 즉 그들은 정서적, 문화적으로 한국의 전통문화나 한국식의 사고방식을 가지고 있지 않기 때문에 한국의 전통적인 윤리와 역사, 문화를 무턱대고 강조하는 것은 무리가 따를 수 있습니다(전 LA 한국교육원장 N).

다. 교재개발 지원

현지 한글학교 교사들은 한국어 교육의 주요 문제점 가운데 하나로 적절한 교재 및 다양한 학습 자료의 부족을 지적한 바 있다. 지금까지 재외동포들을 위한 학습 자료들은 인쇄 매체에 국한되는 경우가 많았다. 영상 매체나 인터넷을 활용한 자료도 개발되고 있지만 그것이 폭넓게 활용되지는 못하고 있는 실정이다. 따라서 민족교육 교재와 교육 프로그램을 다양화하고 콘텐츠의 질을 제고하여 그것들의 활용도를 높이는 방법이 강구될 필요가 있다.

이를 위해서는 인터넷 방송통신 네트워크를 활용하는 방안을 생각해 볼 수 있다. 인터넷 매체를 통한 교육 프로그램은 한국어 교육을 담당하는 교사들에게 유용한 학습 자료가 될 수 있고, 특히 시청각자료에 익숙한 재미한인 2세들의 학습에 대한 흥미를 유발시키는 데도 큰 도움을 줄 수 있을 것이다. 또한 그것은 한국어 교육 중심으로 이루어지고 있는 민족교육의 범위를 한국의 역사와 문화 등으로 확장시키는 데도 일조를 할 수 있을 것이다. 게다가 이러한 프로그램의 제공은 세계 각지에 흩어져 있는 한인들을 위한 민족교육네트워크 구축에도 지대한 기여를 할 수 있을 것이다.

단, 인터넷 매체를 활용한 민족교육의 활성화를 위해서는 몇 가지 선결요건이 필요하다. 우선 각 민족교육기관의 교사 및 학습자들이 인터넷 매체를 활용한 학습 자료에 접근할 수 있도록 인프라가 구축될 필요가 있다. 따라서 영세한 한글학교의 경우 교육시설이나 기자재에 대한 지원이 선행되어야 한다. 다음으로 인터넷 매체를 활용한 민족교육은 연령에 따라 달리 접근될 필요가 있다. 초·중등학생의 경우는 반드시 교사와 부모의 지도 아래 활용하도록 하거나, 교사들의 학습 보조 자료로 활용하게 하는 것이 바람직할 것이다. 초·중등학생들은 민족교육에 대한 필요성을 강하게 느끼고 있지 않기 때문에, 학생 스스로 자발적인 학습을 하도록 기대하는 것은 무리이다. 또한 이들 학생들은 미국 내의 초·중등교육을 이수하는 상황이므로 자칫 이들 프로그램이 또 다른 학업 부담으로 작용할 가능성이 있다. 그렇지만 대학생 이상의 연령 집단은 인터넷을 통한 자기주도적인 학습이 가능하리라고 본다.

　라. 한국교육원의 민족교육 업무의 체계화

　한국교육원은 파견공무원의 개인적인 성향이나 사업 추진 의지에 따라 기관 운영에 상당한 차이가 있는 것으로 나타났다. 이에 대해 전 LA 한국교육원장인 N은 재외동포 민족교육기관별로 현장 업무 매뉴얼을 개발할 필요가 있다고 강조한 바 있다. 재외동포 민족교육을 위해 한국 정부가 공무원을 파견하고 적지 않은 예산을 투입한다고 한다면 업무의 연계가 원활하게 이루어져 민족교육의 효율성을 높이는 것이 중요하다. 특히 재외동포 교육기관의 업무가 파견 공무원의 개인적인 성향이나 관할 공관 및 재외한인 사회의 역학 구도에 의해 좌지우지 되지 않기 위해서는 주재국의 교육환경, 동포사회의 규모 및 특성, 한국과의 관계 등을 고려하여 각 기관별 업무 매뉴얼을 개발하는 것이 필수적일 것이다. 그런데 지금까지 정부는 재외동포 교육기관의 역할이나 방향에 대한 비전을 제시하지 못했고, 파견 공무원들도 재외동포 교육기관장을 한직으로 인식하는 경향이 강했다. 따라서 재외동포 교육기관에 대한 인식을 개선하고 업무의 효율성을 제고하기 위해서는 우선적으로 교육부가 표준적인 업무 가이드라인을 설정하고, 각 지역별 특성을 감안하여 기관별 매뉴얼을 마련하는 것이 필요하다.

　❑ 인적 지원

　민족교육기관을 내실화하기 위한 관건은 민족교육 담당 교사들의 자질을 높이는 것이라도 해도 과언이 아니다. 재미한인 한글학교의 교사들이 대부분 자원봉사자라는 점을 감안하면, 이들을 위한 정기적인 교사연수가 보다 활성화될 필요가 있다. 우선적으로 한글학교 교사들이 정기적으로 모국에서 연수를 받을 수 있는 기회를 제공하는 것이 한 방안이 될 수 있으며, 아울러 재미한인 사회 내부적으로 한글학교 교사연수가 이루어질 때 정부에서 민족교육 관련 전문가를 파견하여 지원하는 것도 또 다른 방안이 될 수 있을 것이다.

(3) 민족교육의 활성화

❏ 민간지원 확대

재미한인 학부모와 학생들은 모국방문 프로그램을 가장 선호하는 것으로 확인되었다. 그런데 재미한인들은 경제적인 부담으로 인해 모국방문을 쉽게 고려할 수 없는 것으로 나타났다. 따라서 이러한 문제를 해결하기 위해 국내에 있는 교육기관 및 민간단체가 주도적으로 모국방문을 원하는 재미한인들과 연계하여 다양한 프로그램을 시도해 볼 수 있다. 예를 들어 국내 학생들과 재미한인 학생들을 연계시켜 줄 수 있는 한 가지 방법으로 방학을 이용한 영어 학습 프로그램을 생각해 볼 수 있다. 이 프로그램은 국내 학생들에게는 재미동포 원어민을 통한 영어 학습 환경을 제공한다는 장점이 있고, 재미한인 학생들에게는 모국방문의 경제적인 부담을 덜어주는 방안이 될 수 있을 것으로 예상된다.

❏ 정부의 제도적 지원

재미한인 차세대들의 모국과의 유대관계를 높이고 한국어와 한국문화를 학습하게 할 유인으로 국내 기업이나 교육기관에서의 취업기회 확대를 들 수 있다. 이는 재미한인 차세대들을 인적자원으로 활용할 수 있는 하나의 방법이기도 하다.

현재 우리나라는 단일국적주의를 엄격히 적용하여 외국인이 귀화할 경우 6개월 이내 본래 국적을 포기하지 않으면 자동으로 한국국적을 상실하도록 되어 있다. 선천적 이중국적자 역시 일정한 기한 내에 하나의 국적을 선택하지 않으면 자동으로 한국 국적을 상실하게 된다. 또한 재외동포 중 거주국의 영주권자는 우리나라에서 6개월 이상 체류하게 되면 병역의무를 수행해야 한다. 재외동포라고 해서 병역의무를 면제하는 것이 아직까지 국민적 공감대를 얻기 어려운 상황이기 때문에 이들이 군복무가 아닌 대체복무 방식으로 모국에 기여할 수 있는 방안을 마련할 필요가 있다(윤인진, 2005).

재미한인의 경우 한국의 민간교육기관에서 영어를 가르치는 사례가 흔하다. 그런데 초·중등학교에서 원어민 보조교사로 일하기 위해서는 그 자격이 7학년 이전에 미국으로 이민을 간 자에 한정되어 있다. 따라서 이런 제약을 완화하여 이들이 모국에서 보다 쉽게 취업할 수 있는 기회를 제공함으로써 영어와 한국어를 동시에 구사할 수 있다는 점이 장점으로 작용할 수 있도록 제도적인 보완장치를 마련할 필요가 있다.

2) 민족교육 네트워크 구축

재미한인 민족교육기관의 네트워크 구축을 위해서는 우선 재미한인 사회에 존재하는 민족교육기관을 고려해 볼 수 있다. 이미 재미한인 사회에는 '재미한인학교협의회'와 '미주한국학교연합회'라는 두 개의 큰 단체가 존재한다. 또한 현재 미국에는 6개 한국교육원이 설립되어, 한글학교에 대한 지원을 담당하고 있다. 그런데 한국교육원의 업무가 대부분 한글학교에 대한 학습자료 및 재정 지원에 국한되어 있고, 한국교육원과 한글학교들과의 네트워크가 제대로 구축되어 있지 않기 때문에 민족교육에 대한 장기적인 사업 목표와 비전을 마련하기 위한 협력체계를 형성하지 못하고 있으며, 업무의 중복과 비효율이 발생하고 있다. 따라서 민족교육에 대한 뚜렷한 비전과 목표를 제시하고, 그것을 바탕으로 민족교육을 체계화하기 위한 민족교육기관간 네트워크 구축이 시급하다.

이를 위해서는 재미한인학교협의회와 미주한국학교연합회를 주축으로 하여 한국교육원 및 재외공관간의 실질적인 협력이 가능한 상설 기구를 제도화하는 것이 한 방안이 될 수 있다. 이 기구를 통해 민족교육

을 위한 교재 개발, 학습자료의 공유, 교사 양성 및 연수를 위한 협력이
가능할 수 있다. 이러한 내용을 정리해보면 〈그림 Ⅲ-2〉와 같다.

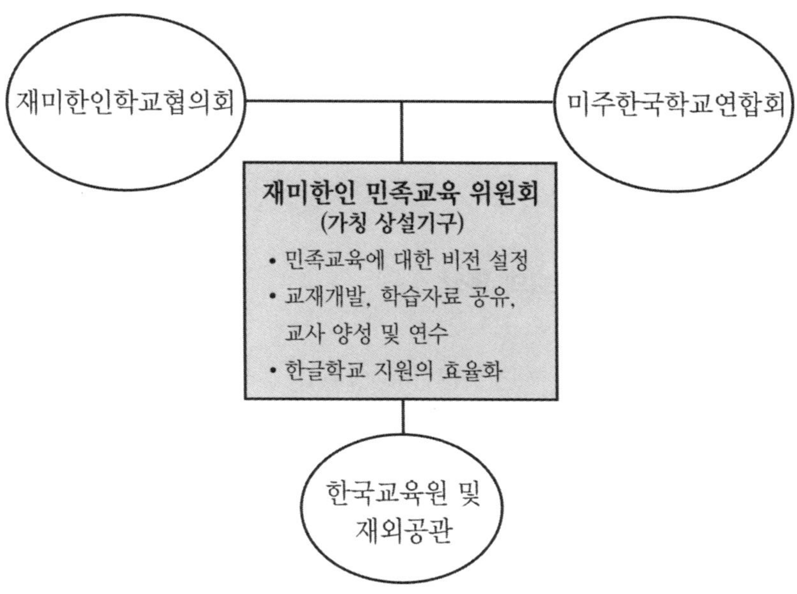

〈그림 Ⅲ-2〉 재미한인 민족교육 네트워크

Ⅳ
재일코리안 민족교육의 모형과 네트워크

1. 재일코리안 사회의 특성

현재 일본에 거주하는 재일코리안 사회는 크게 세 종류의 집단으로 구분될 수 있다. 우선 한일합방 이전부터 해방을 전후로 일본으로 건너간 '올드 타이머' 집단이 있다. 이들은 재일코리안의 다수를 차지하고 있으며, 일본에서 정주외국인으로 분류된다. 올드 타이머는 다시 한일협정에 의해 일본에 거주할 수 있는 법적근거가 마련된 한국 국적의 협정영주자 집단과 조선국적의 한국인에게 협정영주에 준하여 지위가 부여된 특별영주자 집단으로 구분가능하다. 다음으로 1980년대 전후 많은 외국인 노동자들이 일본 사회로 유입됨에 따라 한국에서도 일본으로 건너가 정주권을 취득하게 된 '뉴커머'가 있다. 마지막으로 일시체류자 집단을 들 수 있다. 이들은 상사 주재원·외교관, 기타 파견근무 및 직업 관계로 일본에서 일시적으로 거주하는 사람들이다.

올드 타이머의 대량 이주는 일제의 식민지 통치하에서 이루어졌다. 한일합방 이후 일본 입국이 자유로워짐에 따라 많은 한인들은 일거리를 찾아 일본으로 건너갔다. 당시 조선에서의 생활고를 피해 일본으로 도항한 사람들은 경상도, 제주도, 전라도와 같은 남쪽 지역 출신의 농민들이 다수였다. 1937년 중일전쟁이 발발하면서 일본은 전시산업을 지탱할 노동력이 필요하였고 1939년 9월에는 한인 노동자들을 강제 연행하기 시작하였다. 1945년 일본이 전쟁에서 패하고 조선이 해방되면서 대부분의 한인들은 귀국하였지만, 약 60만~70만 정도의 한인들은 일본에 남아 동포사회를 형성하게 되었다.

해방 이후 일본에 거주하는 조선인들에게는 조선이라는 국적이 부여되었다. 이 시기는 조선반도의 북쪽과 남쪽에도 정부가 출범하기 이전이었고, 이 때 조선은 조선반도에서 건너온 민족을 지칭하는 개념이었다. 한편 1952년 6월 샌프란시스코 강화협정이 체결되자 일본은 '외국인등록법'을 공포하였고, 재일조선인에게 일본의 외국인등록법과 출입국관리법의 적용을 받게 하였다. 당시 일본은 대한민국과 조선민주주의인민공화국과의 외교관계가 형성되지 않았기 때문에, 조선인들은 무국적자가 되었고 국적란에는 한반도 출신을 의미하는 '조선'이라는 표기가 정착되었다.

1965년 한일협정 이후, 한국 국적을 선택한 재일조선인들은 영주권을 법적으로 인정받게 되었으나 상당수의 사람들은 조선적으로 남아 있게 되었다(송기찬, 2004). 그 결과 현재 재일코리안들은 무국적의 한인을 제외하고는 한국 국적의 재일본대한민국민단(이하 민단)과 조선 국적의 재일본조선인총연합회(이하 총련) 중 하나에 소속되어 있다. 그런데 조선 국적의 한인 중에는 총련에 소속되어 북한을 지지하는 사람들이 다수이지만, 민단과 총련 어느 쪽에도 소속하고 싶지 않거나 단지 민족의 근원으로서의 조선이라는 용어에 애착을 느끼는 사람들도 적지 않다. 따라서 조선 국적이 곧 총련계를 뜻하는 것이 아니라는 점을 유의할 필요가 있다(이문웅, 2004).

민단과 총련의 이원체제는 분단된 한국의 상황이 그대로 재일동포 사회에 반영되어 있는 것으로 볼 수 있다. 민단과 총련의 대립은 현재까지 지속되고 있으며4), 각 단체에 가입한 사람들을 지칭할 때에도 재

---

4) 2006년 5월 17일에 재일민단과 조총련은 반세기 동안의 반목과 대립을 화해와 화합으로 전환하고 8·15 기념행사의 공동개최, 민족교육과 민족문화 진흥 사업 등 6개 항으

일한국인과 재일조선인으로 구별되어 사용되어 왔다. 그러나 최근에는 일본에서 한인으로 겪는 차별을 극복하고 일본 국민으로서의 권리를 되찾겠다는 차원에서 일본으로 귀화하는 한인들이 증가하는 있고[5], 부모 가운데 한 사람이 일본인이면 일본 국적을 취득할 수 있도록 한 일본 국적법의 변경으로 인해 재일한인의 인적 구성이 다양해지고 있다. 이에 따라 국적과 세대간 차이를 극복하고 이들 모두를 포괄하는 차원에서 '재일코리안'이라는 명칭이 사용되는 경향이 늘고 있다. 따라서 본 연구에서도 재일코리안이라는 명칭을 사용하고자 한다.[6]

일본 사회에서 재일코리안에 대한 법적, 제도적 차별은 꾸준히 개선되고 있다. 그럼에도 불구하고, 아직까지 외국인등록증 휴대의무가 있어 등록증을 휴대하지 않을 경우 불이익을 당할 수 있다. 또한 통명(通名)에 대한 암묵적인 강요는 재일코리안들에게 일본에의 동화를 강화하고 있다. 즉 본명을 사용했을 때의 취업, 입거, 교제, 결혼 등에서의 차

로 이루어진 공동성명에 합의할 것으로 보도되었다(조선일보, 2006. 5. 17. A2면). 그러나 민단의 내부 반발과 북한의 미사일 도발로 인해 5·17 공동성명은 사실상 백지화가 되었다.
5) 일본 국적을 취득한 재일코리안 귀화자 수의 변화

년	수	년	수	년	수	년	수
1952	232	1966	3,816	1980	5,987	1994	8,244
1953	1,326	1967	3,391	1981	6,829	1995	10,327
1954	2,435	1968	3,194	1982	6,521	1996	9,898
1955	2,434	1969	1,889	1983	5,532	1997	9,678
1956	2,290	1970	4.646	1984	4,608	1998	9,561
1957	2,737	1971	2,874	1985	5,040	1999	10,059
1958	2,246	1972	4,983	1986	5,110	2000	9,842
1959	2,737	1973	5,769	1987	4,882	2001	10,295
1960	3,763	1974	3,973	1988	4,595	2002	9,188
1961	2,710	1975	6,323	1989	4,759	2003	11,778
1962	3,222	1976	3,951	1990	5,216	2004	11,031
1963	3,558	1977	4,261	1991	5,665	전체	286,479
1964	4,632	1978	5,362	1992	7,244		
1965	3,438	1979	4,701	1993	7,697		

출처: http://www.moj.go.jp, Kim(2006)에서 재인용.
6) 다만 심층면담에서 제보자들이 사용한 명칭은 제보자가 언급하는 맥락을 충실히 나타내기 위해 그대로 사용하였다.

별 때문에 재일코리안들은 일본 이름을 사용함으로써 민족적 배경을 숨기고자 한다. 그런데 이는 일본 사회에서 재일코리안들을 더욱 비가시적으로 만든다는 점에서 심각한 문제가 되고 있다(Kashiwazaki, 2002). 이러한 일본의 동화조치 뿐만 아니라 최근에는 일본에서 태어나고 성장한 2~3세들의 일본문화에의 동화 및 통혼이 증가함에 따라 재일코리안들의 민족정체성은 복합성, 다차원성을 띠고 있는 실정이다.

재일코리안의 민족정체성과 관련하여 윤건차(1999)는 재일코리안은 일본과 조선 두 개의 국가와 민족, 언어, 습관, 문화 등이 혼재된 존재이며, 이 두 가지 요소는 공존하기도 하고 때로는 대립, 갈등하는 것으로 설명한다. 그는 재일코리안 정체성의 핵심 요소는 국적, 혈통, 역사, 문화라기보다는 역사적으로 형성된 소수자로서의 의식, 즉 역사의식 또는 민족의식이라고 결론짓는다(윤건차, 1997). 한편 Ryang(2002)은 재일코리안 정체성을 홈리스(homeless)로 규정한다. 과거 1세의 정체성이 조국으로 돌아가려는 강한 귀속의식과 민족의식을 보였다면, 현재 젊은 세대의 정체성은 돌아갈 조국도 없고 자신을 기꺼이 반기는 모국도 없는 림보(limbo) 상태에 있다는 것이다. 즉 이들은 일본 사회에 동화되어 일본인과 똑같이 말하고 생활하지만 일본에서 일상적인 차별과 편견을 겪고 있으며, 일본 사회의 동화정책으로 인해 민족적 자긍심이나 민족정체성을 드러내 놓고 살아갈 수 없기 때문에 본국으로부터 일정 부분 유리되어 있다고 느낀다. 다시 말해서, 재일코리안들은 스스로를 일본과 본국 사이의 경계에 위치한 존재로 규정하고 있는 것이다.

2. 재일코리안 사회의 민족교육 현황

일본에서 최초로 대규모 민족교육 체제가 만들어진 것은 해방 직후였다. 연합군 사령부의 조사에 따르면, 해방 직후 일본에 잔류한 재일코리안들의 대부분은 귀국을 희망하고 있었고, 이러한 분위기에 힘입어 재일코리안 1세들은 조선인 학교를 설립하기 시작한다. 이는 '조국으로의 귀환을 위한 준비'였다. 재일코리안의 민족교육은 현재 총련의 전신인 조련(재일본조선인연맹)이 담당하였다.

그러나 재일코리안 사회가 민단과 총련으로 분리됨에 따라 민족교육은 일대 전환을 맞게 되었다. 즉 기존의 민족학교들은 모두 총련의 조선학교로 남게 된 반면, 민단은 대도시를 중심으로 새롭게 민단계 한국학교를 설립하게 된 것이다. 총련과 민단의 분리 이후, 재일코리안 민족교육은 민단계 한국학교와 총련계 조선학교, 그리고 비형식 학교에 해당하는 한글학교, 마지막으로 1970년대 설치된 일본 학교 내의 민족학급을 통해 이루어지고 있다. 다음에서는 각각에 대해 간략하게 살펴보도록 하겠다.

1) 민단계 한국학교

민단계 한국학교에는 도쿄의 동경한국학교(초, 중, 고)와 교토의 교토국제학교(중, 고), 그리고 오사카 시내의 건국학교(유, 초, 중, 고)와 금강학교(유, 초, 중, 고)가 포함된다. 이 중 동경한국학교는 각종학교로서 학력 인정을 받지 못하고 있으며, 나머지 세 학교는 일본 정부로부터 인가를 받은 정식학교이다. 일본 정부로부터 인가를 받은 경우에는 학력인정을 받는 대신 일본 문부과학성의 통제를 받기 때문에 민족 관련 교과를 가르치는 것에도 한계가 있다. 모든 수업을 일본어로 해야 하고, 민족과목을 많이 설정할 수도 없다. 교사들도 일본의 교사자격증을 취득한 사람이어야 하기 때문에 모국어에 능하고 민족교육에 대한 열의가 있는 사람을 전공별로 모집하는 것이 현실적으로 어려운 실정이다.

〈표 Ⅳ-1〉에는 2006년 재일본 한국학교의 현황이 제시되어 있다. 재일코리안 대다수가 거주하는 오사카 지역의 경우, 전체적으로는 영·정주 학생들의 수가 많지만 금강학교에서는 체류 학생의 수가 영·정주 학생들과 비슷한 수준을 보이고 있음을 알 수 있다. 한편 일시체류자가 많은 도쿄 지역에 소재한 동경한국학교에는 이미 체류 학생의 수가 영·정주 학생 수를 초과한 것으로 나타나고 있다. 이러한 학생 구성의 변화는 한국학교의 교육 및 운영 방향에도 일정 부분 영향을 줄 것으로 예상해 볼 수 있다.

〈표 Ⅳ-1〉 재일본 한국학교 현황(2006)

학교명	설립일자	학생수														교원수
		소계	유			초			중			고			전체	
			영·정주	체류	기타	영·정주	체류	기타	영·정주	체류	기타	영·정주	체류	기타		
동경한국학교	1946.10.3	933	-	-	-	172	219	54	90	151	10	74	151	12	73
교토국제학교	1947.5.13	134	-	-	-	-	-	-	15	34	9	17	48	11	25
건국학교	1946.9.24	431	18	12	5	104	36	12	91	10	34	59	24	26	55
금강학교	1946.2	378	-	-	-	47	75	76	25	25	32	24	18	26	40
총 4개교	-	1,876	18	12	5	323	330	172	221	220	85	174	241	75	193

기타 : 이중국적 또는 일본인
자료 : 2006년 재일본한국학교연합회 정기총회 자료(7월 12일)

2) 총련계 조선학교

현재 총련계 사회를 지탱할 수 있었던 가장 중요한 축은 각급 조선학교의 민족교육이라 해도 과언이 아니다. 북한은 재일코리안을 해외공민으로 규정하고 1957년부터 총련계 조선학교에 대규모 교육원조비와 장학금을 보내고 있다. 2006년 4월 현재까지 152차에 걸쳐 총 457억 6,822만 3천 엔의 교육원조비와 장학금이 지급되었다(http://www.chongryon.com). 현재 남아있는 민족학교는 북한의 지원에 의해 이 시기에 세워졌으며, 여기에서는 '통일된 조국으로 돌아간다'는 유토피아적인 이념을 목표로 한 민족교육이 이루어져 왔다(이문웅, 2004). 2006년 현재 총련계 조선학교는 3년제 유치원이 3개교, 6년제 초급학교가 67개교, 3년제 중급학교가 38개교, 3년제 고급학교가 10개교, 대학이 1개교에 이르고 있다(Kim, 2006).

그런데 조선학교는 일본 문부과학성으로부터 정식인가를 받지 못한 각종학교이기 때문에 학력 인정을 받지 못하고 있다. 또한 의무교육으로도 인정받지 못하기 때문에 학부모들은 별도의 교육비를 내야 한다. 이 때문에 조선학교에 자녀를 보내는 학부모들의 경제적 부담이 상당하다. 최근에는 재일코리안 사회의 세대교체로 일본 사회에 뿌리내리기 위한 차원에서 자녀를 일본 학교에 보내거나 일본 국적을 취득하는 사람이 많아짐에 따라 총련계 조선학교는 학생수 감소라는 위기에 직면해 있다. 학생수 감소는 학교의 통폐합이라는 모습으로 나타나면서 이것이 민족교육 전체의 위기로 확산되고 있는 실정이다. 이러한 민족교육 전반의 위축으로 인해 조선학교에 자녀를 보내는 부모들은 상당한 비용을 치러야만 한다. 즉 학생수 감소로 학교운영이 어려워지면서 교육비에 대한 부담이 더욱 커지고 있고, 또한 학교간 통폐합으로 학교가 거주 지역에서 먼 곳에 위치하게 되는 경우가 많아짐에 따라 통학의 어려움도 발생하고 있다.

상술한 위기에도 불구하고 총련계 조선학교는 민족교육의 측면에서는 상당한 의미가 있다. 조선학교에서는 모두 한국식 이름을 사용하고, 한자로 된 이름을 일본어가 아닌 한국어로 읽고 있으며 한국어로 교육하고 있다. 뿐만 아니라 단일민족 국가 이데올로기를 바탕으로 획일적 국민교육을 강조해 온 일본 사회에서, 차별받는 소수민족이 정규 교육기관을 설립하고 유지하는 것만으로도 상징적 의미가 크다고 볼 수 있다. 학부모들이 총련계 조선학교에 자녀를 보내는 이유는 자녀가 차별을 받거나 따돌림을 당할 위험이 없기 때문이기도 하지만, 보다 근본적으로는 이 학교에 다니는 것만으로도 확고한 민족정체성을 기를 수 있고 그것을 바탕으로 세대 간의 갈등이 최소화될 수 있다는 기대 때문이다(정병호, 2002).

3) 한글학교(토요학교)

한글학교는 개인이나 선교사 또는 민간단체가 설립하여 운영하는 비형식 학교이다. 일본의 한글학교는 주로 주말을 이용하여 학생과 성인을 대상으로 재일코리안들에게 한글을 가르친다. 일본에서는 그 수가 많지 않으나 점차 증가하는 추세이다. 2006년 현재 9개의 재일본 공관의 관할 지역에서 73개의 한글학교가 운영되고 있는데, 그 학생수는 4,685명이며 교원수는 245명이다. 한글학교와 비슷한 특성을 갖는 비형식 교육기관으로 토요학교가 있다. 토요학교는 주로 민단을 중심으로 이루어지는 민족교육기관으로, 종전의 임해, 임간학교로는 내용에 충실을 기하기가 어렵다는 판단 아래, 일본 공립학교의 토요일 휴일제도를 활용하여 1991년부터 시작되었다. 토요학교는 동경한국학교에서 처음으로 실시하여 큰 성과를 올리고 있다. 한글학교와 토요학교의 강사는 주로 교원이나 선교사들이 자원봉사의 형태로 활동하고 있다. 〈표 Ⅳ-2〉와 〈표 Ⅳ-3〉에는 각각 재일 한글학교 총현황과 재일 한글학교 학생수 현황이 제시되어 있다.

〈표 Ⅳ-2〉 재일 한글학교 총현황(2006)

(단위: 명)

소속 \ 구분	학교수	교원수	학생수 합계	학생수 일시	학생수 영주
주일본 대사관	10	52	864	195	669
주오사카 총영사관	19	44	761	14	747
주나고야 총영사관	1	17	204	2	202
주요코하마 총영사관	6	12	330	0	330
주고오베 출장소	18	63	1,375	29	1,346
주후쿠오카 총영사관	3	11	188	63	125
주삿포로 총영사관	4	13	621	0	621
주니가타 총영사관	3	5	35	1	34
주히로시마 총영사관	9	28	307	45	262
전 체	73	245	4,685	349	4,336

자료: 재외동포재단(2006). 『재외동포 교육기관현황』, p. 28.

〈표 Ⅳ-3〉 재일 한글학교 학생수 현황(2006)

(단위: 명)

소속 \ 구분	유치원생 일시	유치원생 영주	초등학생 일시	초등학생 영주	중학생 일시	중학생 영주	고등학생 일시	고등학생 영주	성인 일시	성인 영주
주일본 대사관	40	41	119	194	11	32	–	10	25	392
주오사카 총영사관	–	6	5	168	3	23	–	–	6	550
주나고야 총영사관	–	–	2	47	–	9	–	–	–	146
주요코하마 총영사관	–	8	–	141	–	2	–	1	–	178
주고오베 출장소	–	14	–	78	–	11	–	19	29	1,224
주후쿠오카 총영사관	–	–	59	18	4	–	–	–	–	107
주삿포로 총영사관	–	1	–	28	0	6	–	11	–	575
주니가타 총영사관	–	1	1	20	0	3	–	–	–	10
주히로시마 총영사관	–	5	39	8	5	2	1	2	–	245
전 체	40	76	225	702	23	88	1	43	60	3,427

자료: 재외동포재단(2006). 『재외동포 교육기관현황』, p. 28.

4) 민족학급

재일코리안 사회 내부에서는 총련계와 민단계의 민족교육의 한계를 극복하기 위해 새로운 민족교육의 방향을 모색하였는바, 이러한 형태의 대표적인 예가 민족학급이다. 민족학급은 일본의 학교 내에서 민족교육을 실시하는 것으로, 이 방안은 재일코리안 젊은 세대들의 정체감 확보와 일본인과의 공생을 목적으로 한다는 점에서 대안적인 민족교육이라고 할 수 있다(정병호, 2002).

1971년 오사카시 니시나리 구(區)의 나가하시 소학교의 한 동포학생이 학생회장에 입후보해 재일코리안 학생들의 권리를 주장한 것을 계기로, 1972년 특별활동 형식의 민족학급이 세워졌고, 이것은 '72년형 민족학급'으로 불린다. 이 민족학급은 오사카시를 중심으로 점차 확대되었고, 새롭게 민족정체성에 눈을 뜬 재일코리안 3세를 중심으로 이루어지고 있다.

재일코리안 3세들이 주축이 된 이 새로운 형태의 민족교육은 일본에 영·정주할 것을 전제로 한 것이라는 점에서 기존의 민족교육과 차이가 있다. 즉 일본 속에서 재일코리안들이 민족으로서의 정체성을 가지고 일본사람들과 함께 대등하게 살아갈 수 있도록 하는 것을 주목적으로 한다. 따라서 일본의 교육제도와 분리된 형태가 아니라 일본의 학교교육을 수용하는 것을 주된 내용으로 하고 있다. 민족학급을 통한 민족교육의 실시는 일본 사회를 다민족·다문화가 공존하는 사회로 만드는 데 기여할 수 있다는 점에서도 의의가 있는 것으로 평가되고 있다.

3. 주요 제보자 소개

재일코리안의 민족교육 모형을 구안하기 위해 연구자들은 10명의 주요 제보자와의 심층면담을 실시하였다. 〈표 Ⅳ-4〉에는 본 연구의 심층면담에 참여한 주요 제보자의 인적 사항이 간략하게 제시되어 있다. 참여관찰과 심층면담은 대부분 일본 현지에서 이루어졌지만, 국내에서 이루어지기도 하였다. 국내에서 이루어진 심층면담은 주로 재일코리안 3~4세와 이루어졌다. 이들은 초, 중, 고등학교 시기에 민족교육을 받은 경험이 있었다. 이들은 총련계 조선학교를 고등학교까지 졸업하거나, 또는 총련계 조선학교를 중학교까지 다니다 일본 학교로 옮긴 경우, 마지막으로 일본 학교의 민족학급에서 교육받은 경우 등 다양한 이력을 소유하고 있었다. 민족교육에 대한 이들의 상이한 경험 때문인지, 이들

〈표 Ⅳ-4〉 주요 제보자의 인적 사항

제보자	성별	인적사항
한국학교 교감 A	남	• 도쿄에 위치한 A 한국학교 중고등부 교감
한국학교 교감 B	여	• 도쿄에 위치한 A 한국학교 초등부 교감
조선학교 교사 C	남	• 오사카에 위치한 B 조선초중급 학교 교사
학부모 D	여	• 오사카에 거주하며, 두 자녀를 각각 민단계 한국학교와 총련계 조선학교에 보내고 있는 학부모이자, 재일코리안 민간단체의 부장
학생 E	남	• 도쿄출신의 동포 4세 • 중학교까지 총련계 민족학교를 다녔으며, 고등학교는 일본계 학교로 옮김. 일본 대학 2학년을 마치고 현재 서울에 교환학생으로 와 있음.
학생 F	여	• 도쿄 출신의 동포 3세 • 고등학교까지 총련계 민족학교를 다녔고, 일본 대학 2학년을 마치고 현재 서울에 교환학생으로 와 있음.
학생 G	여	• 고베 출신의 동포 3세 • 초-고등학교까지 일본 학교를 다녔음. 일본학교의 민족학급에서 한국어를 배운 경험이 있음. • 일본 대학 2학년을 마치고 현재 서울에 교환학생으로 와 있음.
회사원 H	여	• 나고야 출신의 동포 3세 • 초-고등학교까지 일본 학교를 다녔음. 고등학교 졸업 후 한국에서 대학을 다니고 졸업했음. 현재는 한국의 일본계 회사에서 일함.
재외동포 전문가 I	남	• 국내의 대표적 재외동포 전문가인 사회학자
민단 관계자 J	남	• 민단 문교국(민족교육) 관련 담당자

은 향후 재일코리안 민족교육의 방향에 대해서도 매우 다른 시각을 보여주었다. 한편 일본에서 여러 해 동안 재일코리안들의 화합을 위한 행사를 주관하는 재일코리안 민간단체에서 일하고 있는 실무자를 초청하여 재일코리안 민족교육 문제를 심도 있게 논의하는 간담회도 가진 바있다.

제보자와의 심층면담은 민족교육의 장애요인 규명과 민족교육기관의 내실화 방안 및 민족교육 활성화 방안에 초점을 맞추어 이루어졌다. 이러한 내용을 바탕으로 재일코리안 사회에 적합한 민족교육 모형을 도출하고자 한다.

4. 재일코리안의 민족교육에 대한 평가 및 민족교육의 장애요인

여기에서는 재일코리안 민족교육의 모형을 개발하기 위해 재일코리안 민족교육에 대한 평가 및 민족교육의 장애요인을 살펴보도록 하겠다. 이와 관련해서는, 우선 그동안 수집한 양적·질적 자료를 토대로 민족교육 모형 개발의 준거틀에 나와 있는 각 변인별로 현재 재일코리안 민족교육의 수준을 평가하였다. 재일코리안의 민족교육에 대한 평가는 〈표 Ⅳ-5〉에 제시하였다.

〈표 Ⅳ-5〉 재일코리안의 민족교육에 대한 평가

대상	지표	척도	수준		
			한글학교	한국교육원	한국학교
민족교육 기관	시설	상			
		중	○		○
		하		○	
	학습자료	상			○
		중			
		하	○	○	

대상	지표	척도	민단계		총련계	
	교사	상		○		
		중	○			○
		하				
대상	지표	척도	학부모	학생	학부모	학생
민족교육 수요자	민족적 자긍심	상	○	○		
		중			○	○
		하				
	민족교육의 필요성	상	○		○	○
		중		○		
		하				
	민족교육에 대한 만족도	상				
		중				
		하	○	○	○	○
	민족교육에 대한 문제의식	상				
		중	○		○	
		하		○		○
	민족교육에 거는 기대	상			○	○
		중	○	○		
		하				
	중시하는 민족교육 내용	1순위	이중언어와 다문화 이해 교사양성프로그램	한국의 대중문화 소개 프로그램	한국과 거주국의 상호비교가 가능한 교재	정기적인 교사연수
		2순위	한국어, 역사, 문화 이해 프로그램	이중언어와 다문화 이해 교사양성프로그램	한국어, 역사, 문화 이해 프로그램	이중언어와 다문화 이해 교사양성프로그램
		3순위	정기적인 교사연수	한국방문 프로그램/한국어, 역사, 문화 이해 프로그램	정기적인 교사연수	한국방문 프로그램

1) 민족교육에 대한 평가

　재일코리안의 민족교육기관에는 한글학교, 한국학교, 한국교육원 등이 있다. 재일코리안의 민족교육은 전반적으로 그 어느 국가보다도 위축되어 있는 실정이며, 뚜렷한 구심점도 없다고 할 수 있다. 우선 재일코리안 민족교육기관의 실태를 살펴보면 다음과 같다.

　재일코리안 민족교육 시설은 그 유형에 따라 실태가 다르기 때문에 조사결과를 각 유형별로 제시하였다.

　첫째, 한글학교의 경우 학교 건물을 전용으로 사용하는 학교가 36%, 임차가 12%, 무상 임차가 20%로 나타났다. 기타 사용방식은 32%로 나타났는데 이 중 상당수는 일본의 지역 민단건물에 한글학교를 설치하여 운영하고 있다. 또한 인터넷 시설이 전혀 설치되어 있지 않은 기관이 53.8%로 가장 높게 나타나 인터넷 시설이 미비함을 알 수 있다. 한편 냉난방 시설의 경우, 한글학교의 82.5%가 학교 전체에 냉난방 시설을 갖추고 있는 것으로 응답하여 양호한 냉난방 시설을 갖추고 있음을 알 수 있다. 반면 교육시설 및 자료는 매우 미흡한 것으로 나타났다. 민족교육 담당교사의 전문성에 대해서 '그저 그렇다'의 비율이 39.1%로 가장 높았고, '그렇지 않다'와 '그렇다'의 비율이 각각 21.7%로 동일한 비율을 보이고 있어 교사들의 전문성에 대한 인식은 그다지 만족할 만한 수준은 아닌 것으로 나타났다.

　둘째, 한국교육원의 경우 건물 사용방식에 대한 조사결과 임차는 6.25%인 반면, 무상임차는 무려 75%를 차지하고 있다. 무상임차는 일본 지역의 민단 건물을 빌려서 사용하는 것이 대부분이어서, 어려운 시설 여건을 짐작할 수 있다. 인터넷 설치가 미비하고 교육기자재 수도 부족한 것으로 나타났다. 또한 민족교육 자료와 장비도 미흡한 것으로 나타났다. 반면 교사의 전문성에 대해서는 '그런 편이다'의 비율이 18.8%, '매우 그렇다'는 비율이 81.2%로 긍정적인 응답이 대부분이었다.

마지막으로 한국학교의 경우 3개교(4개교 가운데 1개 학교의 답변이 부실하여 제외) 모두 전용건물을 사용하고 있지만 교육기자재나 인터넷 시설 등은 한국학교마다 격차를 보이는 것으로 확인되었다. 한국학교에서는 민족교육과정이 체계적으로 이루어지고 있어 학습자료는 양호한 수준인 것으로 나타났다. 또한 한국학교의 교사는 대부분 대졸 이상의 높은 학력을 소지한 것으로 확인되었으나, 이중언어와 다문화를 이해하는 전문성을 갖춘 교사가 필요하다는 평가가 나타났다(김경근 외, 2005).

다음으로 재일코리안의 민족교육관을 살펴보겠다.

첫째, 민족적 자긍심은 민단계 학생들이 총련계 학생들에 비해 더 강한 것으로 나타났으며, 학부모들의 경우도 민단계 학부모들이 총련계 학부모들에 비해 민족적 자긍심이 약간 더 높은 것으로 나타났다. 그러나 이 결과에 대해서는 신중한 해석이 요구된다. 즉 총련계 학부모의 낮은 민족적 자긍심이 총련계 학교에서의 민족교육의 효과나 실효성에 대한 비판으로 이어져서는 곤란하다. 이는 민족적 자긍심이라는 개념이 현재 남한과 북한의 정치적, 경제적 요인에 상당히 민감하게 반응할 수 있고 또한 민단계와 총련계 학생 및 학부모마다 민족적 자긍심의 기준이 다를 수 있기 때문이다. 따라서 이러한 결과를 통해 민단계 학생 및 학부모와 총련계 학생 및 학부모의 민족적 자긍심의 수준을 직접적으로 비교하는 것은 어려움이 있다.

둘째, 민족교육의 필요성에 대해서는 자녀들보다는 부모들이 더 강하게 인식하고 있었다. 이는 세대 차이에서 비롯된 결과라고 볼 수 있다. 즉 세대가 내려갈수록 차별에 대한 경험은 감소할 수 있기 때문이다. 학부모들은 한국어로 의사소통할 수 있는 능력을 배양하고 민족적 자긍심을 지니기 위해 민족교육의 필요성을 인식하고 있는 반면, 학생들은 한국어로 의사소통할 수 있는 능력을 배양하고, 한국 문화에 대한 최소한의 지식을 갖추기 위해 민족교육에 관심을 갖는 경향을 보였다. 또한 총련계 학생들이 민단계 학생들보다 민족교육의 필요성을 더 강하게 인식하는 것으로 나타났다. 이는 총련계 학교가 민단계 학교에 비해 언어교육을 포함하여 민족교육에 많은 비중을 두고 있고, 학생들이 그것에 적지 않은 영향을 받았기 때문으로 보인다.

셋째, 민족교육에 대한 만족도는 부모와 자녀 모두 낮게 나타났다. 특히 부모들은 한국의 관심과 지원 부족, 학습교재나 교육자료의 부족 등에 대해 비교적 큰 불만을 지닌 것으로 나타났다.

넷째, 민족교육에 대한 문제의식은 자녀들보다 부모들이 더 강했다. 이는 민족교육의 거의 모든 영역에서 부모들이 자녀들보다 더 부정적인 평가를 내리고 있는 사실을 통해서도 확인할 수 있다. 그렇지만 재일코리안의 경우 전반적으로 민족교육이 대단히 위축되어 있기 때문에, 민족교육에 대한 만족도나 문제의식이 강하지 않았다. 지금까지 일본사회의 차별 속에서 재일코리안의 민족교육은 상당한 어려움을 겪어 왔지만, 총련계 학교들의 노력으로 민족교육의 명맥을 유지할 수 있었다. 그러나 총련계 학교가 변화하는 재일코리안 사회의 요구를 수용하지 못함으로써 학생수 감소와 운영난을 겪고 있기 때문에 민족교육은 더욱 심각한 위기에 직면해 있는 상황이다.

다섯째, 민족교육에 거는 기대는 민단계 학생 및 학부모보다 총련계 학생 및 학부모가 더 높게 나타났다. 총련계 학부모들은 민족교육이 세대간 의사소통 및 상호이해, 민족 정체성 정립, 민족 자긍심 함양에 크게 기여할 것으로 인식하고 있었다. 총련계 학생들은 한국으로의 진출, 한인단체의 교류 및 결속증진, 세대간의 의사소통 및 상호이해에 기여할 것으로 인식하고 있었다.

여섯째, 중시하는 민족교육 내용으로 민단계 학부모들은 이중언어와 다문화를 이해하는 교사양성 프로그램을, 총련계 학부모들은 한국과 거주국의 상호비교가 가능한 교재를 가장 중요한 것으로 꼽았다. 또한 두 집단 학부모 모두 그 다음으로 한국어, 역사, 문화이해 프로그램과 정기적 교사훈련 프로그램을 중요하게 인식하고 있었다. 한편 민단계 학생들은 한국의 대중문화 소개 프로그램, 이중언어와 다문화 이해 교사양성 프로그램, 한국방문 프로그램의 순서로 선호하였고, 총련계 학생들은 정기적인 교사연수, 이중언어와 다문화 이해 교사양성 프로그램, 한국방문 프로그램의 순서로 중요하게 인식하였다. 전반적으로 학생들에 비해 학부모들이 교사양성 및 교사연수 프로그램을 더 희망하고 있음을 알 수 있다. 이 가운데 총련계 학생들이 정기적인 교사연수와 교사양성을 가장 중요한 민족교육 내용으로 지적한 것은 주목할 만하다. 즉 이 결과는 총련계 학생들이 민족교육을 이수하는 과정에서 이들 프로그램이 개선될 필요성을 강하게 인식하고 있음을 시사해준다. 이는 민단계에 비해 총련계 교사들의 전문성이 낮다기 보다는 총련계 학생들이 민족교육을 체계적으로 이수하는 과정에서 이에 대한 기대가 더 높기 때문으로 볼 수 있다(김경근 외, 2006).

2) 민족교육의 장애요인

재일코리안 민족교육의 장애요인은 크게 재일코리안 차세대들의 민족정체성의 혼란과 재일코리안 민족교육기관 내부의 문제로 나누어 살펴볼 수 있다. 장애요인 가운데 후자는 전자로 인해 일정 부분 야기된 측면이 있으나, 이는 재일코리안 사회 내부에서 촉발된 문제이기도 하다.

(1) 차세대들의 민족정체성의 혼란

재일코리안 1~2세들은 일본으로의 이주와 정착 시기에 여러 가지 차별을 당해 왔던 것으로 알려져 있다. 그러나 현재는 참정권만 인정되지 않을 뿐 다른 부문에서의 차별은 거의 사라졌으며, 지문날인도 폐지되었다. 그러나 아직 외국인등록증 휴대의무가 존재한다. 일상적인 차별 가운데는 사회생활이나 학교생활에서 본명이 아닌 일본식의 '통명'을 쓸 것을 알게 모르게 강요받고 있는 점과 취업 시 겪는 차별 등도

들 수 있다. 약 30년 전까지 취학연령의 아동에게 취학통지서도 발송하지 않는 경우가 있었다.

그러나 1982년 1월 1일 이후부터 재일 코리안에 대한 사회보장·사회복지면에서의 제도적인 차별은 사라졌다. 즉 재일코리안들도 국민연금의 경과지급을 제외하고 일본인과 동일한 적용을 받고 있다. 제도적으로 일본인과 달리 취급받는 것은 출입국관리 및 난민인정법, 외국인등록법의 적용과 국가 및 지방자치제의 선거권, 피선거권 등이 없는 것이다. 그 밖에 공증인, 선로안내인, 변리사 등의 직업을 가질 수 없다는 점을 비롯한 전체 23개 항목의 법률이 지정하고 있는 외국인에 대한 금지조항이 있다. 그러나 일본인과 법률상 달리 취급받는 것은 재일외국인이라면 누구에게나 적용되고 있는 것으로서, 재일코리안에 대한 민족차별이라고 할 수는 없다.[7]

재일코리안 1~2세들이 일본 사회의 편견과 차별에 대해 심각하게 인식하고 있는 반면, 안정된 생활환경 속에서 일본의 경제발전의 혜택을 누려온 재일코리안 3~4세들은 일본 사회의 차별과 편견보다는 정체성의 혼란을 더욱 크게 겪고 있다. 일본 내에서 재일외국인의 절대수가 증가하고 그 동안의 인권투쟁으로 인해 차별의 체감 정도가 약해졌다. 그럼에도 불구하고 일본에서 태어나 일본의 교육을 받은 재일코리안 젊은 세대는 문화적으로 일본인화된 자신과 법률적 혹은 민족적으로 일본인이 될 수 없다는 사실에서 심리적 갈등을 느끼고 있다. 이들의 심리적 갈등의 기저에는 '열등의식'이 자리잡고 있다. 이는 이질적인 것과 공존하는 것에 대한 경험을 갖고 있지 못하고, 이질적인 것을

---

7) 재일코리안의 법적, 제도적 지위 및 상황은 꾸준히 개선되고 있다고 볼 수 있다. 물론 법적, 제도적 차별의 개선이 이루어져 왔다고 해도, 일상생활에서의 편견과 차별, 본명 쓰기의 주저함 등의 일상생활에서의 어려움이 남아있는 것은 사실이다. 그러나 차별이 개선되고 있는 상황에 대해서는 언급하지 않고 과거 해방 이후부터 70년대 중반 가량에 집중된 차별 사례들만을 제시하면서 재일코리안이 처한 부정적 상황만을 부각시키는 것은 적절하다고 볼 수는 없을 것이다.

열등한 것으로 규정하는 일본 문화의 한 특징이기도 하다(송기찬, 2004). 이 때문에 일본문화에 익숙한 재일코리안 젊은 세대는 자신을 한국인으로 발견할 때, 열등감에 빠지게 되는 것이다.

물론 재일코리안 1~2세들 역시 열등의식이 없었다고 할 수는 없지만 그들은 일상화된 차별에 의해 자극된 민족성이 열등의식을 앞섰다고 볼 수 있다. 반면 일본 사회의 지배적인 가치관을 수용하고 일본 문화에 동화된 재일코리안 3~4세들은 자신의 가치관으로 자신을 이질적인 존재로 판단해야 하는 자기모순에 빠지게 된다. 이처럼 일본문화에 동화된 재일코리안 젊은이들은 이질적인 존재로서 자신이 드러나는 것을 꺼리는 경향을 보이게 된다(송기찬, 2004). 이는 차세대들이 민족정체성을 유지하고 민족교육을 이수하는 데 가장 큰 장애물로 작용할 수 있다.

일본 사회에서 재일코리안 3~4세들이 경험하는 정체성의 혼란은 이들이 모국으로 생각한 한국을 방문했을 때도 예외 없이 발생한다. 이들은 한국 방문을 통해 자신들이 한국인도 일본인도 아니라는 것을 깨닫게 되며, 그러한 과정을 통해 재일코리안으로서의 자신들의 정체성을 명확히 확립하게 된다. 물론 이들의 정체성 확립 과정에는 내면적인 갈등이 항상 수반된다. 일본 고등학교를 졸업하고 한국 대학에 진학해서 졸업한 H는 자신이 경험한 정체성 갈등에 대해 다음과 같이 설명했다.

어떤 (대학) 선배는 그렇게 얘기했어요. 일문과 선배였는데, '우리 할머니도 일본에 건너가서 일본에 살았으면,(좋았을텐데) (그럼 나도) 일본교포로 태어날 수 있었는데'라는 얘기를 한 선배가 있었어요. 일본이 잘 사는 나라라서 … (그렇다고 하더군요). 참, 이게 뭘까? (저는) 이해할 수 없었어요. (재일교포가) 얼마나 힘들게 살아왔는데 … 한국 와서 정체성의 혼란 같은 걸 많이 느꼈어요. 그것 때문에 막 울면서, 어떻게 할 방법이 없으니까 … 집에다 전화를 걸었어요. 1학년 8월이었나? 아버지한테

전화를 해서, 울면서 나라는 존재가 뭔지 모르겠다고 했더니, 아버지가 '우리는 재일교포다, 재일교포로서 살아가자'라는 한마디를 해 주시더라고요. 일본에서는 한국 사람이지만, 여기(한국)서는 재일교포로서 살아가야 하는구나. 그 말 들었을 때, 슬프지는 않더라고요. 그 이후로는 많이 마음도 편해지더라고요(회사원 H).

H는 스스로를 한국인도 일본인도 아닌 재일교포라고 규정한다. 제보자 H가 한국 방문 후 경험한 가장 난감한 반응 중 하나는 "한국 사람인데 왜 한국말을 못 하냐?"는 것이었다. 한국 사람들에게 이들은 모국어를 자유롭게 구사하지 못하기에 자신들과 구별되는 존재였고, 이 때문에 동포라기보다는 일본인에 가까웠다. 이들은 모국으로 생각한 한국에 와서 그들이 일본인으로 여겨진다는 점에 충격을 받기도 한다. 게다가 한국 정부가 그들을 외국인으로 처우하는 것을 통해, 한국 국적을 가지고 있다는 사실이 실질적인 도움이 되지 않는다는 것을 깨닫게 된다. 이 때문에 H는 귀화에 대해서도 생각이 바뀌었다.

여기 와서, 여기 온 친구들이 다시 들어가는 경우가 참 많은데, 다시 들어가는 이유는 여기서 아무도 받아주지를 않으니까. 일본인으로 취급을 하는 거잖아요. 어떤 언어학 수업에서 배운 내용인데, 한국 사람은 같은 한국 사람이라도 말이 안 통하면, 말이 안 통하는 한국인이랑 말이 통하는 외국인 친구가 있어요. 그러면, 말이 통하는 외국인 친구와 동질감을 느낀대요. 같은 한국사람이라도 말이 안 통하면 멀게 느끼고 … 재일교포들이 한국말을 못 하는데, 왜 너네는 한국 사람인데 한국말을 못 하냐? 그게 아니거든요. 그런 게 참 … (설명하기 어려워요). 여기 있는 사람들도 그걸 모르니까 그렇게 얘기할 수도 없는 거고. 재일교포라는 존재를 잘 모르는 사람들도 있고. 어떻게 거기를 건너갔고, 어떻게 살아왔는지 잘 모르는 사람들이 있는 거니까. 귀화를 하는 친구들이 뭐라고 하냐 하면, 우리 같은 경우에, 일본에서 선거도 못해요. 근데 여기서도 못해요. 국적이 한국이고 여권도 한국에서 주지만 … 일본 갈 때 비자를 받아요. 재입국이라고 해서. 법무성에서 나오는 비자를 받아요. 근데 여기서는 주민등록증이 안 나와요. 아무것도 못하죠. 인터넷 가입도 못하고. 지금 현재도 그래요. 근데 여기서 이제 면허를 딸 때, 재외국민 신고증이 나오더라고요. 출입국관리소에서. 근데 그건 주민등록증 같은 효력은 없어요. 한국 사람이라는 마음으로 왔는데, 한국 사회에서 받아들여지지 않는다면 ⋯ 한국에서 힘들게 사는 것 보다, 일본에서 혜택도 받고, 연금도 받고, 그게 편하죠(회사원 H).

이처럼 재일코리안 3~4세들에게는 한국 국적을 가지고 있는 것이 한국에서도 일본에서도 실질적인 효용이 없는 것으로 간주되고 있다. 모국 방문은 그들이 일본과 한국 사회 모두에서 경계인이자 주변인이라는 점을 일깨워줄 뿐 이들에게 민족정체성을 명확히 하는데 실질적인 도움을 제공하지 못하고 있었다. 이러한 상황은 재일코리안 차세대들의 민족정체성 형성 및 이들을 위한 민족교육의 시행에도 가장 큰 장애요인으로 작용할 수 있다.

(2) 재일코리안 민족교육기관의 문제

가. 총련계 조선학교의 한계점

대부분의 제보자들은 총련계 민족교육이 위기에 처해 있다고 진단하였다. 제보자 D는 한 자녀를 총련계 조선학교에, 다른 한 자녀를 민단계 한국학교에 보내고 있는 학부모이자 재일코리안 민간단체 부장으로, 자녀를 총련계 민족학교에 보내는 것은 상당한 어려움이 있다고 지적한다.

총련 학교의 문제는, 자기들은 아예 일본 정부로부터 인정을 못 받으니까, 각종학교 정도로밖에 취급을 못 받거든요. 그러니까 인정 못 받는 것도 있고, 비용도 지원창구가 없잖아요. 그러니 필요한 비용을 모두 학부모들이 책임져야 하니까, 우리 아이도 보내긴 하지만 정말 학교에서 무슨 일이 있을 때 마다 돈을 걷어요. 담이 무너졌다고 걷고 … 정말 부수적으로 걷어가는 것이 너무 많은 거예요. 그런 것들이 있기 때문에, 정말 민족의식이 없다면 보내기 힘들 것 같아요(학부모 D).

총련계 조선학교가 직면한 가장 큰 어려움은 학교 운영이 어려울 정도로 재정상의 위기를 겪고 있다는 점이다. 이는 조선학교가 지닌 존재적 한계이기도 하다. 즉 조선학교는 일본 정부로부터 공식적인 인가를 받지 못한 각종학교이기 때문에 보조금이나 지원금을 일체 제공받지 못한다. 이 때문에 모든 학교 운영은 등록금과 학부모의 기부에 의존하고 있다고 해도 과언이 아니다. 일례로 오사카에 위치한 조선초중급학교를 방문한 결과 소학교의 학생수가 50명에 불과했다. 학생수 감소로 인해 학교 운영에 상당한 어려움이 있음을 파악할 수 있었다. 이 학교의 한 교사는 학생 수가 감소하게 된 원인을 다음과 같이 지적했다.

민족학교의 교육 내용이 … 일본 사회의 사상이 많이 바뀌었잖아요? 예전에는 모국을 사랑하자 … 그런데 지금은 일본 사회에서 살아남기 위해 일본학교의 교육을 받는 것이 좋은가, 조선학교의 교육을 받는 것이 좋은가, 부모들이 그런 것을 선택해야 해요(조선학교 교사 C).

기실 조선학교가 처한 재정적 어려움은 학생 수가 감소하게 되면서 나타난 결과이다. 학생 수가 감소하게 된 근본적인 이유는 민족학교의 교육 내용이 일본 사회에서 적응하고 살아가는데 경쟁력이 떨어진다고 판단하는 부모들이 증가하고 있기 때문이라고 볼 수 있다. 조선학교들은 학생 수 감소에 따른 학교 운영 문제를 해결하기 위해 여러 가지 방안을 모색 중에 있다. 일례로 학생 F는 고등학교까지 조선학교를 다녔으며, 부모는 과거 조선학교의 교원으로 재직한 바 있다. F가 다녔던 조선학교 역시 학교 운영에 어려움을 겪고 있었기 때문에, 부모들마다 차등적으로 비용을 부담하였다. 즉 경제적으로 여유가 있는 부모들은 기부금 형식의 지원금을 더 내는 경우가 많았다. F의 부모는 학비보다 더 많은 돈을 기부해 왔다고 한다.

조선학교 운영의 어려움에도 불구하고, F는 총련계 고등학교를 졸업한 것이 오히려 정체성의 갈등을 피할 수 있는 계기가 되었다고 말한다. 본인은 처음부터 본명을 사용해 왔고 그것이 통명을 사용하는 재일코리안들에 비해 오히려 정체성 형성에 긍정적이었다는 것이다.

> 저 자신을 납득시키기 위해서 민족교육이 필요하다는 그런 생각을 하고 있어요. 갈등하지 않기 위해서 필요하다는 … 오히려 초등학교부터 고등학교까지 계속 일본학교 간 사람들이 고민을 해요. 그러니까 이름도 통명 쓰는 사람들이 많은데 그 사람들이 고민이 많아요. 말 못하잖아요. 말하면 좀 왕따 당하게 되는 것 같고 … 저는 본명을 써요. 그니까 그런 사람들이 되게 민족성에 대해서 네가티브하고, 오히려 왕따를 당해요. 오히려 민족학교 나온 사람들은 당당하게 말해요. 나 한국인이야 … 친구들이 많이 생겨요. 고민을 안 하는데, 오히려 일본학교 다닌 사람들이 고민을 많이 해요. 저는 (오히려) 편한 길을 선택한 것 뿐이예요, 고등학교 선택할 때(학생 F).

보통 재일코리안들은 두 가지 방식의 이름을 사용한다. 하나는 '민족명' 혹은 '본명'으로 불리는 것으로서 한국식의 이름을 쓰는 것인데, 세 글자의 한자로 기재하고 한국어 발음으로 읽는 것이다. 재일코리안들이 휴대하고 다니는 외국인등록증에는 이러한 '본명'이 기재되어 있다. 다른 하나는 일상생활에서 사용하는 일본식 이름이다. 이것을 통명이라고 한다. 일본 학교를 다녔던 재일코리안 3~4세들 가운데는 통명을 쓰고 한국어를 구사하지 못하는 사람들이 많다. 때로는 자신이 한국인이라는 사실을 대학생이 된 이후에야 알게 되는 경우도 있다. 자신을 일본인이라고 생각했던 재일코리안들은 그 때부터 정체성에 대한 고민을 하게 된다.

반면 조선학교를 졸업한 학생들은 어린 시기부터 확고한 민족정체성을 체화했기 때문에 자신이 한국인이라는 사실과 본명을 숨길 필요가 없다고 생각한다.[8] 이는 조선학교에서 이루어진 민족교육의 영향에 기인한다고 볼 수 있다. F는 처음부터 한국인으로서의 정체성을 가지고 민족학교를 다녔던 것이 일본 사회에서 '편한 길을 선택한 것'이었다고 생각한다. 이는 역으로 많은 재일코리안 3~4세들이 민족정체감을 형성함에 있어 많은 고민과 시행착오를 겪고 있음을 시사하는 것이다.

이처럼 민족정체성을 재생산하는 측면에서 조선학교의 존재와 그곳에서 이루어지는 민족교육의 의미는 매우 크다고 할 수 있다. 그러나 조선학교에서 이루어지는 민족교육은 조선학교에서의 교육방식을 인정하고 수용할 경우에만 유효했다. 즉 조선학교에 대한 비판은 쉽게 수용되지 못했으며, 조선학교에 대해 비판적인 사람들은 대부분 조선학교를 떠났다. 이 때문에 조선학교를 고등학교까지 마친 사람과 중도에 일본학교로 옮겨간 사람들 사이에는 상당한 거리감이 존재했다.

대체로 중학교까지 민족학교 다니다가 일본학교 간 사람들은 이제 접점이 없어요. 이제 교포랑 안 사귀어요. 왠지 그런 것 같아요. 이렇게 말하면 이상한데, (저는) 일생 교포사회에서 잘 어울리면서 살아갈 수 있는 것 같아요. 좀 이상해도 그런 분위기가 있거든요. 이렇게 말하면 이상한데, 중학교까지 민족학교 나가다가 일본학교 간 사람들은 민족학교에 대해서 좀 비판적인 관점이 있어요. 저는 별로 그런 생각을 안 해요. 제가

---

8) 송기찬(2004)은 재일코리안들의 정체감 지향의 유형을 세 가지로 정리한 바 있다. 첫째는 정체감 형성 장애로 일본 사회 속에서 '열등한 마이너리티' 역할을 재생산하는 것이며, 둘째는 자신의 '다름'을 전략적으로 이용하여 일본 사회 속에서 자신만의 특별한 위치를 확보하는 경우이며, 셋째는 자신의 선택을 현실을 개혁하는 계기로 삼는 경우로 민족교육가나 민족운동가로 활동하는 경우를 들 수 있다. 이 세 가지 범주를 통해 볼 때, 통명을 사용하며 일본 학교를 다녔던 재일코리안들은 첫 번째 유형에 속하게 될 가능성이 크다.

그 속에 있었으니까 나쁜 점도 알지만, 객관적으로 볼 수도 있는데, 별로 비판을 못해요. 민족학교 존재를 비판을 하면, 제 자신의 존재를 비판하게 되는 거예요(학생 F).

'민족학교에 대한 비판은 자신에 대한 비판이 된다'는 F의 말을 미루어 짐작할 때, 일본학교로 옮겨간 사람들은 민족학교에 대해서 비판적이며, 그러한 비판이 교포사회에 수용되기보다는 교포사회를 떠나야 하는 것으로 인식되고 있었다. F는 자신이 고등학교까지 민족학교를 마쳤고, 그것이 교포사회와 어울리면서 살아갈 수 있는 끈이 된다고 생각했다. F는 민족학교에 대한 비판은 곧 자신에 대한 비판이기 때문에 비판은 불가능하다고 인식하고 있었다. 그런데 이와 같은 조선학교의 경직된 분위기는 현재 총련계 조선학교의 운영난을 초래한 한 가지 원인으로 작용하는 듯 보였다.

중학교까지 조선학교를 다니다 일본 학교로 옮긴 재일코리안들은 조선학교의 교육방식에 동의하지 못하거나, 중학교까지 민족교육을 받았으니 충분하다고 판단하는 경향이 있었다. 또는 일본 대학에 진학하기 위한 실질적인 목적을 위해 일본 학교로 옮겨 가기도 한다. 어떤 이유에서건 조선학교를 떠난 사람들은 조선학교에 남아있는 사람들에 대해 비판적이었다. 이들의 비판의 요지는 조선학교가 재일코리안 사회의 변화를 수용하고 있지 못하다는 점에 있다. 조선중급학교를 마치고 일본 고등학교로 진학했던 학생 E는 다음과 같이 설명했다.

제 생각에는 일본국적을 가지는 재일교포가 드러나는 존재로서 있어야 한다고 생각하는데요. 지금의 민족학교(조선학교)는 귀화를 한 사람을 안 받아들이는 경향이 있어요. 지금 재일교포가 상황이 달라져서 일본국적을 획득하는 경향이 있는데도 불구하고 민족학교(조선학교)는 구태의연한 모습을 보이고 있어요 … 제 생각으로는 지금 (조선학교) 현장의 교육방침이 공감을 느낄 수 있는 것이 별로 없어요. 아무래도 조총련이 북한에서 돈을 받아서 운영하는 학교니까, 북한을 모국으로 하고 … 제가 다녔을 때 보다는 (사상교육이) 약해졌나 (모르겠는데) 아무리 약해져도 없어질 수는 없는 … (학생 E).

학생 E는 1년에 귀화하는 재일코리안 인구가 만 명이 넘어가는 현실에서 총련계 조선학교가 조선적을 고집하는 것이 구태의연하며, 조선학교에서의 교육이 북한의 해외공민을 길러내는 교육이라는 점에서도 모순이 있다고 생각했다. 즉 그는 재일코리안이 일본 사회의 구성원으로 살아가고 있는 상황에서 민족학교가 북한과 한국의 지원에 의해 운영되고 있다는 점도 부적절하다고 인식하였다. 이러한 비판에 대해 조선학교의 고급과정을 이수한 F도 과거 조선학교가 사상편향적인 교육내용을 가르치고, 재일코리안 사회의 변화를 수용하지 못한 부분에 대해 일정 부분 동의하고 있었다.

제가 고등학교 때 좀 적응을 못했어요. 친구는 많이 사귀고, 교원들과도 잘 지냈는데, 대학교 있잖아요? 조선대학교.(총련이 설립한 대학) 거기 갈 생각은 전혀 없었어요. 고등학교 올라오니 좀 수준이 달랐어요. 교원들이 막 민족적 자각을 가져라. 억압적이에요. 그리고 세상이랑 사회랑 … 잘 못 따라가고 있어요 … 또 특유한 것이 초상화 모시고, 혁명역사 배우고, 과격해요(어색한 웃음). 이제 김정일 숭배를 그만둬야 … (해요). 교육 쪽으로 이런 걸 생각할 때가 많았어요. 교원들이 문제가 있어요. (교원들) 다 조선대학교 가잖아요(출신이잖아요). 조선대학교에서 교원을 키우는 카리큐라무(커리큘럼)가, 너무 안 좋은 것 같아요(학생 F).

상술한 내용은 조선학교가 지닌 주된 문제점으로 지적되는 사항들이다. 이처럼 조선학교가 점차 변화된 모습을 보이고 있지만 초기 조선학교에는 김일성과 김정일의 초상화가 걸려있고 북한지향의 사상교육을 실시하였으며, 모든 교과서는 북한에서 제작된 것을 그대로 사용하기도 했다. 현재 대부분의 조선학교는 초상화를 걸지 않고 있으며, 2003년 이후 교육과정에서도 큰 변화가 이루어졌다.9) 이러한 움직임은 조선학교가 재일코리안 사회의 변화를 조금씩 수용하는 예로 볼 수 있다(Kim, 2006).

또한 조선학교는 일본 사회에서의 사회적 성공보다는 재일코리안 사회에서 직업을 갖거나 총련 조직사업에 헌신하는 것을 의미 있는 것으로 간주하기 때문에 졸업 후 일본사회에서의 정착에 필요한 대학진학 및 취업을 위한 준비는 소홀한 편이다. 이는 최근 일본에서의 정주를 지향하는 재일코리안 2~3세들의 교육 수요를 반영하지 못하는 것으로써, 조선학교의 한계점으로 지적할 수 있다. 또한 현재까지도 조선학교가 일정 부분 북한의 통제 아래 있다는 점 역시 조선학교의 운영에 걸림돌이 되고 있다. 단적으로 F가 지적하고 있는 교원양성 과정은 조선학교에 대한 학생들의 만족도를 떨어뜨릴 수 있는 요인으로 볼 수 있다. 이러한 문제는 앞서 민족교육의 실태에서 총련계 학생들이 민족교육의 내용 가운데 '정기적인 교사연수'를 가장 중요하게 인식하고 있다는 점을 통해서도 확인할 수 있다.

비록 조선학교가 여러 가지 문제점을 배태하고 있지만, 조선학교에 대한 비판이 민족학교 전체를 부정하는 것이 되어서는 안 될 것이다. 그렇지만 조선학교의 민족교육이 배타성과 일본 사회와 문화로부터의 단절을 통해 생성되는 것이라는 점에서 일정 부분 한계를 지니고 있다고 할 수 있다. 지금까지 총련계 조선학교는 외부 세계로부터의 고립을 바탕으로 내부적으로는 결속을 유지해 올 수 있었다. 그것이 한편으로는 재일코리안 차세대들의 민족정체성을 강화하는 효과를 가져왔지만,

---

9) 상술한 교육과정에서의 변화는 교육목표를 통해 확인할 수 있다. "첫째, 재일코리안 사회의 역사에 대해 학습하고 풍부한 민족성과 확고한 민족적 자각을 가지도록 하며 일본 사회와 국제 사회에서 일할 능력을 갖추고, 사회의 주역으로서의 자의식을 갖추도록 한다. 둘째, 행복하고 활력이 넘치는 풍부한 사회를 만들 수 있는 아동을 교육시킨다. 셋째, 민족성을 전면에 내세우는 교육 내용을 변화시켜, 미래에 가능성을 지닌 민족 아동들에게 개방적 공간이 되도록 하고 그들의 부모가 다양한 사상과 원리를 갖추도록 한다(Kim, 2006:30).

다른 한편으로는 일본 사회에서 총련계 재일코리안 사회를 고립된 섬으로 남게 만드는 결과를 초래하기도 했다. 따라서 총련계 조선학교들은 이러한 한계점을 극복해야 하는 과제를 안고 있다.

나. 민단계 한국학교의 정체성 문제

총련계 조선학교 뿐만 아니라 민족교육에 있어서 민단계 한국학교도 한계점을 가지고 있기는 마찬가지이다. 총련에 가입하여 활동하는 부모들은 자녀들을 조선학교에 입학시키는 경향이 있는 반면, 민단에 소속되어 있는 부모들은 자녀를 민단계 한국학교에 보내기 보다는 일본 학교에 보내는 경우가 많았다. 본 연구의 학생 제보자들 중에서도 부모가 민단에서 활동하고는 있지만 한국학교를 다녔던 사람은 아무도 없었다. 이는 민단계 한국학교가 민족교육기관으로서의 역할을 제대로 수행하고 있지 못함을 시사해준다.

> K학교(민단계 한국학교)는 사립이어서 학비가 더 비싸다는 것, 그런데 K학교는 일본정부의 커리큘럼과 비슷하여 정식학교로 인정을 받아서 보조금이 나옵니다. 그런데 문제점이 뭐냐 하면, 수업을 전부 일본어로 해야 해요. 한국학교이지만, 한국어 시간만 있는 거예요. 한국어 시간에만 공부하는 거예요. 일본어 시간도 있어요. 일본어 시간을 국어라고 말해요 자기들끼리 … 그리고 외국어처럼 한국어가 있는 것이죠. 그런데 이 한국어가 두 클라스가 있어요. 완전히 한국말로 하는 곳이 있고, 하나는 한국어를 잘 못하는 재일동포 어린이를 위한 한국어반. 그렇게 두 가지가 있어서, 다른 수업은 다 같이 듣다가 한국어 시간이 되면 나뉘는 것이에요. 그러니까 재일동포 학생들이 K학교를 다녔다고 하여도, 외국어처럼 한국어를 배우는 것이에요. 그렇기 때문에 사회에 나가서 한국말을 잘 할 수 없어요. 그런데 한국어의 또 한 클라스는 완전히 한국말로 가르치고, 한국교과서를 써요. 근데 이런 경우에 부모가 굉장히 부담이 큽니다. 숙제가 아주 많거든요. 다른 수업시간에는 완전히 일본어만 쓰다가, 몇 안

되는 시간에만 한국어를 배우다 보니, 진도에 맞추려면 당연히 숙제가 많아질 수밖에 없거든요(학부모 D).

자녀의 민족교육에 소신을 가지고 있는 재일코리안 부모들은 비용의 부담이 있다 하더라도 민족교육을 통해 자녀가 민족정체성과 민족의식을 습득하기를 원한다. 그런데 민단계 한국학교들이 대부분 일본 정부로부터 인가를 받은 정규 학교이기 때문에 교육과정 상의 제약이 있고, 조선학교에서 실시되는 만큼의 민족교육을 기대하기는 어렵다. 이 때문에 민족교육에 관심을 가지고 있는 부모들 가운데 일부는 민단계 한국학교보다는 총련계 조선학교를 선호하기도 한다.

한국학교에 자녀를 보내고 있는 재일코리안 부모들은 자녀가 초등학교나 중학교까지만 민족교육을 이수하면 충분하다는 인식을 가지고 있다. 이 때문에 자녀가 상급생이 되면 민족학교를 떠나 일본학교로 옮기는 경우가 많다. 이는 학력사회인 일본 사회에서 성공하기 위해서는 일본학교에서 열심히 공부해서 좋은 대학에 진학하는 것이 필요하다는 인식 때문이다.

그러니까, 자이니치(재일교포)의 학부모님들 생각으로는, 아무래도 자신이 한국인이라는 생각을 심어주기 위해서는 어렸을 때 한국학교를 보내는 것이 좋다고 생각해서, 초등부 때 한국학교(민족학교)를 보내고, 이후 대학진학을 위해 일본 중고교로 보내는 경향이 있는 거죠(한국학교 교감 A).

최근에는 동경한국학교와 교토국제학교 같은 일부 한국학교는 학교의 성격을 국제학교로 변화시켰다. 이는 세계화 시대에 자녀가 영어와 일어, 한국어를 모두 습득하기를 기대하는 부모들의 요구를 수용한 것이다. 대체로 이런 프로그램을 선호하는 부모들은 올드 타이머에 해당하는 영주자 집단이 아니라, 1980년대 후반에 일본으로 건너가 정착하게 된 뉴커머들이다. 이들의 경우 본인들은 일본에서 거주하더라도 자녀들은 한국 대학에 진학할 가능성을 염두에 두고 있다. 이들은 자녀가 일본의 주류 사회에 진출할 가능성이 희박하다면, 자녀에게 한 가지 언어라도 더 습득하게 하여 한국으로 진출시키겠다는 생각을 가지고 있는 것이다. 이처럼 정주자 부모들의 요구가 한국학교의 교육과정에 반영되고 있고, 한국학교 또한 이러한 요구를 수용하여 학교 운영의 어려움을 타개하고자 하고 있다. 이는 한편으로 일본 사회에서 한국학교가 생존할 수 있는 한 방안으로 볼 수 있지만, 다른 한편으로는 민족교육 기관으로서의 한국학교의 정체성에 대한 문제점으로 제기될 수도 있다.

다. 총련과 민단에 갇힌 민족교육

재일코리안들의 민족교육에 대한 비판과 지지는 총련과 민단에 대한 정치적인 입장과 관련되어 있는 복잡한 문제이기도 하다. 전술한 바와 같이 총련에 소속되어 활동하는 부모들은 자녀들을 조선학교에 보내는 경우가 많고, 이 경우 자녀들도 민족교육에 대한 상당한 애착을 가지게 된다. 그런데 북한의 일본인 납치 사건 이후 총련을 지지하던 재일코리안 부모들의 상당수가 총련에 비판적인 입장을 가지게 되었다. 이 사건 이후, 총련에 대해서는 비판적이지만 조선학교의 민족교육에 대해서만은 지지하는 학부모가 있는가 하면, 총련에 대한 비판이 조선학교에 대한 비판으로까지 이어져 자녀를 일본 학교로 옮긴 학부모들도 상당수 있었다.

반면 부모들이 민단을 지지하는 경우 그 자녀들은 초등학교부터 고등학교까지 일본 학교를 다닌 경우가 많기 때문에 이들 자녀들의 한국어 구사는 총련계 조선학교를 다닌 학생들에 비해 떨어지는 경향이 있다. 그렇지만 가정에서 한국어를 사용하거나 민족의식이 투철한 부모들 아래에서 성장한 재일코리안 3~4세 자녀들은 남다른 민족정체성을 유지하게 된다. 이 때문에, 이들 자녀들은 대학에 진학하여 재일코리안 학생모임에 참여하기도 한다. 그런데 재일코리안 학생모임에서 총련계 조선학교를 다닌 학생과 일본 학교를 다닌 학생들 사이에 암묵적인 갈등이 발생하기도 한다. 이러한 갈등은 주로 조선학교를 다녔던 학생들과 일본학교를 다녔던 학생들 사이의 한국어 구사 능력이나 민족의식의 차이 때문에 비롯된다. 또한 정치적 지향에서의 차이도 갈등의 원인이 된다. 일본 고등학교를 마친 후 대학에 입학하여 재일코리안 학생모임에 참여했던 경험이 있는 학생 G는 서로의 차이 혹은 다름을 인정하고 극복하려는 노력이 쉽지 않다고 말한다.

> 저는 대학에 입학한 후에 소련쪽(총련) 동아리에 참가했었어요. 조선학교를 다닌 사람들만 모이는 동아리가 있었어요. 거기에 가 보고, 참가했는데 생각도 많이 다르고 … 좀 … 일본학교를 다닌 사람들에게, 밑으로? 밑으로 보는, 낮게 보는 그런 느낌을 많이 받았어요. 한국말도 못하고, 저는 잘하는 편이지만, 다른 일본학교를 다닌 사람들은 못하잖아요. 일본 이름을 쓰고 있고, 그러니까 많이 비하하는 사람이 있고, 저는 싫었어요. 그런 분위기가 싫었고 … 또 역시 좀 정치적인 생각도 많이 달랐어요. 북한을 지지하는 사람도 있고, 할아버지나 아저씨나 좀 그런 소련에서 일하고 있는 사람이 와서 강의를 하거나 그런 것도 있어요. (그런 강의나 활동이) 그건 분명히 북한 생각이잖아요. 저는 고등학교 때 까지는 둘 다 관계없이 사이좋게 하자고 생각하고 있었는데, 대학에 입학한 후에 그런 일도 있었잖아요(겪었잖아요). 완벽하게 다르다고 생각했었고 … 민단쪽(에서 활동하는) 아버지는 북한쪽을 싫어해요. 그런 영향도 많이 받은 것 같아요 … (학생 G).

학생 G는 민단에서 활동하는 아버지의 영향으로 대학에서 접했던 조선학교 졸업생들에 대한 인식이 좋지 않았다. 조선학교 졸업생들은 한국어가 유창하지 않거나 본명을 사용하지 않는 동포 학생들을 포용하지 못하는 모습을 보였다. 그것은 일정 부분 조선학교 졸업생들이 조선학교라는 폐쇄적인 울타리에서 생활해 온 것에서 비롯되기도 한다. 그런데 이것이 조선학교 졸업생이 아닌 동포 학생들에게는 배타적인 모습으로 비춰지고 있었다. 게다가 조선학교 졸업생들이 대학에 진학하여 만든 학생모임이 총련의 조직 사업의 연장선에서 기능하고 있는 측면도 있어 갈등을 빚기도 한다. 이처럼 많은 재일코리안들은 총련 혹은 민단에 대한 정치적 입장의 연장선에서 동포들을 판단하는 경향이 있다. 귀화에 대한 태도 역시 이와 유사하다. 총련과 민단에서 적극적으로 활동하는 부모의 자녀들은 대부분 귀화에 대해 부정적이었다.

귀화는 언니가 하셨어요. 작년에 결혼해서. 일본 사람하고 결혼했어요. 아이도 태어나고. 혼자 한국 사람이라는 게 슬퍼서 귀화 했는데, 그때 아버지도 좀 화나시고. 여러 가지 문제가 있었어요. 그러니까 저도 많이 생각했는데 … 아버지가 일본 사람이랑 결혼하는 것에 반대도 많이 하셨어요. 그때 싸움도 많았어요 … 귀화하는 사람에 대해 좋은 생각을 하는 사람은 많이 없죠. 여러 나라 외국인이 많이 있는데, 한국인은 특별히 민족심이 많은 편이니까, 3세 4세 되고도, 본명을 쓰는 사람이 있는 게 좀 대단하죠. 그렇게 아직까지도 민족심이 많이 있으니까. 그러니까 귀화하는 사람에 대해서는 좀 차가운 눈으로 보는 것 같아요 아직까지는 … (학생 G).

저는 (귀화는) 개인에 맡기고 싶어요. 귀화를 해야 한다고 말하는 사람들을 저는 이해는 할 수 있는데 공감은 못해요. 그렇게 다 뭐지 … 합리적으로, 합리성을 추구해도, 아무래도 1세 2세 교포들은 다르잖아요. 우리한테는 지금 사회가 나은데, 그 사람들은 차별도 많이 받았잖아요. 마음적인 문제를 다 합리적으로는 해결을 못 한다고 생각하니까. 이제는 … 5세 6세가 되면 다 일본 국적이 될 거예요. 그건 차별을 모르니까 다 그렇게 될 거고, 할 수 없잖아요 … 근데 아직은 그런 시기가 안 왔다는 생각을 해요(학생 F).

현실적으로 귀화자 수가 늘어나고 있고 재일코리안 3~4세들은 원칙적으로 귀화에 대해 부정적이지는 않았다. 이들은 1~2세들이 겪었던 차별을 직접 체험하지 못했고 태어날 때부터 일본 문화를 접했기 때문에 일본 사회가 더 편하다고 느낀다. 그러나 아직까지도 1~2세들이 재일코리안 사회를 이끌어가고 있고, 여론을 주도하고 있기 때문에 국적을 유지해야 한다는 1~2세들의 시각이 더 우세한 편이다. 그렇지만 재일코리안들의 귀화자 수가 늘어나는 상황에서 국적 유지만을 강조하고, 귀화를 한 재일코리안을 배척하는 것은 재일코리안 사회의 고립을 강화하고 민족교육을 위축시키는 결과를 초래할 가능성이 크다. 이러한 문제의식에서 일부 재일코리안 3~4세들은 귀화에 대해 긍정적으로 인식하고 있었고, 일부 제보자는 총련과 민단에 갇힌 민족주의적 시각에 대해 상당히 비판적이었다. 일례로 총련과 민단 모두에 대해 비판적인 태도를 보인 학생 E는 일본에서 살고 있는 재일코리안들의 권익을 위해서라도 귀화를 해야 한다는 주장을 펴기도 했다.

> 일본에서 태어나서, 아마도 일생을 일본에서 지낼 거니까, 일본국적을 안 가질 수 없는 것 같아요. 제가 연구하는 것이, 학부생이 연구한다는 것이 그렇지만(웃음) … 재일교포가 일본국적을 취득 안 하는 이유는 무엇인가? 제 생각에는 민족 단체가 있잖아요. 조총련이나 민단. 그런 단체가 국적으로 민족성을 드러내면서 사람들을 집합시키는 … (것 같아요) 국적이 그런 걸 가지고 있다는 생각이 들어서 … 귀화를 하지만 본명은 그냥 유지해서, 코리안 자파니즈 그런 사회 성원으로 살아가는 것이 필요하지 않을까 … 일본에서 그런 말을 거의 안 들어봤어요. 한국계 일본인이라는 말 … (학생 E).

학생 E는 귀화 문제 뿐만 아니라 총련과 민단의 기능에 대해서도 비판적인 관점을 가지고 있었다. 즉 총련과 민단이 단체의 존속을 위해 국적을 이용하고 있으며, 그것을 통해 재일코리안들을 결집시키고 있다는 것이다. E는 재일코리안들이 일본의 구성원으로 살고 있기 때문에 귀화를 하는 것은 당연하며, 단 본명을 사용함으로써 한국계 일본인임을 드러내고 그것을 통해 정체성을 유지할 수 있으면 무방하다고 본다. 나아가 E는 일본 사회에서 사회적 지위를 획득하려는 노력을 하지 않는 재일코리안 사회에 대해서도 문제제기를 했다. 즉 "조총련은 외국인 참정권 획득운동에는 아무 관심도 없고 노력도 않는다. 반면 민단에서는 참정권 획득 같은 데에는 관심을 가지고 있지만 귀화에는 부정적"이라는 것이다.

상술한 바와 같이 재일코리안 3~4세들의 귀화 및 민단과 총련에 대한 시각이 1~2세와는 다르다는 것을 알 수 있다. 구체적으로 살펴보면 재일코리안 차세대 중 일부는 기성세대와 유사한 시각을 가지고 있는 반면, 또 다른 일부는 민단 혹은 총련의 이분법을 뛰어 넘어야 한다는 새로운 관점을 가지고 있기도 했다. 전자와 같이 민단 혹은 총련에 더 많은 애착을 가지고 있는 차세대들도 민단과 총련이 화합해야 한다는 것에는 원칙적으로 동의한다. 그러나 두 단체간의 화합의 필요성은 인식하고 있지만 민족운동 및 민족교육의 새로운 방향성에 대한 모색은 쉽지 않은 실정이다.

5. 재일코리안 민족교육의 모형과 네트워크

1) 민족교육 모형

재일코리안의 민족교육은 민단계의 한국학교와 총련계의 조선학교에 의해 분리 시행되어 왔고, 각 학교마다 민족교육기관으로서의 의의와 한계점을 동시에 지니고 있다. 또한 재일코리안 사회에서 민족교육의 시행은 총련과 민단에 대한 정치적 지지와도 관련이 있기 때문에 어려움이 있다. 기실 총련과 민단에 대한 지지는 민족의식을 드러내는 한 방법으로 간주되었고, 이것은 민족교육에 대한 지지로 자연스럽게 연결되었다. 이러한 재일코리안 사회에서 귀화란 민족의식과 동포사회를 저버리는 행위로 간주될 수 있다. 이 때문에 귀화를 한 재일코리안과 귀화를 하지 않은 재일코리안이 자녀의 민족교육을 위해 협력한다는 것은 더욱 어려운 사안이라 할 수 있다. 본 연구의 제보자들은 개인적으로는 귀화에 대해 찬성 혹은 반대의 입장을 표명했지만, 대체적으로 귀화는 개인의 의사에 맡겨야 한다는 입장에 동의했다. 민단 관계자 J와 한국학교 교감 B는 모두 2세임에도 불구하고, 차세대들의 귀화에 대해 긍정적으로 인식하고 있었다.

민단에서는 기본적으로, 민단이 1946년에 성립되었습니다만 민단은 그때는 한국국적을 가지고 있는 사람으로 성립되었습니다만은, 요새는 일본국적을 가지고 있는 사람도 많고 귀화를 한 사람들도 많이 있습니다. 일본국적법이 1985년에 변경했기 때문에, 아버지나 어머니 한 사람이 일본 국적이라면 자동적으로 일본국적과 한국국적을 가지게 되었습니다. 일본에 살고 있으니까, 일본 정부에서 본다면 일본사람으로 취급하잖아요. 그러니까 아마 일본에 살고 있으니까 자동적으로 일본 국적자가 됩니다. 그리하여 민단에서는 몇 년 전에 일본국적자도 민단구성원이다 그런 식으로 생각이 바뀌었습니다. 그러니까 일본국적을 취득하는 것은 어디까지나 개인적으로 하는 것이다. 그런 식으로 1946년 성립된 때에 비해 생각이 바뀌었습니다. 저는 2세입니다만, 개인적으로 일본 국적을 취득할 생각이 없습니다. 그래도 제 아이들이 3세나 4세가 되면 일본국적을 가지는 것은 개인적인 문제다. 그렇게 생각하고 있습니다. 민단 자체도 지금은 그런 생각입니다. 역시 일본국적을 가지고 있다 하더라도 민단에 대해 여러 협조를 해 주시는 일본국적 사람이 많이 있기 때문에 귀화는 안 된다 그런 생각은 하나도 없습니다. 그러나 재일동포가 역시 특수한 경우가 있지 않습니까. 역시 일본 식민지 시대가 있었기 때문에 강제적으로 일본국적을 강제한 … 그런 역사적인 경우가 있으니까 2세, 1세들은 감정적으로 일본국적을 개인적으로는 싫어하는 생각이 남아 있습니다. 그래도 자기 아이들, 손자한테는 강제할 생각이 없는 그런 느낌입니다(민단 관계자 J).

요즘은 글로발 시대잖아요. 한국말을 배우고 싶어하는 동포는 있어도 되지만 일단은, 일본에서 이제는 똑같이 뻗어나가야 하기 때문에, 너무 한국사람으로만 고집해서 사는 것은 어떨까(아니라고) 생각하고요. 옛날에는, 한국어를 배울 기회가, 우리학교. 아니면 한국교육원, 아니면 민단, 이렇게 있었거든요. 요즘 젊은 사람들은, 머리가 굉장히, 여기를 안 지나가도, 대학교 때 단기연수가 또 많이 생겼죠. 거기 가서 배우면 된다는 의식을 가지고 있어서, 일본학교 갔다고 해서 자기를 한국 사람으로 인정을 안 한다는 것은 아니더라고요. 어느 부분에서 민족기관을 이용할 줄 아는, 이렇게 유연한 사고를 가지고 있는 것이 요즘 애들이더라고요. … 그래서 저는 아이들이 커서 일본으로 귀화를 해도 괜찮다고 봅니다. 그거는 하나의 수단으로. 생활수단으로 … (봐야죠). 그거는 해야 돼요, 또 한국국적을 그냥 고집하면 안 돼요 … 뭐 지금 글로발 시대인데 왜 그걸 그런 사고방식으로 고집하고, 그러면 안 되죠(한국학교 교감 B).

귀화에 대해 긍정적으로 생각하는 재일코리안 1~2세들이 존재하지만, 재일코리안 사회에서 귀화를 전적으로 개인에게 맡겨야 한다는 인식이 현실화되기에는 다소 많은 시간이 걸릴 것으로 보인다. 귀화에 대한 미묘한 갈등 이 외에도, 재일코리안 사회에서 민족교육을 제대로 수행하기 어려운 한국학교와 운영상의 어려움을 겪고 있는 총련계 조선학교는 민족교육의 주된 문제점으로 지적된다. 이러한 문제를 해결하고 민족교육을 활성화하기 위해서는 민단계와 총련계가 화합하고 민족교육을 위한 공동의 노력을 이뤄낼 필요가 있다. 2006년 5월에는 처음으로 두 단체간 화해와 화합에 대한 논의가 시도되었지만, 이러한 시도는 정치적인 요인으로 결국 무산되었다.

아시다시피 2006년 5월 17일에 (민단과 총련이) 합의했습니다만은, 미사일 문제 때문에 백지화 되었습니다. 개인적인 생각에는 민족교육을 같이 하는 것이 가장 어려운 문제라고 생각합니다. 아시다시피 한국학교에서 하고 있는 교육과정하고 총련계 학교에서 하고 있는 교육내용이 완전히 다르잖아요. 그러니까 그 둘의 의견을 조정하는 것에 아주 어려움이 있다고 생각합니다. 주로 한국학교에서는 대한민국의 교육과정과 일본의 문부과학성의 교육과정을 한데 묶어놓고 있지 않습니까. 그러니까 일본 사회에서도 일본사람들이 (한국학교의 교육과정에 대해) 이해해 줄 거예요. 그런데 어떻습니까? 조총련계 민족학교는 김일성의 사진이 걸려 있고, 민족교육이라기 보다는 사상교육이니까 … (인정할 수 없는 부분이 있습니다) 함께할 수 있는 사업이 물론 많이 있습니다. 권익운동이나 여러 가지 생활과 관련된 생활권에 관한 사업이나 그것은 바로 할 수 있는 것이 있습니다. 그래도 민족교육은 가장 마지막에 할 수밖에 없지 않을까. 그 정도 어려움이, 차이가 있다고 생각합니다(민단 관계자 J).

민단 관계자 J는 현재 민단계 한국학교가 4개교 밖에 없고 재일코리안 3~4세들의 90%가 일본학교에 재학하고 있기 때문에(野村進, 1999), 재일코리안 민족교육은 토요학교나 민족학급을 중심으로 시행되어야 한다는 의견을 제시했다.

이상적으로는 적어도 동경이나 오사카나, 현이 있지 않습니까. 현마다 조선학교처럼, 고등학교도 있고 중학교도 있고 예를 들면 동경에는 학교가 구마다 있습니다. 옛날에는 (한국학교를) 만들 수 있었지만 현재는 무리가 있지 않습니까. 그러니까 일본학교에서 한국 사람이나 다른 나라 학생들이 있는 학교에서, 외국인도 있는 학교다 그런 식으로 이해해 주시고, 일본정부가 교육하는 것이 좋겠습니다. 그래서 일본정부나 지방자치단체 등에 요청하고 있습니다마는, 계속 해야 된다고 생각을 합니다. 현실적으로 민단 학교가 얼마 없으니까요. 민단에는 건물이 많으니까, 지부가 400개 정도 있고 건물이 있으니까, 건물을 이용해서 우리말 교실 같은 것을 하는 수밖에 없지 않을까. 그 외에는 어린이 잼보리나 하계학교, 춘계학교, 모국수학 하는 게 바람직하지 않을까 합니다. 동경한국학교에서는 지금 300명 이상 아이들이 토요학교에 다니고 있다고 합니다. 근데 역시 아까 말씀을 드린 대로 저희들의 민족학교 자체가 4개 밖에 없으니까 그렇지만 민단 지방본부가 각지에 많이 있으니까 그 건물을 이용해서 토요학교, 동경한국학교의 토요학교가 성공적으로 하고 있지 않습니까. 토요학교가 현재는 많아지고 있습니다. 민단 미야기 지방본부 같은 데에서도 올해부터 시작했습니다. 모델 케이스가 된다고 생각합니다. 민단이 있으니까, 민단을 이용해서 하는 민족교육. 여태까지는 우리말 교실밖에 없었습니다만 토요학교도 해 가지고, 어린이만이 아니라, 부모님도 거기서 요리 교실이나 같은 거 하고 있는 모양입니다. 그러니까 그것이 민족교육의 중심이 될 수 있다고 저는 생각합니다(민단 관계자 J).

이와 달리, 한국학교 교감 B는 토요학교 및 민족학급이 지닌 한계점에 대해 다음과 같이 지적했다.

민족학급이나 토요학교는 짧은 시간이기 때문에(짧은 시간동안 교육이 이루어지기 때문에), 모든 우리나라 정서를 전달하는 것에는 한계가 있고요, 즉석적인 배움 밖에 안 될 것 같아요. 일단은 한국학교가 우리나라 교육과정을 따르되, 일본 교육과정도 조금 참고를 하면서 복합적인 과정을 운영해 가면 이상적인 애를 만들 수 있을지는 몰라도, 그런 민족학급이 오사카에는 많아요. 민족학급은 그냥 장구치고 … 노래 배우고 한글 좀 … 그런데 (민족교육은) 그런 게 아니잖아요? 교육이란 우리나라 대대로 내려오는 풍습을 문화부터, 소설부터, 역사부터 모든 종합적인 것을 애들한테 가르쳐 줘야 되는 거잖아요. 근데 (민족학급을 통해서는) 그런 게 안 된다는 거예요. 그냥 말 배우고 뭐 … 한글 교실이나 그 정도 밖에 안 되는 것 아닐까 … 거기서 애들은 자기가 한국사람 이라는 것을 깨닫기는 참 어려울 텐데요 … 이상적으로는 저희 같은 한국학교가 커져서 진짜 동포들이 더 많이 와야 해요. 확실히 초등부 때에, 한국사람이라는 부끄러움 없는 뿌리를 확실하게 심어주고요, 그 다음에 일본에서 적응하기 위한 또 다른 커리큘럼으로, 개네들한테, 일본사회라고 하는 것을 또 보여줘야 해요. 그러니까 그게 제일 이상적이라고 봐요. 저희 학교가 특별영주자, 영주자, 정주자에게 전부 문을 열어주고, 고학년쯤 되면 자기가 그 부모랑 면담을 하고 어느 쪽으로 애를 키워야 되는지를 진지하게 좀 이야기를 하고요. 그래서 애한테 우리나라 뿌리를 심어주되, 일본에서 앞으로 대학교를 갈 거다 하는 사람들한테는, 그들을 위한 교육과정이 짜여져야 돼요. 그래서 5, 6학년 되면. 일본중학교 갈 애들은, 방과 후에 일본역사를 배우는 반을 만들었거든요. 그런 식으로 개네들은 어디 내 보내도 한국사람 위에 또 플러스, 부끄러움 없는 그런 학력과 여러 가지 생활력, 태도를 키워주는 게 우선이라고 생각해요. 그리고 자신감, 용기를 심어줘야 해요, 근데 자기 민족교육을 안 해 놓으면, 용기가 없어요. 맨날 불안해해요. 우리 학교를 안 찾아오는 교포애들을 몇 명 봤거든요. 맨날 어두워요. 자기는 일본사람도 아닌 거예요. 그렇다고 한국사람도 아니에요. 우리나라 말을 몰라요. 역사를 모르고, 문화를 몰라. 그러면 맨날 움츠리고, 가지고 타고난 재주도 발휘를 못해요. 그렇기 때문에, 앞으로 저희 학교가 더 발전을 해야죠(한국학교 교감 B).

한국학교 교감 B에 따르면, 재일코리안 민족교육이 토요학교나 민족학급을 중심으로 진행될 경우 체계적인 민족교육을 실시하기 어려운 한계점이 존재한다는 것이다. 사실 한국학교 교감 B의 지적대로, 초등학교 과정부터 체계적인 민족교육을 실시하고 고학년이 되었을 때 자녀의 진로를 고려하여 교육과정을 자유롭게 선택할 수 있도록 하는 것이 가장 이상적일 수 있다. 그러나 더 많은 한국학교를 설립하는 것이 불가능하고, 일본학교에 다니고 있는 재일코리안 3~4세들을 유치하는 것도 어렵다. 따라서 한국학교 교감 B가 제시한 내용은 현실화되기 어렵다. 다만 현재 존재하는 한국학교 4개교의 운영에 그러한 방식을 적용해 볼 수는 있겠다.

전술한 내용을 종합해 볼 때, 재일코리안 민족교육은 민단계와 총련계 소속의 한국학교와 조선학교의 양 체제로 운영을 하되, 토요학교와 민족학급을 활성화하여 민족교육에 대한 저변을 확대하는 방향으로 나가야 할 것으로 보인다. 이러한 내용을 고려하여 재일코리안 민족교육의 모형을 제시하면 〈그림 Ⅳ-1〉과 같다. 현재 재일코리안 민족교육은 한국학교, 조선학교, 민족학급 및 토요학교 등 거점이 분산되어 있다. 민단계 한국학교의 경우 동경한국학교를 제외한 3개교가 일본의 교육과정을 따르고 있기 때문에 활동의 자율성이 완전히 보장되고 있지 않으며, 총련계 조선학교의 경우에는 재정 자립도가 낮은 편이다. 또한 민족학급의 경우 일본학교에서 민족교육을 실시하는 형태를 띠기 때문에 일본 정부의 협력이 요청되는 반면, 토요학교는 민단 시설을 활용하여 민족교육을 실시할 수 있기 때문에 가장 자율성을 띠는 형태라고 볼 수 있다. 민단과 총련이 민족교육을 위한 공동사업을 벌여나갈 수 있는 토대를 마련하는 것이 중요하겠지만, 일정 기간 동안 이러한 분산된 공동 체제가 유지될 수밖에 없을 것으로 보인다.

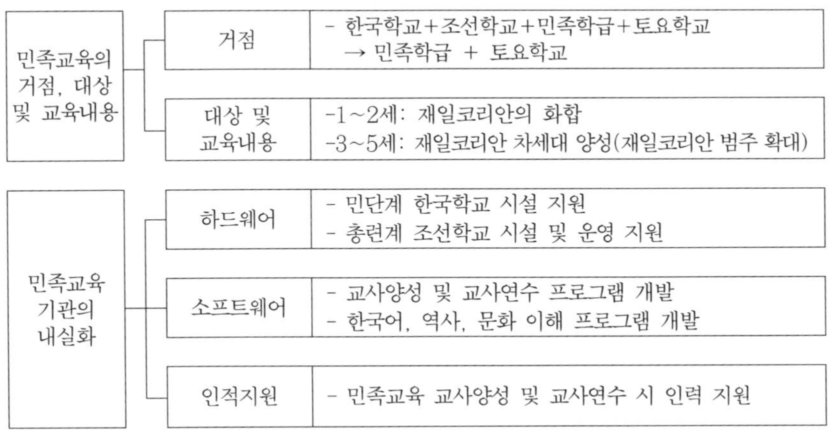

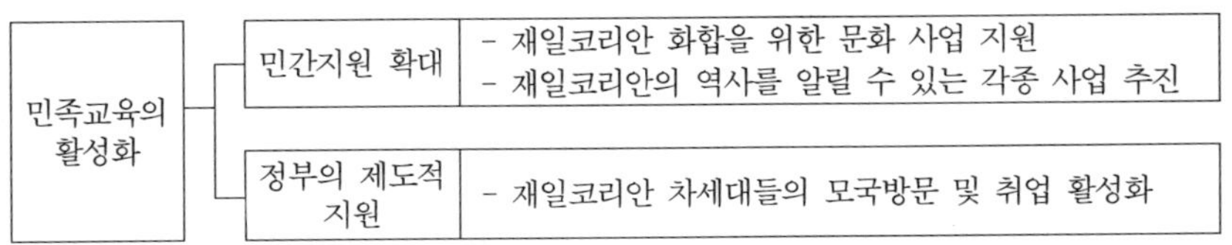

〈그림 Ⅳ-1〉 재일코리안 민족교육 모형

(1) 민족교육의 거점, 대상 및 교육내용

❑ 민족교육의 거점

현재 재일코리안 사회의 민족교육은 뚜렷한 구심점이 없다는 것이 특징이다. 민단에 의해 운영되는 한국학교와 총련에 의해 운영되는 조선학교, 그리고 일본 학교 내의 민족학급, 마지막으로 민단 지부에 의해 운영되는 토요학교에 의해 개별적으로 이루어지고 있다.

민족교육을 실시함에 있어서 한국학교나 조선학교를 늘리는 방법보다는 운영이 어려운 조선학교의 시설과 조선학교에서 실시되어 온 민족교육에 대한 노하우를 최대한 살릴 수 있는 방안을 모색할 필요가 있다. 또한 장기적으로는 한국학교 및 조선학교에 토요학교를 신설하거나, 일본 학교 내에 민족학급을 늘리는 것이 보다 현실적인 방안이 될 수 있을 것으로 보인다. 다수의 제보자 및 관련 문헌에서는 재일코리안의 민족교육이 민족학급 또는 토요학교를 지향해야 한다고 주장하고 있다.

일단은요, 있는 학교를 계속 유지하면서.. 일단 학교를 더 세우고 하는 것은 지금 상황에서 힘들잖아요. 일본학교에 있는 민족학급을, 더 지원을 해서 그걸 통하여 … 일단 눈에 보이고 할 수 있는 것은 민족학급 육성을 일본정부와 합의하면서, 학교 선생님들은 너무 월급이 적고, 그것만 가지고는 살아갈 수 없어요. 아르바이트 비용 정도밖에 못 받고 있으니 그러니 선생님들을 많이 지원을 해 주고, 선생님들의 실력, 강사의 자질 등도 제고시키기 위하여 많이 노력을 해야 하겠지요(학부모 D).

이제 일본도 국제화 시대를 의식하고 있어요. 또한 한류의 영향도 있고. 그래서 민족교육을 위한 환경은 좋아졌다 …. 한국도 그렇지만, 일본도 학력중심 사회 아닙니까. 교포들은 일본에서 계속 살아야 하기 때문에, 엄격한 형태의 민족교육 학교교육을 고집하는 것은, 아무래도 한계가 있다고 보아야 해요. 과거와 같이, 민족학교를 크게 짓고, 철저한 민족교육을 지향하는 것 보다는, 토요학교나 민족학급 그런 중심으로 나아가는 것이 바람직하다고 볼 수 있습니다(한국학교 교감 A).

"나는 민족학교로는 조총련계의 조선학교 세 군데와 민단계의 한국학교 두 군데를 방문하였다. 일본학교에 다니면서 행해지는 민족교육으로는 오사카의 미유키모리 초등학교 민족학급과 오사카 야오시의 '도깨비 어린이회', 가나가와 현의 '가와사키시 후레아이(만남)관' 등의 활동을 견학하였다. 그리고 재일교포 어린이들이 앞으로도 일본 사회에서 계속 살아갈 것이라는 전제 아래 90% 이상의 재일교포 어린이들에게 있어서 어느 쪽이 더 접하기 쉬운 교육기회인지를 고려할 때 후자 쪽에 민족교육의 장래가 달려있는 것이 아닐까 하는 생각을 갖게 되었다.
나는 민족학교의 좋은 점을 부정하려는 것은 아니다. (중략) 그러나 그곳은 민족학교에 자식을 보내고 있는 많은 부모들이 지적하고 있는 것처럼, 지내기가 너무도 편한 '온실' 같아 보였다. 90년대에 들어와서 교과서가 크게 바뀌고 일본 학교들과의 교류의 활성화로 조선학교와 일본사회와의 접촉이 빈번해졌다. 하지만 '온실'에서 나온 후 바깥 세상의 '찬 바람'에 맞서나갈 수 있을지에 대해 나는 의문을 품지 않을 수 없었다. 그것은 조선학교에서는 민족이름을 쓰던 학생이 일본 사회에 나가서는 싱거울 정도로 금방 일본 이름으로 바꾸어버리는 예를 몇 번인가 접했기 때문이다"(野村進, 1999:114-115).

❏ **민족교육의 대상 및 교육내용**

앞서 민족교육의 장애요인에서도 지적한 바와 같이 재일코리안의 민족교육은 민단과 총련의 정치적인 견해에 좌우되는 경향이 강했다. 두 단체 모두 최근까지 재일코리안의 귀화에 대해 부정적인 입장이 강했고, 귀화하는 재일코리안들에 대해 배타적인 태도를 취해 오기도 했다. 그로 인해 귀화를 한 사람과 귀화하지 않은 사람들간에 관계가 유지되지 못하는 경우도 발생했다. 그것은 민단과 총련 각 내부의 결속을 다지는 계기는 되었지만 점점 더 일반 재일코리안들의 관심으로부터 멀어지는 결과를 초래하기도 했다.

민족교육에 대한 재일코리안들의 관심과 참여를 제고하기 위해서는 민족교육 대상의 외연을 확대할 필요가 있다. 예컨대 귀화를 한 재일코리안의 자녀 및 부모 중 한 사람이 한국인일 경우 그 자녀까지도 민족교육의 대상으로 포함시키는 것이 한 방법이 될 수 있다. 즉 재일코리안을 국적 유지 여부와 같은 법적 신분에 한정시키지 않고, 혈통과 의식 측면으로 확대하여 재일코리안의 범주를 늘리는 것이다.

> 재일동포를 어디까지 잡아야 할지 모르지만, 저희 남편이 이야기하는 건, 귀화를 했든, 아니면 안 했든간에, 자기가 한국인이라 생각을 하고, 그러한 정체성을 갖는다면 한국인으로 봐야 하고, 귀화를 했다는 이유만으로 배척을 해서는 안 된다는 입장이에요(학부모 D).

> 다른 나라에서 그 나라의 시민이 되는 것, 귀화하는 것은 기본적으로 문제 삼는 경우가 드문데, 유독 일본에서 귀화하면, 그것을 문제 삼는 것이 바뀌어야 하거든요. 재일동포들의 역사가, 다른 지역과는 좀 다른 고통의 역사이기 때문에 귀화라고 하는 것의 의미가 다르겠지만, 저는 여전히 그런 시각에서 본다면, 민족교육이라는 측면에서 보았을 때 불리할 수밖에 없다고 봅니다. 일단 일본에서 2세, 3세, 4세 이렇게 된다면, 그 나라의 국민이 되는 것은 당연한 것이지 않습니까? 그러면서 일종의 하

나의 민족적인 측면에서, 자신의 나라의 문화라든가 정체성을 자랑스럽게 여기는 방향으로 나가야 한다고 봅니다(재외동포 전문가 I).

물론 귀화를 인정할 경우 재일코리안들이 자신의 민족성을 숨기고 살아갈 가능성을 배제할 수는 없다. 이러한 문제를 해결하기 위해서는 재일코리안들이 귀화를 하더라도 본명을 사용하도록 권장하고 한국계 일본인으로서의 삶을 살아갈 수 있도록 분위기를 조성하는 것이 중요하다. 또한 지금까지 민단과 총련 혹은 어느 단체에도 소속되어 있지 않았던 1~2세들의 상호 이해와 화합에도 관심을 가져야 한다. 따라서 민족교육의 주력 대상은 3세 이상에 초점을 맞추는 동시에, 평생교육 차원에서 1~2세와 같은 성인들을 위한 민족교육 프로그램을 마련하여 상호간 화해와 협력을 도모하는 것이 필요하다.

(2) 민족교육기관의 내실화

❏ 하드웨어 측면

앞서 살펴본 바와 같이 재일코리안 민족교육의 기반조성을 위한 하드웨어 측면에서의 지원은 시설이 열악하고 운영상의 어려움에 처해 있는 민단계 한국학교에 우선적으로 이루어져야 한다. 또한 가능하다면 총련계 조선학교에 대한 지원도 고려되어야 한다. 조선학교는 재일코리안의 민족교육이란 측면에서 중요한 위치를 차지하고 있다. 그러나 자칫 총련계 조선학교에 대한 한국 정부의 지원이 조선학교에 대한 간섭 혹은 영역 침범으로 비춰질 수도 있기 때문에 신중하게 이루어질 필요가 있다. 또는 민단계와 총련계가 협력하여 민족교육 공동사업을 구상했을 때 정부가 우회적으로 지원하는 것도 하나의 방안이 될 수 있을 것이다.

❏ 소프트웨어 측면

재일코리안 학생, 학부모들은 '이중언어와 다문화를 이해하는 교사양성 프로그램' 및 '정기적인 교사연수'를 중요한 민족교육 내용으로 인식하고 있었다. 세계화의 영향으로 일본 사회에서도 다인종의 비율이 높아지고 있기 때문에, 민족교육을 담당하는 교사들도 다문화에 대한 소양을 갖출 필요가 있을 것이다. 특히 총련계 조선학교에 재학 중인 학생들은 민족교육에서 정기적인 교사연수를 가장 중요한 내용으로 지적하였다. 이는 조선학교 교사들의 양성과정에서의 다양성 및 전문성이 필요함을 시사해준다. 따라서 민족교육을 담당하는 교사들을 위한 교재 개발을 지원하되, 특히 다문화에 대한 내용을 포함시키는 것이 필요하다.

또한 재일코리안 민단계와 총련계 학부모 모두 공히 '한국어, 역사, 문화 이해 프로그램'을 중요하게 평가하였다. 이는 대부분의 한국인들이 재일코리안들의 이주와 수난의 역사에 대해 제대로 알고 있지 못한 것과 마찬가지로, 재일코리안 차세대들 역시 한국어와 한국 역사 및 문화에 대한 이해가 부족하다는 판단에서 연유한 것으로 보인다. '한국어, 역사, 문화 이해 프로그램' 개발의 필요성은 비단 재일코리안 차세대들에게만 국한되는 것은 아니다. 재외한인 차세대들의 모국에 대한 이해를 높이기 위해서도 이러한 프로그램은 시급히 개발되어야 할 것으로 보인다.

□ 인적 지원

장기적으로 재일코리안 민족교육의 방향을 민족학급 및 토요학교로 전환한다고 할 때, 민족교육을 담당할 교사들의 수급 및 전문성이 해결되어야 할 것이다. 이러한 문제를 해결하기 위해서는 민족교육 교사의 양성 및 파견이 중요하다. 민족교육 교사는 민족교육에 관심을 가지고 있는 재일코리안 차세대들을 선발하여 양성하는 것이 한 방법이 될 수 있을 것이며, 또는 한국어와 일본어를 능통하게 구사하는 이중언어자를 선발하여 민족교육 교사로 양성하는 것도 고려해 볼 수 있다. 아울러 국제협력단(KOICA) 및 각 대학의 한국어문화센터에서 활동하는 자원봉사자 및 교사를 중단기적으로 파견하는 방법도 가능할 것이다.

한편 현재 한글학교와 민족학급을 담당하고 있는 교사들을 한국으로 초청하여 교사연수를 실시하는 것도 인적 지원의 한 방안이 될 수 있다. 이들이 직접 한국을 방문하여 한국의 문화와 사회 경제적 변화를 체험하고 돌아간다면 민족교육의 질을 제고하는 데 도움을 줄 수 있을 것이다.

(3) 민족교육의 활성화

❑ 민간지원 확대

민족교육의 활성화는 모국과 거주국의 관계에 민감한 영향을 받을 수 있다. 즉 거주국에서의 한국의 위상이 높아질수록 재외한인들은 한국인이라는 자부심을 강하게 가지게 되고 민족교육에 대한 관심도 높아지게 된다.

> 좋은 현상은 70대 이후의 일본 사람들은 한국을 좀 무시하는 게 있었잖아요. 근데 이제는 한국 사람이라 하면 자기들이 먼저 말을 걸기도 하고 … 옆집에 살면서 몇 십 년 살면서 대화도 안 하던 사람이 이제는 관심을 가지고 한국에 대하여 물어보기도 하고 … 그런 건 참 좋은 현상이지요. 거기에 맞추어 교육적인 측면까지 많이 지원이 되고 하면 … 일단 아이들의 반응은 국가의 위상이 높아지니까 그에 맞추어 … (좋아져요) 근데 그게 물론 갑자기 바뀌는 건 아니죠. 하지만 적대감이 서서히 없어지면서, 서로 공유할 수 있는 것들이 많아지면서 차별 같은 건 점점 없어진다고 생각해요(학부모 D).

즉 일본에서 살아가고 있는 재일코리안들이 스스로 민족교육에 대한 관심을 가질 수 있도록 동기를 부여하기 위해서는 한국의 정치적, 경제적 위상을 높이는 것이 중요하다. 일례로 일본 사회에서 불고 있는 한류의 영향은 재일코리안들에게 상당한 자부심을 안겨주었다. 이와 관련하여 일본 내에서 한국의 위상을 높일 수 있는 사업을 실시하는 것도 민족교육을 활성화하는 의미 있는 방안이 될 수 있다. 이를테면 일본에 진출한 한국 기업들이 한국문화를 알릴 수 있는 문화 사업을 지원하거나, 장학 사업을 실시하는 등 민간 차원에서 다양한 지원 방법을 모색해 보는 것도 필요하다.

❑ 정부의 제도적 지원

현재 귀화하지 않은 재일코리안들의 국적은 한국적과 조선적으로 되어 있다. 한국적을 가진 재일코리안이 한국에서 수학하거나 취업을 할 경우 재외국민증이 발급된다. 그러나 이것은 주민등록증으로서의 효력이 없기 때문에 한국에서 생활하는 데 여러 가지 불편함이 있다. 한편 조선적을 유지하고 있는 재일코리안들의 경우는 한국을 왕래하는 데 더 많은 어려움이 있다. 이는 한국 사회에서 민단-한국적, 총련-조선적이라는 국적의 대결구도가 냉전이 종결된 이후에도 잔존하고 있고, 조총련계 동포＝조선국적＝북한국적이라는 인식이 일반화된 것에서 비롯한다. 그러나 현재 재일코리안 사회에는 민단-한국적, 총련-조선적이라는 도식이 점차 사라지고 있는 실정이며, 현재 조선학교에 다니는 아이들의 약 40%는 한국 국적이기도 하다(송기찬, 2004).

따라서 재일코리안 차세대들의 모국 방문이 자유롭게 이루어질 수 있도록 이러한 장애요인을 제거해 주는 것이 필요하며, 나아가 이들이 한국에서 수학하거나 취업할 수 있는 기회를 제공하는 것도 이들이 가진 잠재력을 활용할 수 있는 방안이 될 수 있겠다. 단 이러한 방안이 성공적으로 정착되기 위해서는 재일코리안들에 대한 편견이나 고정관념을 완화하는 사회 분위기를 조성하는 것이 우선적으로 이루어져야 할 것이다.

2) 민족교육 네트워크 구축

　재일코리안 사회에는 민족교육을 주도적으로 실시하고 있는 민단과 총련과 같은 한인 단체들이 존재한다. 다만 이 두 단체가 지금까지 갈등과 대립으로 인해 민족교육 사업을 실시하는 데 있어 협력관계를 구축하지 못해 왔다는 데 문제가 있다. 재일코리안 민족교육 네트워크를 구축하기 위해서는 무엇보다도 민단과 총련의 유기적인 협력체계가 구축되어야 한다. 이미 이 두 단체는 민족교육을 위한 인적, 물적 자원들을 자체적으로 보유하고 있기 때문에, 두 단체가 협력할 경우 민족교육 사업은 보다 활성화될 수 있을 것으로 예상해 볼 수 있다.

　그런데 민단과 총련의 민족교육을 위한 협력은 단체간 화해를 전제로 하여 조건부로 논의되어 온 점이 없지 않다. 그렇다면 접근을 달리하여 민족교육에만 국한하여 민단과 총련이 협력체계를 형성할 수 있는 방안을 고려해 볼 수도 있다. 이를테면 민단과 총련의 민족교육을 뛰어넘는 통합학교를 마련하여, 기관 운영의 효율성을 시도해 볼 수 있다. 이를 위해서는 민단과 총련의 정치적인 이념을 벗어나 세계화 시대에 필요한 인재를 양성하는 교육 목표를 마련하는 것이 선결되어야 할 것이다. 또한 민족학급 및 토요학교 확산 방안을 마련하고, 민족교육 활성화를 위한 학습자료 공유와 교사양성 및 연수를 공동으로 실시하는 방안을 마련해 볼 수 있다. 아울러 운영이 어려운 총련계 조선학교를 회생할 수 있는 방안에 대해서도 논의해야 할 것이다.

　이러한 방안에 대한 협력관계를 구축해 나가는 과정에서 민단과 총련간 화해가 자연스럽게 이루어질 수 있도록 유도할 필요가 있으며, 여기에는 정부가 직접 나서기 보다는 민간단체가 민단과 총련의 매개자 역할을 담당하는 것이 적절할 것으로 보인다. 이를 민족교육 네트워크로 나타내면 〈그림 Ⅳ-2〉와 같다. 민단과 총련의 매개자 역할을 할 수 있는 민간단체에는 일례로 재일코리안 민족교육, 인권 등의 문제를 위

해 활동해 온 민족교육문화센터, 재일한국민주인권협의회, 원코리아 페
스티발 실행위원회 세 단체가 2004년에 설립한 '코리아NGO센터'를
고려해 볼 수 있을 것이다.

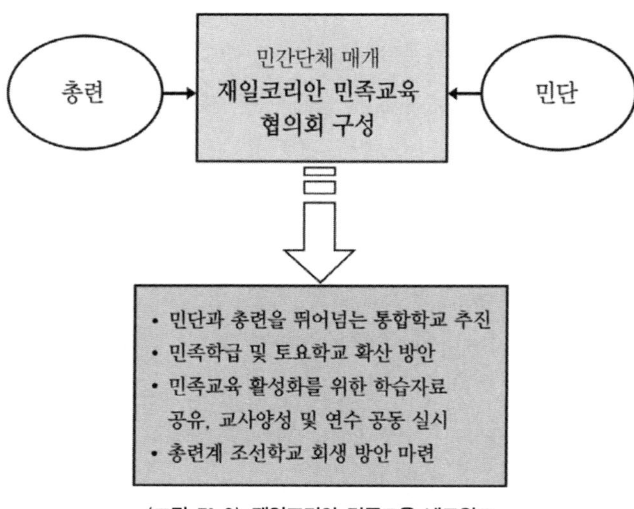

〈그림 Ⅳ-2〉 재일코리안 민족교육 네트워크

V
재중한인 민족교육의 모형과 네트워크

1. 재중한인 사회의 특성

조선족은 중국에서 100만 명 이상의 구성원을 가지는 55개 소수민족 중 하나이다. 2000년에 실시된 중국 전국인구조사에 따르면, 조선족은 총 1,923,800명으로, 중국 내 소수민족 중 인구가 13번째로 많다. 한편 중국 국적을 취득하지 않은 채 중국에서 생활하고 있는 한인들이 약 20여만 명에 이르는 바, 이들까지 포함한 재중한인의 전체 숫자는 2007년 2,244,398명으로 집계되었다(http://www.korean.net).

역사적으로 볼 때, 조선족이 중국의 동북 변경에 대량 이주해 살게 된 것은 19세기 이후의 일이다. 조선족의 본격적인 이주는 1860년대에 대흉작을 맞은 농민들이 대거 간도지방으로 이동하면서 시작되었다. 그 후 조선이 일본에게 주권을 빼앗기자, 토지수탈로 유민화된 농민들과 애국지사들이 만주지역으로 이주하게 되었고, 1932년에 일본이 농민들을 대거 이주시킴에 따라 그 수가 더욱 늘어나게 되었다. 이주 초기에 조선족은 통화, 집안, 장백, 용정 등 두만강과 압록강 부근에 정착하였으나, 점차 연변과 기타 지역으로도 진출하여 중국 동북부 지역에 조선족 사회를 형성하였다. 조선족은 만주개척의 주인공으로서 상당수가 독립투사의 후손이거나 그들과 긴밀한 관계를 맺고 생활해온 조상을 둔 까닭에, 한민족으로서의 기백과 긍지도 남다른 것으로 인식되고 있다

(김경근 외, 2005).

조선족은 한족과의 큰 마찰이나 갈등 없이 정착에 성공한 것으로 평가받고 있다. 1949년 중화인민공화국이 건국된 후, 1952년 길림성 동부에 연변조선민족자치구가 형성되었고 1954년 신헌법에 따라 연변조선민족자치주로 바뀌었다. 그때부터 현재까지 조선족자치주는 조선족 사회의 문화적, 심리적 중심이 되고 있다. 자치주가 중요한 것은 행정적 독자성을 보장해 준다는 점도 있지만 아울러 민족문화를 보존하고 민족언어를 사용할 수 있다는 데 있다. 사실 자치주 건설 이후 조선족 자치지역들에서는 많은 학교가 설립되었고 민족교육이 활발히 이루어졌다.

그런데 최근 조선족 집거구에 일고 있는 일련의 사회변동은 조선족 집거구의 존립을 위협하는 요인이 되고 있다. 이처럼 조선족 집거구가 해체의 위기를 맞고 있는 것은 무엇보다도 전체 인구가 감소하고 있기 때문이다. 중국의 소수민족 가운데 조선족 인구는 절대 증가수가 제일 적고, 인구 증가율도 가장 낮은 것으로 보고되고 있다. 1990년부터 2000년까지 10년 동안의 인구 증가율은 중국 전체 평균이 9.92%이고, 한족은 9.45%이며, 소수민족 평균은 14.42%인데 반해, 조선족은 0.02%에 불과한 것으로 나타났다(정신철, 2004). 이러한 양상은 중국 조선족 인구의 40% 이상이 집거하고 있는 연변 조선족 자치주에서 더욱 두드러지게 나타난다. 〈표 V-1〉에 제시되어 있는 것처럼, 연변 조선족 자치주에서 1996년부터는 자연증가율이 마이너스 수치를 보이고 있고, 이를 반영하여 총인구도 계속 감소하고 있다.

조선족의 인구감소는 다양한 원인에 의해 초래되고 있다. 이와 관련해서는, 우선 중국 정부의 강력한 출산억제 정책을 들 수 있다. 조선족의 경우 1970년대 초반 이래 출산억제 정책에 매우 적극적으로 호응하였고, 이는 다른 소수민족보다도 조선족의 출산율을 급격하게 감소시키는 결과를 초래하였다. 2000년 현재 15~50세 유배우 여성의 평균 출생아 수는 한족 1.3명, 기타 소수민족이 1.5명인데 반해, 조선족의 경우

1.02명에 불과한 것으로 나타났다(권태환, 2005).

<표 V-1> 연변 조선족 자치주 조선족 인구의 자연증가율

연도	총인구(만 명)	출생률(%)	사망률(%)	자연증가율(%)
1990	83.90	13.83	6.74	7.09
1991	84.60	11.37	6.45	4.92
1992	84.94	9.88	6.15	3.73
1993	85.45	7.58	6.06	1.52
1994	85.49	6.79	6.02	0.74
1995	86.00	5.84	5.81	0.03
1996	85.92	5.06	6.13	-1.07
1997	85.56	4.52	5.61	-1.09
1998	85.05	4.42	5.74	-1.32
1999	84.71	4.42	6.82	-1.42
2000	84.21	5.16	6.91	-1.75
2001	84.01	3.81	5.02	-1.21

자료 : 정신철(2004: 58)에서 재구성

조선족 집거구의 인구감소는 활발한 인구이동에 기인한 측면도 크다. 조선족의 인구이동은 크게 국내 이동과 국외 이동으로 나누어 살펴볼 수 있다. 조선족의 국내 이동은 농촌에서 도시로, 소도시에서 연해 개방 도시로의 이동이 대부분이다. 농업 생산에 의존하던 조선족들의 도시이동은 시장경제의 도입으로 가속화되었으며, 조선족 여성들의 김치장사로 시작된 조선족의 도시 진출은 요식업, 무역업, 관광업, 유흥업 등으로 확장되었다. 또한 한중 수교 이후 중국에 대한 한국 기업의 투자가 활발해지면서, 조선족은 한국어 구사와 한민족이라는 이점 때문에 한중 교류에 중개자 역할을 담당하고 있다. 이에 따라 한국 기업이 진출한 중국의 산동, 북경, 강소, 천진, 상해, 광동성 지역으로의 조선족 이동 인구는 지속적으로 늘어나고 있다(허명철, 2000; 정신철, 2004; 권태환, 2005). 조선족 인구이동의 또 다른 특징은 국외 이동인 바, 이와 관련해서는, 특히 조선족 여성의 국제결혼으로 인한 이동을 주목할 필요가 있다. 기실 앞에서 언급한 조선족의 출산율 감소에는 조선족 여성의 국외 이동이 큰 영향을 미쳤다. 이는 한국 통계청 인구동태통계의 혼인 자료(KOSIS 통계정보시스템의 자료 검색)를 통해서도 유추할 수 있다. 이에 따르면, 2000년부터 2005년 사이에 한국 남성과 외국인 여성과 혼인한 것으로 신고된 건수는 총 97,011건이었으며, 그 가운데 중국 여성과의 혼인 건수가 66,577건으로 가장 많은 것으로 나타났다. 중국 여성과의 혼인 건수는 2001년 7,001건, 2003년 13,373건, 2005년 20,635건으로 꾸준히 증가하고 있는 추세이다.

조선족 여성의 국제결혼 외에도 1990년 이후에 산업연수, 국제무역을 위한 해외진출이 활발해지면서 한국, 일본, 러시아, 시리아 등 10여개 국가로의 인구이동이 가속화되고 있다. 조선족의 활발한 국내외 이동은 조선족의 사회경제적 지위를 높이는 계기로 작용하였지만, 다른 한편으로 조선족 집거구의 해체라는 문제를 낳고 있다. 이에 따라 길림성 당국은 연변 조선족 자치주의 인구 감소로 연변 조선족 자치주를 5년 내에 현재 주도(州都)인 연길-용정-도문을 연결하는 '연룡도시'(延龍圖市)로 조성한다는 계획을 추진 중이다(조선일보, 2006.3.11). 이는 연변 조선족 자치주에서 조선족의 인구 비율이 33% 수준으로 감소함에 따라 '소수민족의 인구 비율이 최소한 30% 이상'이어야 한다는 소수민족 자치주 설치 조항을 만족시키지 못할 가능성이 커지고 있기 때문이다.

한편 조선족 인구이동에 따른 변화와 관련하여 간과할 수 없는 현상 가운데 하나는 가족의 분산과 해체이다. 인구이동이 잦다 하더라도 전체 가족이 함께 이동할 경우 에는 심각한 가족분산과 해체가 발생하지 않는다. 그러나 단독 이동이나 부분 가족의 이동일 경우에는 상황이 다르다고 할 수 있다. 물론 단독 이동이나 부분 가족의 이동이라 하더라도 일정한 시간 후에 가족이 결합하게 된다면 큰 문제가 아닐 수 있다. 그러나 부부간 분산 거주나 부모와 어린 자녀의 분산 거주는 심각한 사회문제를 야기할 수 있다(박광성, 2003; 권태환·박광성, 2005b). 자녀교육에 대한 남다른 열의와 높은 기대를 가지고 있는 조선족 부모들은 오래전부터 자녀교육을 위해 부모가 희생해야 한다는 가치관을 당연시하였다. 이러한 이유로 돈벌이를 위한 부부의 별거와 가족분산이 조선족 사회에 일상적인 일이 되었고, 그에 따라 조부모와 동거하는 자녀수가 늘어났다. 그런데 자녀에게 보다 나은 장래를 보장해주기 위해 가족분산을 감행했지만, 이것이 가정교육의 부재라는 지극히 우려할 만한 결과를 낳으면서 조선족 사회가 풀어야 할 핵심 현안으로 대두되고 있다(최우길, 2005).

조선족 사회의 인구감소와 인구이동은 조선족의 한족으로의 동화가능성을 더욱 높일 것이라는 전망을 낳고 있다. 도시로 이동한 조선족은 집단 거주가 불가능하기 때문에 스스로 특별한 노력을 기울이지 않는다면 민족정체성을 보존하기 힘든 상황에 있다. 다수의 한족이 생활하는 환경에 적응하기 위해서는 그들의 언어와 생활양식을 수용할 수밖에 없고, 그렇게 되면 불가피하게 동화가 이루어질 개연성이 크다(이재달, 2004).

2. 재중한인 사회의 민족교육 현황

중국이 건국되던 1949년부터 1966년 문화대혁명 전까지 조선족교육은 큰 발전을 이루었다. 건국 초기부터 조선족교육은 일정한 규모를 갖춘 중소학교 교육체계를 형성하였고, 1949년 4월 1일 연변대학을 설립하면서 고등교육 분야를 포함한 완결된 교육체계를 갖추었다.

1966년부터 1976년까지 이어졌던 문화대혁명기에는 민족정책의 유린으로 민족어문 사업과 민족어문 교육이 파괴되는 등 심각한 타격을 입었다. 문화대혁명기 이후, 중국은 개혁개방 정책을 실시하는 등 변화를 모색하였다. 1970년대 말부터 중국 정부는 소수민족 교육을 지원하기 위해 자치 지역에서의 소수민족 교육사업의 자치권을 보장하고, 민족교육 행정기구를 인정하는 방침을 실시하였다. 이에 따라 동북 3성을 중심으로 한 조선족교육은 조선어와 조선문으로 된 교과서와 참고도서를 편찬하고, 학교운영에 있어서도 자치권을 확보할 수 있었다(김경식, 2004).

현재 재중한인의 교육은 유치원 및 초·중등교육에서부터 대학교육에 이르기까지 다양한 유형과 형식을 포함한 민족교육 체제를 갖추고 있다. 재중한인의 민족교육기관으로는 조선족학교, 한글학교, 한국학교 등이 있다. 이중 조선족학교는 조선족이 설립, 운영하는 순수 민족교육기관으로 유치원과 초·중등학교는 물론 대학까지 체계적으로 잘 정비되어 있다. 한글학교는 기업가나 선교사들이 자발적으로 설립하여 운영하는 비형식 학교이며, 한국학교는 한국정부의 지원을 받아 설립하여 운영하는 정규학교이다.

1) 조선족학교

연변은 조선족 자치주 지역으로 중소학교에서 대학까지의 교육체제를 갖추고 있다. 조선족의 중소학교(초·중등학교)는 학생과 교사 모두가 조선족이며, 교과서는 조선어로 편찬하여 사용한다. 〈표 Ⅴ-2〉에 제시된 조선족 중소학교의 현황을 살펴보면, 학교수는 지속적으로 감소하고 있음을 알 수 있다. 일례로 농촌 소학교의 경우 2001년의 학교수는 1989년에 비해 77%나 감소되었다.

이러한 경향은 산재지구의 경우도 비슷하게 나타난다. 예를 들어 길림성 통화지구 조선족 중소학교는 학생수의 감소로 1980년의 139개교에서 1998년에는 95개교로 격감하였고, 흑룡강성 성화향의 경우 6개의 소학교가 1996년에 3개교로 줄었으며 1999년에는 1개교로 줄어드는

<표 V-2> 년도별 연변지구 조선족 중소학교 수

학년도	소학교			초급중학교			고급중학교			완전중학		
	농촌	현진	합계	농촌	현진	합계	농촌	현진	합계	농촌	현진	합계
1989-1990	188	46	234	19	24	43	-	9	9	-	13	13
1995-1996	77	57	134	6	26	32	-	8	8	-	7	7
1998-1999	67	54	121	1	24	25	-	8	8	-	7	7
2001-2002	43	42	85	2	23	25	-	8	8	-	7	7

자료 : 연변조선족자치주교육위원회 교육통계자료, 박금해(2003a)에서 재구성
주 : 완전중학은 초중(3년)과 고중(3년)이 결합된 형태의 학교를 의미함

사태가 발생했다. 이러한 학생수의 감소는 학교의 통폐합으로 이어졌고 정상적인 교육을 받기 힘든 학생들의 경우 형편에 따라 도시학교로 전학을 하거나 인근의 한족학교로 옮겨갔다. 조선족 사회가 여전히 농경 위주인 점을 감안하면 농촌의 조선족 중소학교의 위축은 조선족 사회에 심각한 영향을 끼치지 않을 수 없다(박금해, 2003a).

2) 한글학교

한글학교는 재외한인 및 자녀들에게 주로 주말을 이용하여 한국어와 한국문화를 가르치는 비형식적인 학교이다. 한글학교의 학생은 일시체류자가 중국 영주권자보다 월등히 많은 것이 특징이다. 특히 최근에는 한국의 발전상을 확인하고 현지인들의 한글교육에 대한 관심이 높아지고 있다. <표 V-3>과 <표 V-4>에는 재중 한글학교 총현황과 학생수 현황이 제시되어 있다.

중국 지역에는 한글학교 수가 극히 미미한데, 이는 중국이 다른 국가와 달리 조선족학교를 중심으로 한국어 교육을 실시해 오고 있기 때문이다. 공교육기관이 한국어 교육의 기반을 이루고 있다는 점에서는 다른 지역에 비해 오히려 한국어 교육의 기반이 충실하다고 할 수 있다.

〈표 Ⅴ-3〉 재중 한글학교 총현황(2006)

(단위: 명)

소속 \ 구분	학교수	교원수	학생수		
			합계	일시	영주
주중국 대사관	4	43	861	805	56
주상하이 총영사관	7	106	930	930	–
주광조우 총영사관	7	79	915	898	17
주선양 총영사관	6	106	625	159	466
주칭따오 총영사관	8	91	635	633	2
주청뚜 총영사관	3	29	133	106	27
주홍콩 총영사관	1	25	506	264	242
전 체	36	479	4,605	3,795	810

자료: 재외동포재단(2006).『재외동포 교육기관현황』, p. 29.

〈표 Ⅴ-4〉 재중 한글학교 학생수 현황(2006)

(단위: 명)

소속 \ 구분	학생수									
	유치원생		초등학생		중학생		고등학생		성인	
	일시	영주	일시	영주	일시	영주	일시	영주	일시	영주
주중국 대사관	–	12	451	41	354	3	–	–	–	–
주상하이 총영사관	111	–	679	–	131	–	4	–	5	–
주광조우 총영사관	151	12	570	4	169	1	8	–	–	–
주선양 총영사관	22	91	68	220	33	99	36	56	–	–
주칭따오 총영사관	78	–	465	2	51	–	19	–	20	–
주청뚜 총영사관	21	3	66	15	19	3	–	–	–	6
주홍콩 총영사관	–	0	210	122	49	79	5	41	–	–
전체	383	118	2,509	404	806	185	72	97	25	6

자료: 재외동포재단(2006).『재외동포 교육기관현황』, p. 29.

3) 한국학교

한국학교는 재중한인 자녀들을 위한 학교로 홍콩, 연변, 연대, 북경, 상해, 천진, 대련에 각각 1개교씩 총 7개교가 운영되고 있다. 한국학교는 조선족학교나 한글학교와 달리 한국의 지원에 의해서 설립된 학교이기 때문에 교육과정은 대부분 한국의 교육과정과 크게 다르지 않다. 〈표 V-5〉에 제시된 것처럼, 2006년 현재 한국학교의 재학생수는 유치원생은 4개교에 240명, 초등학생은 7개교에 1,905명, 중학생은 7개교에 665명, 고등학생은 6개교에 565명 등 총 3,375명으로 집계되고 있다.

〈표 V-5〉 재중 한국학교 현황(2006)

(단위: 명)

학교명	설립일자	학생수					교원수			
		계	유	초	중	고	계	유	초등	중등
북경한국국제학교	1998. 8.26	896	117	505	159	115	67	11	27	29
상해한국학교	1999. 9. 1	843	-	514	150	179	66	-	29	37
연대한국국제학교	2001. 3. 5	454	18	232	118	86	46	2	19	25
연변한국국제학교	1997.12. 1	196	-	115	49	32	14	-	6	8
천진한국국제학교	2001. 3. 7	687	87	368	135	97	52	8	23	21
홍콩한국국제학교	1988. 3. 1	132	18	55	3	56	19	2	6	11
대련한국국제학교	2004. 3. 1	167	-	116	51	-	21	-	10	11
총 7개교	-	3,375	240	1,905	665	565	285	23	120	142

자료: 재외동포재단(2006). 『재외동포 교육기관현황』, p. 9.

3. 주요 제보자 소개

연구자들은 재중한인의 민족교육 모형을 개발하기 위해 9명의 주요 제보자와의 심층면담을 실시하였다. 〈표 V-6〉에는 본 연구의 심층면담에 참여한 주요 제보자의 인적 사항이 간략하게 제시되어 있다.

참여관찰과 심층면담은 대부분 중국 현지와 국내에서 이루어졌다. 제보자 가운데 재중한인 학부모들은 대부분 중국 조선족소학교에 재학 중인 자녀를 두고 있었으며, 장차 중학생이 될 자녀를 한족학교에 보내야 할지, 조선족학교에 보내야 할지에 대해 고민하고 있었다. 한편 민족교육에 대해 식견을 갖춘 재중한인 전문가를 초청하여 재중한인 민족교육 문제에 대한 간담회도 가진 바 있다. 면담 내용은 제보자의 동의를 얻어 녹음하고, 면담이 끝난 후에 녹취하였다.

<표 V-6> 재중한인 주요 제보자의 인적 사항

제보자	성별	인적사항
대학 교수 A	여	•길림성 A 대학의 교수
대학 교수 B	남	•길림성 A 대학의 교수
학부모 C	여	•길림성 연변 출신, 두 자녀를 두고 있음. 대학에서 조선어문 전공, 현재 연길시에 거주
학부모 D	여	•흑룡강성 상지시 출신, 소학교 1학년생인 자녀를 두고 있음. 대학에서 조선어문 전공, 호남지역으로 이주 예정
학부모 E	여	•길림성 장춘시 출신, 소학교 3학년생인 자녀를 두고 있음. 대학에서 조선어문 전공, 상해로 이주할 예정
학생 F	여	•길림성 이도하향 출신, 소학교에서 고급중학까지 조선족학교를 다님. 청도에서 대학을 졸업하고 한국에 유학 중
학생 G	여	•길림성 서란시 출신, 소학교에서 고급중학까지 조선족학교를 다님. 청도에서 대학을 졸업하고 한국에 유학 중
학생 H	남	•길림성 용정시 출신, 소학교에서 고급중학까지 조선족학교를 다님. 북경에서 대학을 졸업하고 한국에 유학 중
학생 I	남	•길림성 왕청 출신, 소학교까지 조선족학교를 다니고 중학교에서 고등학교까지 한족학교를 다님

4. 재중한인의 민족교육에 대한 평가 및 민족교육의 장애요인

여기에서는 재중한인 민족교육의 모형을 개발하기 위한 사전 작업으로 그동안 수집한 양적·질적 자료를 바탕으로 재중한인 민족교육에 대한 평가 및 민족교육의 장애요인을 살펴보도록 하겠다. 이를 위해 II장에서 제시한 민족교육 모형 개발의 준거틀에 따라 현재의 수준을 평가하였다.

1) 민족교육에 대한 평가

재중한인의 민족교육기관에는 조선족학교가 대표적이다. 우선 재중한인 민족교육기관의 실태를 살펴보면 다음과 같다.

첫째, 시설은 비교적 양호한 것으로 나타났다. 냉난방 시설 및 교육기자재나 인터넷 시설 등을 대체로 잘 구비하고 있는 것으로 확인되었다.

둘째, 조선족학교에서 사용하는 학습교재는 지역단위로 공동 제작한 교과서였다. 이는 조선족학교가 중국 공교육 체제에 편입되어 있기 때문에 나타난 결과로 볼 수 있다.

셋째, 조선족학교에 재직하고 있는 교사들의 경력은 3년 이상 10년 미만의 경력교사가 전체의 34%로 가장 많은 반면 3년 미만의 경력교사는 가장 낮은 비율인 10%를 차지하고 있다. 그 밖에 10년~15년 미만의 교사는 28%로 나타나 조선족 교원들의 경력은 비교적 고르게 분포되어 있다고 볼 수 있다. 한편 교사들의 학력은 대졸이 81%로 대다수를 차지하고 있다. 그러나 고졸도 17%에 달하고 있어 교원으로서의 자질 및 전문성에 문제가 있을 것으로 예상해 볼 수 있다(김경근·고형일·황기우, 2004).

〈표 V-7〉 재중한인의 민족교육에 대한 평가

대상	지표	척도	수준
민족교육 기관	시설	상	
		중	○
		하	
	학습자료	상	○
		중	
		하	
	교사	상	○
		중	
		하	

대상	지표	척도	학부모	학생
민족교육 수요자	민족적 자긍심	상	○	○
		중		
		하		
	민족교육의 필요성	상	○	○
		중		
		하		
	민족교육에 대한 만족도	상		
		중	○	○
		하		
	민족교육에 대한 문제의식	상		
		중	○	
		하		○
	민족교육에 거는 기대	상		
		중	○	○
		하		
	중시하는 민족교육 내용	1순위	정기적인 교사연수	이중언어와 다문화를 이해하는 교사양성
		2순위	한국과 거주국의 상호비교가 가능한 교재	정기적인 교사연수
		3순위	이중언어와 다문화를 이해하는 교사양성	한국과 거주국의 상호비교가 가능한 교재

다음으로 재중한인의 민족교육관을 살펴보겠다.

첫째, 민족적 자긍심은 학생과 학부모 모두 높은 것으로 나타났다. 조선족들은 다른 지역의 한인들에 비해 한국의 경제적, 문화적 발전 상황을 가장 가까이서 접하고 있으며, 이것이 그들의 민족적 자긍심에 긍정적인 영향을 미치고 있는 것으로 보인다.

둘째, 민족교육의 필요성에 대해서는 학부모와 학생 모두 강하게 인식하고 있었다. 다만 학부모들은 자녀에게 '민족적 자긍심을 지니도록 교육하기 위해서' 그리고 '한국어로 의사소통할 수 있는 능력을 배양하기 위해서' 민족교육이 필요하다고 지적한 반면, 학생들은 '한국어로 의사소통할 수 있는 능력을 배양'하고 '한국문화에 대한 최소한의 지식을 갖추기' 위한 목적이 강했다. 즉 학생들은 학부모들에 비해 민족적 자긍심을 높이기 위한 목적보다는 한국어로 의사소통을 하거나 한국문화에 대한 관심 차원에서 민족교육에 관심을 갖는 경향이 있었다.

셋째, 민족교육에 대한 만족도는 학부모와 학생들 모두 보통 수준이 었다. 이는 최근 조선족학교에서 한족학교로 이동하는 학생수가 증가하 고 있는 현실을 감안할 때, 조선족학교가 학생과 학부모 모두로부터 분 명한 선호의 대상이 되고 있지 못하고 있음을 시사한다.

넷째, 민족교육에 대한 학생들의 문제의식은 낮게 나타났고, 부모들 역시 문제의식이 강하지 않은 것으로 확인되었다. 학생과 학부모 모두 민족교육에 대한 학생의 흥미와 관심 부족을 가장 큰 문제점으로 인식 하고 있었다.

다섯째, 민족교육에 거는 기대는 학생과 학부모 모두 양호한 수준으 로 나타났다. 부모들은 민족교육이 민족자긍심의 함양에 크게 기여하고 세대간 의사소통 및 상호이해에도 일조를 할 것으로 인식하고 있었다. 학생들은 다문화에 대한 이해를 높이고, 민족 자긍심을 함양하는데 민 족교육이 기여할 것으로 보았다.

여섯째, 중요하게 여기는 민족교육 내용은 학부모와 학생 모두 순서 상의 차이는 나타났지만, 동일한 내용을 지적하고 있었다. 부모들은 정 기적인 교사연수와 한국과 거주국의 상호비교가 가능한 교재를 꼽았고, 그 다음으로는 이중언어와 다문화를 이해하는 교사양성 프로그램을 들 었다. 학생 역시 교사양성 및 교사연수, 그리고 교재 개발을 중시하고 있는 것으로 나타났다. 따라서 재중한인들은 민족교육 교사의 전문성과 자질을 신장시키고 교재 내용의 변화에 주된 관심을 갖고 있는 것으로 볼 수 있다(김경근 외, 2006).

2) 민족교육의 장애요인

조선족 민족교육의 위기는 조선족 집거구가 해체됨에 따라 초래된 것이라고 해도 과언이 아니다. 전술한 바와 같이 집거구 형성은 민족교 육의 활성화에 긍정적인 영향을 미쳤고, 또한 민족교육은 집거구를 중심으로 한 조선족의 연대 및 민족정체성 유지에 지대한 기여를 했다. 즉 민족교육은 조선족 집거구의 존속 여부와 밀접한 관련성을 가질 수밖에 없다. 그런데 현재 집거구가 와해되는 경향이 심화됨에 따라 민족교육의 위기론이 대두되고 있고, 이는 민족정체성 및 민족문화를 위협하는 요인이 되고 있다. 아래에서는 민족교육의 장애요인을 구체적으로 살펴보겠다.

(1) 조선족학교의 통폐합 문제 및 한족학교에 대한 선호 증가

조선족 민족교육에 가장 큰 위협요인으로 지적될 수 있는 것은 학생수의 감소와 이로 인한 조선족학교의 통폐합이다. 학생수의 감소는 〈표 V-8〉에 제시된 조선족소학교 입학생수의 변화를 통해서도 쉽게 확인할 수 있다. 1995년에 비해 2002년 신입생수가 44.2%나 감소하였음을 알 수 있다. 이미 앞에서도 밝혔듯이, 학생수 감소는 조선족 사회에서 나타나고 있는 두드러진 인구감소와 인구이동에 따른 필연적 귀결이다. 그런데 문제는 조선족 사회에서 나타나고 있는 급격한 출산율 저하나 도시로의 이동이 중국의 경제성장에 의해 발생하는 불가피한 현상으로서, 이를 막을 수 있는 뾰족한 대책이 존재하지 않는다는 점이다. 즉 민족학교의 학생수 감소와 통폐합의 문제는 조선족 사회가 직면한 경제적, 사회적 문제와 밀접하게 결부되어 있기 때문에 그에 대한 해법을 쉽사리 찾기 어렵다는 데 문제의 심각성이 있다.

<표 V-8〉 1995-2002년 연변지구 도시 조선족소학교 학생수

연도 학생류별	1995	1998	1999	2001	2002
재학생수	54,341	49,864	44,713	38,746	32,036
졸업생수	8,601	9,023	10,638	11,020	8,482
신입생수	9,516	5,574	4,842	4,274	4,210

자료: 연변조선족교육위원회 1996-2002년 교육통계자료, 김향화(2003)에서 재구성

이에 따라 점차 가시화되고 있는 조선족 민족교육에 대한 또 다른 위협요인은 한족학교 선호 현상이다. 조선족 학생들이 한족학교에 입학하는 비율은 해마다 증가 추세를 보이고 있다. 조선족 집거구인 연변의 경우, 1985년에는 조선족 소학생의 3.6%, 중학생의 6.16%가 한족학교에서 공부하였지만, 1995년에는 8.18%, 7.43%, 그리고 1999년에는 9.2%, 8.5%로 그 비율이 각각 증가하였다. 특히 돈화시의 경우에는 한족학교에 다니는 조선족 학생수가 전체의 42.9%에 이르고, 안도현도 전체 조선족 학생의 21.96%가 한족학교를 다니는 것으로 나타났다(연변조선족 자치주 교육위원회, 1999).

조선족 학생들이 한족학교를 선호하는 주된 이유는 '한어를 잘 배우기 위해서'라고 할 수 있다. 한어를 잘 구사하는 것이 중국에서의 대학진학이나 사회적 성공에 유리하다는 판단 때문에 한어를 잘 학습할 수 있는지 여부가 학교선택의 기준이 되고 있는 것이다. 한어 사용을 선호하는 경향은 산재지구에 있는 조선족 사회에서 더욱 심각하다. 이 때문에 산재지구의 조선족 2~3세들은 일상생활에서도 민족언어를 구사하지 못하는 경우가 일반적이며, 특히 북경, 천진, 상해와 같은 대도시의 조선족 청소년들은 거의 90% 이상이 민족문자와 언어를 모르고 있다(허명철, 2000). 한족학교 선호 현상을 심각하게 받아들이는 이유는 그것이 조선어맹의 증대로 이어져 궁극적으로는 한족으로의 동화를 초래할 개연성이 크기 때문이다. 이러한 동화는 정책에 의한 강제적 동화가 아니라 자발적으로 선택한 동화이기 때문에 그것이 민족정체성의 유지에 끼치는 악영향은 훨씬 심각한 것으로 볼 수 있다. 부모들이 한족학교를 선호하는 이유에 대해 한 학부모는 다음과 같은 견해를 피력하였다.

우리 주위의 또 어떤 부모들은요. 조선족 인구가 점점 더 줄어들지, 학교가 점점 더 합병되다보니까 우리 스스로 위기를 느끼고 있는 거예요. 이러다가 정말 우리 조선말 배워서 무슨 쓸모가 있겠냐, 그래도 중국에

사는 것만큼 중국어를 더 잘 해야 되지 않겠느냐 … 왜냐면 특별히 연변
에서 살다 보니까, 계속 조선학교만 다니다 보니까요, 연변에 살고 있는
조선족들이 남방으로 나감에 있어서 언어에서 많은 장애를 느끼고 있는
것을 제가 봤거든요. 조선어 교육만 받다 보니까 내가 손해 봤다면 우리
애한테는 절대 이런 손해라든가 이런 거 받지 않도록 좀 한족학교 보내
서 한족 애들과 같이 중국어를 맘대로 구사할 수 있으면 애가 앞으로 장
래, 미래에 앞으로 더 편하게 살 수 있지 않겠는가 … (하는 거죠)

(2) 민족교육 이념의 혼선

민족학교의 교육이념에서 혼선이 나타나고 있는 것도 문제점으로 지
적되고 있다. 이는 조선족 학생들의 한족학교로의 이동이 증가하고 조
선족학교에 대한 선호가 낮아지면서, 민족교육의 발전방향을 재정립해
야 한다는 주장이 등장하면서 나타나고 있는 문제점이다. 이와 관련된
논쟁에서는 주로 두 가지 상반된 주장이 제기되고 있다. 하나는 조선족
학교가 소수민족교육이라는 특수한 사명을 지니고 있기 때문에 민족주
체의식을 강화하는 민족교육을 실시해야 한다는 것이다. 다른 하나는
조선족학교도 실용주의적 노선을 좇아 사회발전에 적응하는 동시에 유
용한 인재를 양성하는 것을 목표로 한어교육을 강화해야 한다는 것이
다(허명철, 2006). 기본적으로 이러한 논쟁은 조선족학교의 이중언어교
육 실시 여부를 놓고 전개되는 것으로 이해할 수 있으며, 이와 관련해
서 조선족 기초교육 개혁에 관한 논의가 진행 중에 있다. 그런데 이중
언어교육에 관한 논쟁에서는 교육의 실용적 가치를 추구하는 입장이
더 많은 지지를 얻고 있는 실정이다(허명철, 2003).

(3) 교육 질의 저하와 교사의 자질 문제

또한 조선족학교의 교육의 질이 저하되는 문제점이 나타나고 있다.

조선족학교의 교육은 1990년대 전반까지만 해도 중국의 각 민족 가운데서도 높은 평가를 받았었고, 그것은 조선족이 지닌 우수한 자질의 밑바탕이 되었다. 그러나 최근 조선족학교는 몇몇 기초과목에서 한족학교에 비해 그 수준이 점차 떨어지고 있다. 〈표 V-9〉에 제시된 조선족·한족중소학교 수학수준 시험성적 비교를 살펴보면, 수학 점수의 평균점수와 우수비율, 합격비율 모두에서 조선족학교가 한족학교에 비해 떨어지고 있다.

〈표 V-9〉 조선족 · 한족중소학교 수학수준 시험성적 비교표

학교 유형	소학교		초급중학교	
	조선족학교(9개소)	한족학교(9개소)	조선족학교(8개소)	한족학교(8개소)
평균점수	60.35	65.81	68.48	71.17
우수비율(%)	4.85	9.00	16.87	36.50
합격비율(%)	44.87	69.44	44.87	80.92

자료: 연변주교육위원회(2002). 전주 중소학교 교수사업에 대한 조사보고, 허명철(2006)에서 재인용.

교육의 질은 교사의 질을 넘어설 수 없는 것처럼, 조선족학교의 교육 질의 저하는 교사의 자질 문제와 밀접하게 관련되어 있다고 볼 수 있다. 중국의 개혁개방은 조선족 사회의 교사들에게도 커다란 영향을 미치고 있으며, 그것은 일차적으로 교사의 감소(유실) 현상으로 나타나고 있다. 교사의 감소는 조선족교육 전반에 나타나고 있는 현상이지만, 특히 경제적 상황 및 교육환경이 낙후한 농촌의 경우에는 상황이 매우 심각하다. 〈표 V-10〉에 나타난 바와 같이, 농촌소학교의 경우 매년 교사들의 20%에 가까운 수가 감소하고 있다. 교사의 감소도 문제이지만, 빈번한 교사들의 교체는 교직의 불안정성을 높이고 또한 정상적인 교육활동이 이루어지는 데 큰 걸림돌이 되고 있다.

〈표 V-10〉 연변조선족 소학교 연도별 교사감소 통계표

년도	지역	상학년 전임교사 총수	자연감소	조동 (調動)	교내조정	기타	합계(비율%)
1995-1996 학년도	현진	2,845	79	133	58	9	279(9.8)
	농촌	843	18	59	40	43	160(19.0)
1998-1999 학년도	현진	3,251	127	165	132	41	465(14.3)
	농촌	906	38	110	15	8	171(18.9)
2001-2002 학년도	현진	2,761	128	189	197	34	548(19.8)
	농촌	523	40	50	11	5	106(20.3)

자료: 연변조선족자치주교육위원회, 교육통계자료, 1995-2002년, 박금해(2003b)에서 재인용.

한편 남아 있는 교사의 전문성과 자질 역시 문제가 있는 것으로 보인다. 〈표 V-11〉에 제시된 바와 같이, 초급중학의 경우 조선족학교 교사들 가운데 학력 미달자가 상당수 존재하고 있음을 알 수 있다. 초급중

〈표 V-11〉 조선족 중학교 교사 학과별 학력상황표(2002)

	학력	정치	어문	수학	물리	화학	생물	지리	역사	외어	정보	체육	음악	미술	노동	기타	합계
초급중학	연구생 (대학원)	-	1	-	-	-	-	-	-	-	-	-	-	-	-	-	1
	대학본과 (4년)	85	161	216	86	55	37	35	87	125	16	55	14	11	21	190	1,194
	전과(2년)	45	76	157	53	37	45	47	43	137	29	55	32	29	24	102	911
	고중	6	11	8	6	4	2	6	2	10	3	20	10	11	8	27	134
	고중이하	-	-	2	-	-	-	-	-	-	-	-	-	-	-	3	5
	합계	136	249	383	145	96	84	88	132	272	48	130	56	51	53	322	2,245
고급중학	연구생 (대학원)	-	-	-	-	-	-	-	-	-	-	-	-	-	-	-	-
	대학본과 (4년)	62	80	133	82	92	33	31	63	77	19	32	2	3	-	121	830
	전과(2년)	3	3	4	4	5	8	7	6	32	6	7	1	1	-	10	97
	고중	-	-	-	-	-	-	-	-	-	1	1	2	-	-	1	5
	고중이하	-	-	-	-	-	-	-	-	-	-	-	1	-	-	-	1
	합계	65	83	137	86	97	41	38	69	109	26	40	6	4	0	132	933
합계		201	332	520	231	193	125	126	201	381	74	170	62	55	53	454	3,178

자료: 연변조선족자치주교육위원회, 교육통계자료, 2001-2002년, 박금해(2003b)에서 재인용.

학과 고급중학 교사 가운데 본과 이상의 학력소지자는 각각 전체의 53.2% 및 89.0%이다. 학력 미달자는 아니더라도 교사들 가운데 비사범계 출신들이 상당수이며, 이는 교사로서의 사명감, 전문성, 자질에서 문제를 야기할 수 있는 주된 요인으로 지적되고 있다.

조선족학교에서 교사의 감소 및 전문성 부족 문제가 발생하는 가장 근본적인 원인은 교사들의 사회적, 경제적 처우가 낮기 때문이다. 특히 여타 직종에 종사하는 동일 학력소지자에 비해 중소학교 교사들은 사회적, 경제적 처우가 상당히 낮다. 뿐만 아니라 조선족학교의 통폐합으로 인해 운영에 어려움이 있는 학교의 경우 교사들의 임금이 체불되는 현상이 빈번하다. 또한 현직 교사들의 연수기회가 적고, 교사연수프로그램 역시 새로운 교수법이나 교과지식을 제대로 전달하지 못함으로써 효율성이 떨어진다는 문제점이 지적되고 있다(박금해, 2003b; 최우길, 2005). 최근에는 조선족 교사들의 전문성과 자질 부족 문제를 해결하기 위해 한족 교사들의 채용이 증가하는 추세이다. 그러나 한족 교사들의 비율이 계속해서 증가할 경우에는 민족학교로서의 성격이 약화될 수밖에 없을 것이다.

(4) 학생들의 심리적 문제

민족교육에 대한 위협요인으로 가족분산으로 인한 학생들의 심리적인 문제도 지적할 수 있다. 조선족 학생들의 부모들 가운데 상당수는 한 쪽이 돈을 벌기 위해 출국한 상태에 있고, 부모가 모두 출국한 경우도 있다. 〈표 V-12〉에 따르면, 1/3~2/3의 조선족 학생들이 부모 없이 또는 한 부모와 살고 있음을 알 수 있다.

<표 V-12> 길림과 요녕의 학교 학생들 부모 출국현황(2000)

조사 대상				부모 출국현황				
학교소재지역	학교급	대상	학생수	부	모	부모	합계(명)	비율(%)
길림 연변 용정	소학교	전교	2,253				932	41.4
길림 연변 도문	소학교	3-4년	367	55	62	117	234	63.8
길림 류하	중학교		246	27	60	45	132	53.7
길림 화전	중학교	5개반	168	36	19	3	58	34.5
요녕 심양 동령	소학교	7개반	271				173	63.8
요녕 심양 우홍	소학교	6개반	189	27	35	50	112	59.3
심양 소가툰	소학교	4개반	199	70	69		139	69.9
요녕 영구	소학교	5개반	154	37	16	21	74	48.1
요녕 안산	소학교		185	20	30	21	71	38.4
요녕 요양	소학교		248	57	46	50	153	61.7

자료 : 량옥금(2001). "연변조선족의 사회문제: 인구감소 현황과 그 과제." 권태환·박광성(2005a)에서 재인용.

이와 같은 부모들의 외지 진출에 따른 가족분산은 학생들의 정서불안과 부모의 통제 결여로 인한 일탈행위와 학력 저하를 야기하기 쉽다. 이들 학생들은 '조숙하고 눈치가 빠르며, 현실에 민감하고, 성적이 나쁘고, 자퇴율이 높은' 특성을 보인다(권태환·박광성, 2005a; 채미화, 2004). 출국한 부모들은 자식에게 미안한 마음 때문에 보상 차원에서 돈을 풍족하게 보내는 경향이 있는데, 이 때문에 자녀들은 쉽게 물질주의적 가치에 빠지게 되고, 간혹 부부 별거가 이혼으로 이어질 경우 학생들은 더욱 통제하기 어려운 상황에 놓이게 된다. 가족분산과 그로 인해 발생하는 자녀교육의 문제는 중국이 시장경제체제를 도입함에 따라 이전부터 중시했던 전통적인 가치가 사라지고 돈을 버는 것이 우선적인 가치가 된 세태와도 무관하지 않다. 이와 관련해서는, 한국과 중국의 교류가 활발해지면서 한국인들이 중국 조선족 사회에 끼친 부정적 영향도 상당하다는 사실을 부정할 수 없다.

5. 재중한인 민족교육의 모형과 네트워크

1) 민족교육 모형

　조선족의 민족교육은 조선족학교를 중심으로 주로 언어, 역사, 문화에 초점을 두어 이루어져왔고 중국의 다른 소수민족과 비교하여 매우 독자적인 교육을 실시해 왔다. 조선족학교는 한국 정부의 지원 없이 중국 정부의 소수 민족 정책에 의한 지원과 한국 교민들의 자체적인 노력으로 지금까지 운영되어 왔다. 그러나 전술한 바와 같이 최근에는 학생 수 감소, 민족학교 통폐합문제, 교원 감소 등의 문제로 인해 민족교육에 대한 우려가 제기되고 있어, 무엇보다도 한국 정부의 지원이 절실히 요청되고 있다. 따라서 재중한인의 민족교육 모형은 다른 국가와 달리 이러한 장애요인을 극복하기 위한 지원과 민족교육의 새로운 도약을 가져올 수 있는 방안을 토대로 개발되어야 할 것이다.

　우선 한국 정부가 조선족 민족교육에 대한 지원을 함에 있어 중국 조선족 사회에 대한 이해와 인식 전환이 요구된다. 무엇보다도 조선족은 중국의 공민이며, 혈연적인 유대관계에만 집착하여 그들에게 이상적인 민족주의를 강요해서는 안 된다는 것이다. 이와 관련하여 한 재중한인 학자는 지금까지 한국과 중국조선족 사회간의 교류에서 나타난 문제점을 다음과 같이 지적한 바 있다.

　　같은 재외동포임에도 불구하고 한국의 재중동포, 재일동포, 재미동포, 재러동포에 대한 시각과 정책에는 엄연한 차이가 존재하고 있다. 공산권의 나라라는 점, 반세기 남짓 한동안 북한과의 관계만 유지되었다는 점, 경제적 기반이 취약하다는 점 및 한국(조선)의 국적을 포기하고 중국국적에 가입했다는 점 등등의 요인들로 인하여 고국에 비친 중국동포의 상은 결코 반가운 존재가 아니었다. 따라서 한국의 재외동포지원에서 조선족은 늘 소외의 대상이었다. 교육의 경우, 한국의 재외동포교육기관은 미국에 1000곳, 일본에 150곳, 기타지역에 800여 곳 등 도합 2000여 곳에 12만 명을 포용하고 있지만 중국조선족의 교육은 한국의 재외한민족교육 지원에서 거의 배제되어 있다 … 즉 정부차원에서나 민간차원에서나 조선족 사회에 대한 체계적인 협력이나 지원책은 거의 마련되어 있지 못하다. 혹자는 중국의 사회주의라는 체제 때문에 한국 정부의 재외동포 정책은 부득불 중국동포를 배제할 수밖에 없었다고 변명한다. 그러면서도 한국은 정작 중국의 체제 때문에 건드리지 말아야 할 국적문제, 간도문제, 고구려 문제 등 민감한 사안에 억지로 조선족을 끌어들여 조선족의 입지를 곤란하게 만들고 있다(박금해, 2004:15).

지금까지 재중한인 민족교육에 대한 지원은 중국 조선족에 대한 한국의 불신과 갈등, 그리고 무관심으로 인해 소외될 수밖에 없었다. 또한 한국이 지금까지 중국 조선족에 대해 무관심해 왔던 것은 중국 체제의 탓으로 돌리면서 정작 중국과 외교적인 마찰이 불거지자 조선족에게 민족주의적 입장을 강요하는 이중적인 태도를 취하고 있다는 점이다. 이러한 이중적인 태도는 민족교육을 지원함에 있어서도 조선족으로부터 호응을 얻지 못하게 되는 결과를 초래할 수 있다.

이와 유사한 맥락에서 김강일(2001)은 한국 정부나 한국인들이 중국 조선족사회를 한국의 귀속부분으로 간주하고 그 문화를 한국문화의 하위문화로 인정하는 경향이 있으며, 이는 한국인들의 경제적이고 문화적인 우월감, 또한 모국중심주의적인 배타주의에서 비롯된 것이라고 지적한 바 있다. 즉 엄격한 의미에서 중국 조선족사회는 혈연적이고 문화적인 측면에서 한반도와 밀접한 관계는 있지만 정치적이고 경제적인 측면에서는 중국 사회에 귀속되며 또 문화적으로도 중국문화와 밀접한 관계가 있기 때문에 한반도의 귀속 부분으로 간주하는 것은 잘못이라는 점이다. 따라서 재중한인을 위한 민족교육에 대한 논의의 초점은 조선족을 중국 공민으로 인정하는 것을 전제로 그들이 중국 사회에서 민족의 뿌리를 잊지 않으면서도 사회적, 경제적인 입지를 다지는 데 필요한 지원을 한국 정부가 하는 것에 있어야 할 것이다.

그렇다면 조선족 민족교육의 주축은 어디에서 담당해야 하며, 민족교육의 방향은 어디로 설정해야 하는가. 재중한인 민족교육 모형에서 염두에 두어야 할 사항은 자치주의 해체 및 인구분산 문제와 결부시켜 논의되어야 할 것이다. 자치주의 유지는 민족교육이 유지되는데 방패막 역할을 해 온 반면, 현재 자치주의 인구가 감소하고 분산하기 시작하면서 민족교육을 유지해 가는 것이 사실상 어려운 상황이다. 이러한 현실에 대해 조선족 사회 자체의 진단은 두 가지로 나뉜다. 하나는 자치주는 조선족의 구심점 역할을 하기 때문에 유지해야 한다는 입장이며, 다른 하나는 조선족 발전에 있어서 인구분산과 도시이동은 불가피하기 때문에 더 이상 자치주를 유지한다는 것 자체가 현실적으로 불가능하다는 입장이다. 민족교육에 대한 입장도 자치주에 대한 입장과 유사하다. 즉 한편으로 조선족학교는 민족의 언어나 문화를 전달하는 역할을 하기 때문에 유지해야 한다는 입장이 있고, 다른 한편으로 부모들은 자녀들이 중국 사회에서 성공하기를 기대하기 때문에 한족학교에 대한 선호는 지속적으로 증가하게 될 것이며 그 결과 조선족학교의 붕괴는 불가피하다는 전망이 있다. 대체로 자치주와 민족교육에 대한 전자의 입장은 자치주 지역 내 학자 및 연구자들이 지지하는 반면, 부모들은 후자의 입장을 표명하고 있다.

지금 확실히 연변에서 자란 젊은 애들이 대학에 간 다음에 대부분 안 돌아옵니다. 저 딸애도 K대학 3학년인데 졸업하고 어떻게 연길에 옵니까? 안 온다는 뜻이 연길이 시골이기 때문에 큰 무대가 없다는 겁니다. 그렇다면 안 오기 때문에 연변을 버려야 하느냐 문제죠. 지금 B대학의 외국어 학원 학장이 한족입니다. 저하고 그럽니다. 우리 학교의 박사생이나 석사 졸업생을 달라. 한국어를 가르쳐 달라. 지금 한국이 뜨고 있을 뿐만 아니라 북한이 개발된다면 대량적인 한국어 인재가 수용될 것이다.

따라서 한국어 인재는 오늘이 아니라 미래를 봐야 한다… 그래서 저는 갈 사람들은 가고, 어쨌든 지킬 사람은 열심히 지키라는 겁니다. 흡인해서 다시 오면 좋고 안 오더라도 뭔가가 지키는 구심점이 있어서 다시 여기 와서 충전해서 갈수 있는 그것만은 있어야겠다고 생각합니다(대학교수 A).

대학교수인 제보자 A는 자치주가 와해되고 있다 하더라도 남아 있는 사람들을 위해서, 그리고 자치주가 조선족의 거점이라는 점에서 자치주를 유지해 나가야 한다는 입장이다. 아울러 그는 조선족학교에서 실시하는 민족교육이 오히려 한족학교와의 차별화를 꾀하는 방법이 될 수 있다고 강조했다. 반면 학부모들은 이와는 상반된 의견을 피력했다. 즉 조선족학교가 중국에서 성공적인 삶을 영위하는데 별다른 이익을 제공하고 있지 않기 때문에 한족학교를 선호할 수밖에 없다는 것이다.

우리 시누 아들이 연변에서 공부하고 북경대학에 붙어서 갔어. 우리 시누가 한마디 딱 말 한 게 있어요. 애가 상당히 그 고중때까지 조선족학교 다니다가 한족학교(대학) 갔잖아요. 대학교 중에서는 무조건 연변대학 조선어학부만 빼 놓고, 좋은 학부만 넣어 놓고, 거의 다 한족학교 대학교를 가거든요. 그런데 20년 조선말, 조선어 교육을 받아서 득본 거 하나도 없다는 거야. 한족학교 가니까 무지하게 힘들지. 정말… 첫째는 적응, 언어 상의 적응. 생활은 뭐, 그거는 뒷전에 놓더라도… 이제 언어, 그 다음에 시험. 계속 시험을 봐야 되고 학점을 따야 되잖아요. 조선어 하고 그거는 관계가 없기 때문에, 한어로 봐야 되니까 첫 반년은 힘들어서 헤맸대요. 그래서 둘째 낳는데 둘째는 뭐 지금 한족학교 보내야 되겠다. 그러니까 둘째 애 낳은 사람들이 그걸 절실히 느낀 거지… 가장 큰 건 언어죠. 왜냐하면 그 언어를 통해서 사회생활을 해야 되니까(학부모 C).

또한 부모들은 조선족 자치주 지역에 거주하면서 자녀를 민족학교에 보내는 것이 자녀의 대학진학 뿐만 아니라 향후 사회적인 진출에도 별다른 이점을 제공하지 못할 것으로 인식하였다. 이처럼 자치주에 대한 인식이 부정적이기 때문에 자치주 내의 조선족학교를 유지해 간다는 것이 간단치 않을 것으로 보인다. 이는 조선족학교가 시설이나 프로그램의 개선을 통해서도 부모들의 선호가 높아지기 힘들다는 점을 통해서도 확인할 수 있다.

> 연구원 을 : 그럼 일종의 영재교육 프로그램처럼, 양질의 프로그램에 좋은 시설을 갖춘다면 학생수 감소를 줄일 수 있을까요?
> 학부모 E : 영재교육 하면 나는 안 떠나요.
> 학부모 C : 안 돼요. 그건 일종의 연변 영재교육이나 마찬가지예요. 근데 다른 데 중국에 연변 지역을 벗어난 다른 지역에 가서는 영재가 안 되니까 ….

즉 부모들은 조선족학교에 최적의 교육 환경을 마련한다 하더라도 조선족학교가 위치한 자치주가 더 이상 매력적인 공간이 되지 못하기 때문에 한족학교에 대한 선호는 감소하지 않을 것으로 전망하였다. 이처럼 이들에게 한족학교 선호는 절대적인 것으로 여겨졌다. 이들은 한어 구사나 한족학교를 다니면서 맺는 인적 네트워크가 중국에서의 성공에 절대적인 것으로 믿고 있었다. 상황이 이렇다면, 조선족학교가 교육 프로그램을 다양화하고 우수한 교원을 확보한다 하더라도 부모들로부터의 호응을 기대하기는 힘들 것으로 보인다. 아울러 부모들은 산재지역의 한족학교에 자녀를 보내는 조선족들을 위한 민족교육의 일환으로 방과후 특별활동이나 한글학교를 운영하는 것에 대해서도 부정적인 반응을 보였다. 이들 부모들은 산재지역의 조선족 뿐만 아니라 자치주에 남아있는 조선족들에게 민족교육에 대한 관심을 갖도록 하기 위해서는 조선족학교에 대한 지원에만 머물러서는 안 된다고 역설했다.

> 어차피 (자치주에) 학교를 더 세우고 하는 거는 좀 어려울 것 같아요.
> 자꾸 없어지는 데, 그리고 연변에도 (사람들이 외지로) 자꾸 나가요…
> (학부모 C).

> 저는 조선족학교에 안 다니고 조선말로 배우지 않더라도 그것(조선어
> 를 배우는 것)으로부터 자기가 얻는 것이 많다고 생각이 된다면 그러면
> 뭐 다른 거는 강요할 필요 없다고 생각해요. 지금 영어배우는 것도 자기
> 혜택이 있기 때문에 그 죽기 살기로 하는 거잖아요. 그와 같이 한국어를
> 배움으로써 한국 문화를 자기가 받아들임으로써, 뭔가 자기에게 혜택이
> 있을 때는 꼭 배우겠죠. 중국에서도 한국어를 한족들이 많이 배우는 것
> 이, 그분들이 뭐 한민족의 우월성을 알아서 그러는 거 아니잖아요. 그 살
> 아가는 데 자기한테 이득이 되니까 그렇기 때문에 배우는 거잖아요. 하
> 다못해 "사랑해요." 그 말 한 마디를 하면 가수들 오면 자기가 하기 위해
> 배우잖아요. 누가 억지로 배우라고 하면 배우질 않고, 그러니까 그런 쪽
> 으로 생각해 주시면 (한국어를) 버리지 않고 그럴 것 같습니다. 저희들
> 자신을 보면 저의 자식은 지금은 조선족학교에 보내고 있지만 향후에는
> 어떻게 될지는 모르겠고 한국말은 안 버리게 할 거 같아요. 얼마나 좋은
> 데요. 우리 민족의 우월성을 떠나서 사는 데는 좋잖아요, 한 가지 언어를
> 더 한다면(학부모 E).

부모들은 자치주의 해체는 불가피하다고 인식하며, 한국어나 한민족
의 문화를 조선족학교를 통해 전달하는 것은 이제 한계점에 도달한 것
으로 인식하였다. 이들은 민족교육의 활성화를 조선족학교에 대한 지원
에 국한하기 보다는 오히려 한국어 학습이 노동시장에서의 혜택으로
연계될 수 있는 방안을 마련하는 것이 우선이라고 지적했다.

현재 재중한인 사회는 무수한 변화를 겪고 있고, 민족교육은 그 변화
의 중심에 놓여 있다고 할 수 있다. 무엇보다도 재중한인 민족교육의
핵심은 자녀 교육이나 부모들의 사회경제적 지위 향상을 위해서 조선

족 자치주를 떠나는 사람들과 자치주에 남아있는 조선족들을 위한 교육을 동시에 고려해야 한다는 점에 있다. 즉 자치주를 떠난 조선족 가운데, 특정 연령까지는 자녀에게 민족교육을 시키고자 하는 부모들이 존재할 수 있으며, 자치주에 남아있는 조선족 부모라 하더라도 자녀 교육에 대한 다양한 요구 수준을 가지고 있을 수 있으므로, 이들의 교육 수요를 만족시킬 수 있는 방안을 모색해야 한다는 것이다. 따라서 상술한 조선족 사회의 상황을 반영한 민족교육 모형을 마련하는 것이 중요하다. 이와 관련하여 대학교수인 제보자 B는 조선족 민족교육이 새로운 교육방법을 모색하고, 민족교육에 대한 인식을 갖춘 교원을 양성하는 것이 급선무임을 강조하였다.

지금 인구가 기왕 감소될 때 그럼 민족교육을 어떤 방식으로 운영해 갈 것이냐. 그렇다면 이런 현실을 인정하고 들어가야 합니다. 민족교육에 대한 연구도 기존에 하던 식으로 '아이고, 농촌학교에 학교 없으니까 학교 새로 지어야 한다'고 한다면 없는 곳에다 학교 아무리 멋지게 세워도 소용없습니다. 그러면 5년 후에 보자. 학생수를 얼마나 모집할 수 있냐. 그렇다면 그런 걸 고려해서 다양한 학교운영방식을 연구 못하겠냐. 예를 들어 농촌에 향진에 도시에 학생이 얼마나 집중하는지를 살펴서 교육한다든지. 혹은 제가 심지어 연변 언론에 그런 얘기도 했어요. 시골에도 PC방 꾸리자(원격교육). 학교를 꾸리지 말고, 애들도 100명도 안 되는데. 그 애들을 학년으로 나눠 봐요. 몇 명 되겠어요? 그리고 그런 시골에 훌륭한 교원들이 갈 수 있느냐. 안 가요. 생활 문제 때문에. 그럼 PC 방을 꾸리자. 낮에는 인터넷을 통한 교육을 하자. 그래서 다양한 교육방법을 모색해 보자.

또 민족교육의 생존을 위해서는 중요한 문제 중에 하나가 민족교육에 종사하는 교원들이 민족교육에 대해서 어느 정도 인식하고 있느냐. 일반 학교교육과 민족교육에 대해서 그 차이점을 어느 정도 생각하고 있는지. 내가 중국 학교에 취직하든, 조선족 학교에 취직하든 그냥 내가 하나의 직업으로 생각하고 교육 강단에 나서면 과연 우리 민족교육이 제대로 실시되겠느냐. 애들을 어떤 정서로 이끌어 주느냐가 굉장히 중요합니다 … 민족음악을 하면 (교사들이) 실기하면 잘 합니다. 노래도 하고 춤도 가르쳐주고. 그런데 민족음악이나 예술에 대해 이론을 가르쳐 줄 수 있느냐. 지금 사물놀이가 유행합니다. 그럼 사물놀이가 우리 민족의 어떤 정서를 담고 있느냐. 다 난감해 합니다. 우리가 실기를 가르치는 것도 중요하지만, 이런 사물놀이에 담긴 우리 정서, 이걸 알아야 합니다. 그러면 내가 두드릴 때 다릅니다. 두드리는 가운데 거기에 빠져들면서, 승화되는 단계를 … 이런 걸 우리가 실시해야 할 응당 분야가 아닌가. 민족교육의 생존 문제는 하드도 좋고 소프트웨어 개발도 좋지만, 이만한 일선에 있는 진정한 민족교육에 대한 올바른 인식을 가진 교원을 양성해야 합니다(대학 교수 B).

제보자 B는 현재 인구이동과 인구감소가 나타나고 있는 조선족 자치주의 상황을 고려할 때, 새로운 학교를 설립하는 것보다는 원격교육을 통해 새로운 교육방법을 모색하는 것이 필요하다고 역설했다. 원격교육은 산재지역의 조선족 부모들이 자녀들에게 적어도 일정 수준까지는 민족언어와 민족문화를 습득시키기를 기대하고 있다는 점에서 적절한 방법이 될 수 있다는 것이다.

아울러 제보자 B는 이중언어교육에 대해 반대하지는 않았지만, 현 상황에서 이중언어교육에 대해 회의적인 반응을 보였다. 왜냐하면 중국어를 학습할 수 있는 여건이나 환경이 비교적 잘 마련되어 있기 때문이다. 또한 중국어로 학생들을 가르칠 수 있는 교원양성이 제대로 이루어지지 않은 상황에서 이중언어교육의 효과를 낙관할 수 없다는 것이다. 오히려 그는 세계화 시대에 적합한 인재를 육성한다고 할 때 중국어, 영어, 한국어를 구사할 수 있는 조선족 학생들이 더 많은 장점을 가지고 있는 것으로 평가했다.

이중언어는 이왕 중국에 살아야 되니까 중국말 잘 해야 된다. 이건 확실합니다. 그 나라 언어를 잘 아는 게 필요합니다. 그런데 여기서 다른 한 가지는 뭐냐면, 우리가 왜 이중언어교육을 해야 하느냐. 여기에 잘못된 정보가 있었습니다. 대학생 설문조사에서 대학생들이 공부 안 하고 아르바이트 하고 돈벌이 다니다가, 설문 조사나간 사람들이 의도적으로 물어본 겁니다. "니가 언어 장애를 가져서 그런 거 아니냐?" "아! 맞다" 이런 정보를 가지고 옵니다. 자치주에서는 이런 걸 바탕으로 이중언어교육을 해야 한다고 주장합니다. 그런데 이중언어교육을 하지 않아도 애들이 중국말을 잘 합니다. 환경이 되어 있습니다. 만화 영화를 보고 어른들도 중국말을 하고. 우리 애들한테도 물어봐도, 조선족학교에서 이중언어교육을 통해서 배운 언어하고, 내가 만화나 인터넷에서 배우는 중국어 비중을 따지면 오히려 후자가 많습니다. 애들이 그런 말을 합니다. 그러면 조선족학교에서 이중언어교육을 할 준비가 됐냐. 제 딸 애도 중학교 이중언어교육 시험반에 넣었습니다. 그런데 조선말로 하던 선생이 중국말로 수학, 물리 교육을 합니다. 그런데 이 선생이 얼마나 중국어를 잘 하느냐. 그러니까 실시하려면 그만한 과도기를 주고, 교원부터 중국어를 자유롭게 구사할 수 있고 강의할 수 있도록 해 줘야 합니다. 발음이 틀리는데 …(제대로 교육이 되겠습니까?) 그런 강의를 들었다고 해서 중국어를 잘 아느냐. 그게 아닙니다. 또 학부모들이 중국어를 왜 선호하느냐. 80년 초기 아주머니들이 김치장사, 짠지장사, 복장장사 많이 다녔어요. 천도 구입해서 팔고 옷도 팔고. 이런 사람들이 언어 고생 무지 했어요. 그래서 자기 서러움을 자식한테 주지 말자. 자기가 체험한 걸 애들한테 강요하는 겁니다. 꼭 굳이 중국에서 살기 때문에 중국어를 해야 한다 그건 필요하지만, 제가 묻습니다. "너가 중국 사회에서 생존 못하는 게 언어 문제냐?" 아무리 중국어 잘 해도 그 사회에서 너를 용납해 주느냐. 그러니까 우리가 언어를 아무리 잘 한다 해도 주류사회 한족동네에서 너를 받아주느냐. 오히려 그게 더 문제지. 그렇지만 언어는 확실히 필요하죠. 그런데 중국어를 아는 것보다 그 사회에서 생존하자면 중국 문화를 알아야 합니다. 우리가 아무리 언어를 잘 해도 그 동네에서 인정받지 못하는 게 일상생활에서 자꾸 부딪칩니다. 문화를 모르니까 그게 더 중요하다. 그래서 중국에서 생존하려면 중국 문화를 알아야 하고, 그걸 강의하는 게 더 좋지 않나. 언어를 배울 수 있는 환경이나 여건은 많습니다. 그래서 우리가 학교에서 언어를 가르치는 것보다는 중국 문화를 가르쳐 줘라. 중국어 시간에 중국어 문법이나 글자보다 문화를 가르쳐줘라. 다른 하나는 우리 생존 무대가 중국 뿐만 아니라, 지금 우리 세대들도 한국 자주 드나드는데, 우리 자식들은 어떻겠어요. 인식이 조금 바뀔 필요가 있지 않겠느냐. 또 학부모들이 제일 재밌는 게 내가 중국에 살면서 중국에 대해서 잘 몰라요. 조선족 애들이 취직이 잘 됩니다. 그건 내가 조선족이기 때문입니다. 예를 들어서 우리 회사에 번역이 필요하다. 같은 조건이라면 조선족이라야 받습니다. 애(조선족)는 뭐냐, 중국어를 잘 한다, 영어를 잘 한다, 또 조선어를 잘 한다. 그런데 한족 애들은 두 가지 밖에 안 돼요. (조선족)애 한 애면 충분합니다. 이런 우세를 조선족 부모들이 모릅니다. 그리고 조선족들이 홀시하는 부분이 있어요. 중국도 세계화를 한다, 그래서 우리도 세계화를 한다 그러면 우리가 세계화에 접근하는 루트가 중국 사람보다 하나 더 가지고 있어요. 우리는 한국어 사이트를 들어갑니다. 중국 애들이 모르는 정보를 우리는 압니다. 중국 애들이 아는 걸 우리도 알고. 이 길이 더 있는 데 이 길을 왜 막느냐. 이렇게 중국이라는 틀에 매이지 말자(대학교수 B).

제보자 B가 이중언어교육에 대해 우려하는 바를 인정할 수 있지만, 그가 지적한 바와 같이 세계화 시대에 적합한 인재를 육성하고자 한다면 조선족학교에서도 이중언어교육을 배제할 수는 없을 것으로 보인다. 또한 자녀들에게 중국어와 한국어 모두를 습득시키려는 조선족 부모들의 요구 수준을 고려할 때, 조선족학교에서 이중언어교육을 일정 부분 반영할 필요가 있을 것이다.

요약하면 재중한인 민족교육은 조선족 사회가 직면한 변화에 적극적으로 대응하는 동시에 변화를 주도해갈 수 있는 전략을 모색해야 한다.

이는 조선족 부모들의 요구 수준을 파악하고, 그것을 반영한 교육 프로그램이나 학교 운영 방안을 마련하는 것에서 시작되어야 한다. 아울러 세계화 시대에 조선족이 지니고 있는 장점을 특화할 수 있고, 경쟁력을 갖춘 인재를 육성할 수 있는 전략적인 프로그램을 제시하는 것이 중요하다. 이를 위해서는 무엇보다도 조선족학교의 교육 프로그램 및 학교 운영의 혁신이 절실히 필요하다고 하겠다. 이러한 내용을 반영하여 재중한인 민족교육 모형을 제시하면 〈그림 Ⅴ-1〉과 같다.

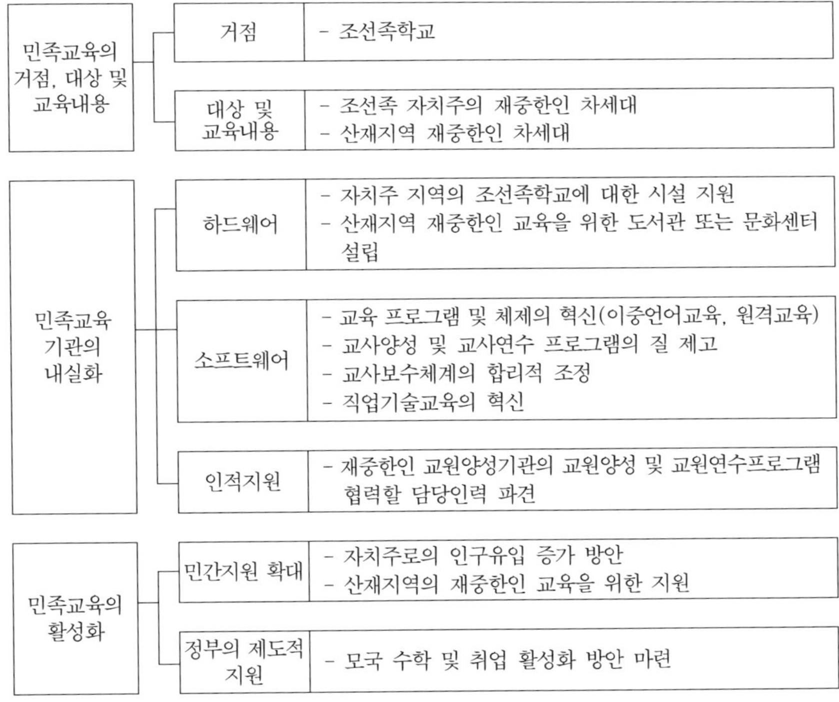

〈그림 Ⅴ-1〉 재중한인 민족교육 모형

(1) 민족교육의 거점, 대상 및 교육내용

□ 민족교육의 거점

지금까지 조선족 민족교육은 정규 조선족학교가 담당해 왔다. 이런 체제는 앞으로도 계속 유지되어야 할 것으로 보인다. 다만 산재지역의 조선족을 위한 별도의 민족교육 프로그램(온라인 혹은 오프라인 프로그램)을 마련하고 운영할 경우에는 조선족자치주교육위원회에서 이를 위한 별도의 기구를 마련할 필요가 있을 것이다.

□ 민족교육의 대상 및 교육내용

민족교육의 대상은 연변 자치주의 재중한인 차세대와 산재지역에 거주하는 재중한인 차세대 두 집단으로 나누어 볼 수 있다. 자치주의 재중한인들에게는 한어와 조선어를 동시에 능통하게 구사하도록 하는 이중언어교육의 내용을 강조할 필요가 있고, 산재지역의 재중한인들에게는 민족정체성을 상실하지 않도록 민족교육 프로그램에 신경을 써야 한다.

(2) 민족교육기관의 내실화

□ 하드웨어 측면

자치주 지역 내 조선족학교의 교육환경은 천차만별이다. 우수한 몇 개의 학교를 제외하고는 대체적인 시설은 열악하다고 볼 수 있다. 따라서 하드웨어 측면의 지원은 조선족학교에 대한 시설에 우선적으로 이루어져야 할 것이다. 교실 및 도서관 증축, 기자재 구입, 기숙사 건립 등의 지원을 통해 조선족학교에 양호한 교육환경을 마련하는 것은 조선족학교에 대한 선호를 높이는 데 기여할 수 있을 것이다. 한편 산재지역 재중한인들을 위한 도서관 또는 문화센터를 건립한다면, 이 시설을 통해 한국어 학습이나 한국문화에 대한 관심을 유지시켜 나갈 수 있을 것으로 보인다.

❑ 소프트웨어 측면

가. 교육 프로그램 및 체제의 혁신

조선족학교에 대한 수요를 높이기 위해서는 새로운 교육 프로그램을 도입하거나 운영의 묘를 살려야 할 것이다. 이를 위해서는 조선족 부모와 학생들의 요구 수준이 무엇인지에 대한 조사가 선행되어야 할 것이다. 부모들은 자녀가 중국 사회에서 성공하기를 기대하고 있고, 그를 위한 교육을 필수적으로 인식하고 있다. 따라서 조선족학교가 이러한 부모들의 요구 수준을 반영하여 중국 사회에서 성공적으로 정착하는 데 필요한 내용들을 반영한 교육과정을 마련할 필요가 있다. 이를테면 한어 구사를 능통하게 하고 중국 문화에 대한 이해를 높일 수 있는 프로그램 개발을 들 수 있다. 경쟁력 있는 인재를 양성하기 위해서는 경쟁력 있는 교육 프로그램을 도입해야 한다는 것을 잊어서는 안 될 것이다.

이와 관련하여 이중언어교육도 고려해 볼 수 있다. 이중언어교육은 중국 내 조선족의 분포에 따른 지역적 특수성이 고려되어야 한다. 예컨대 조선족의 숫자가 상대적으로 적은 지역에서는 조선족 학생들이 한족과 접촉할 수 있는 기회가 많고 한어에 대한 수용력도 상대적으로 높기 때문에 이중언어교육을 폭넓게 진행할 수 있을 것이다. 반면 조선족 비율이 높은 지역에서는 이중언어교육을 연령에 따라 점차적으로 실시할 필요가 있다. 허명철(2003)의 연구에 따르면 조선족 학생들은 소학교 5-6학년이 되면 한어구사 수준이 비약적으로 발전한다. 따라서 소학교 단계에서는 조선문자로 된 교과서와 언어를 수업에서 사용하면서 한어 과목을 설치하여 운영하는 협의의 이중언어교육을 실시하는 반면, 초중단계 이후부터는 조선어와 한어를 병행하는 실질적인 이중언어교육을 도입해 볼 수 있다. 이러한 이중언어교육이 제대로 시행되기 위해서는 이중언어와 다문화에 능통한 교사 양성이 필수적이며, 적합한 교재 개발 또한 뒤따라야 할 것이다.

또한 전술한 바와 같이 산재지역의 조선족의 교육과 자치주 내의 조선족학교 교육을 혁신하기 위한 방안으로 원격교육 프로그램을 활용해 볼 수 있다. 원격교육은 정규 교육과정에서 활용할 수 있는 동시에 학습자 스스로가 학습보조 자료로 활용할 수 있을 것이다.

나. 교사양성 및 교사연수 프로그램의 질 재고

현재 조선족 교사들의 전문성과 자질에 대한 문제가 제기되고 있고, 또한 낮은 사회 경제적 처우로 인해 교직을 꺼려하는 경향이 심화되고 있다. 따라서 교사들의 전문성을 제고할 수 있도록 교사양성 프로그램을 정비하고, 교사연수 프로그램을 다양화하여 질을 제고할 필요가 있다. 교육의 질은 교사의 질을 제외하고 논의될 수 없으며, 교사들의 교과에 대한 전문성은 조선족학교의 학생 감소 및 한족학교 선호 현상을 극복할 수 있는 한 가지 방안이기도 하다. 따라서 교사들이 자기개발을 도모하고 교과에 관한 정보 교류가 원활히 이루어질 수 있도록 인적, 물적 지원이 이루어져야 하리라고 본다. 뿐만 아니라 조선족학교 교원들에게 민족의식을 고취할 수 있도록 교원양성 프로그램을 정비하고 정기적인 교원연수를 실시해야 할 것이다. 이는 한국 정부의 인적, 물적 지원을 통해 원활하게 이루어질 수 있을 것이다.

다. 교사보수체계의 합리적 조정

앞서 민족교육의 장애요인에서 지적했던 바와 같이, 조선족학교의 교사들의 보수는 상당히 낮으며 임금체불현상도 때에 따라 나타난다. 이 때문에 교직을 꺼려하는 현상이 나타나고 있으며, 교직의 불안정성의 증가는 정상적인 수업이 이루어지는데 걸림돌이 되고 있다. 많은 교사들은 교사들의 보수체계를 개선할 경우 우수한 교사를 유치할 수 있다고 반응하였다(박금해, 2003b). 따라서 교사들에게 합리적인 보수를 제공하지 않고 사명의식만을 강조하는 것은 현실적인 방안이 될 수 없다. 보수체계를 개선하기 위해서는 재원 확보가 우선적으로 이루어져야 하는데 한국 정부가 지원하는 것은 중국 정부와의 외교적 마찰이 불가피할 것으로 보인다. 그러므로 민간 차원을 통한 지원 방법을 모색할 필요가 있다.

라. 직업기술교육의 혁신

조선족 사회가 발전하기 위해서는 직업기술교육을 강화할 필요가 있다. 조선족 교육의 폐단은 학력은 높지만 실력이 뒷받침되지 않는다는 데 있다. 그 중 가장 큰 문제점은 산업인력이 부족하다는 점에서 찾을 수 있다. 일례로 중국 사회의 10대 계층 가운데 조선족은 도시 무직업자, 실업과 반실업자, 그리고 농업노동자계층에 집중되어 있다(박금해, 2004).

따라서 빠르게 진행되는 도시화에 따라 조선족의 자질 향상을 꾀하는 것이 중요하다. 이를 위해서는 학교교육에만 의존할 것이 아니라 다양한 직업훈련 프로그램을 도입할 필요가 있다. 지금까지 조선족 사회에서 직업기술교육은 짧은 시간동안 일정한 규모를 갖추고 발전해 왔다. 1998년 조선족지구 직업기술학교수는 60여개소, 학생수는 14,337명으로 고급중학교 단계 재학생 총수의 40%이상을 차지하였다. 그러나 이후 직업기술교육은 점차 하강추세를 보이고 있고 2001년 조선족지구의 직업기술학교는 12개소로 감소하였으며, 재학생수는 5,253명으로 고급중학교 재학생 총수의 16.83%를 차지하고 있다(김향화, 2003).

이들 학교에 대한 낮은 수요는 직업기술학교 교원의 전문성 미비, 교육과정과 교수방법에 있어서의 낮은 효율성, 또한 졸업생들의 저조한 취업률에서 비롯된다. 직업기술교육이 경제발전과 근로자들의 자질을 제고하는 수단이 될 수 있다는 점을 고려할 때, 조선족 사회에서 직업기술교육을 발전시킬 수 있는 방안을 모색하는 것은 중요한 과제라 할 수 있다. 이러한 방안은 실질적인 효과를 가져다 줄 것으로 예상된다.

일례로 조선족 농촌지역의 농민들 가운데 직업교육을 이수한 사람들의 수입이 그렇지 않은 사람들보다 현저히 높은 것으로 나타나, 직업기술의 실효성이 확인되고 있기 때문이다(김향화, 2003). 따라서 직업기술학교의 교육과정을 혁신하거나, 원격교육을 통해 직업기술을 실시하는 방법을 통해 근로자들의 질을 향상시키는 것이 필요하다.

□ 인적 지원

민족교육기관을 내실화하기 위한 인적 지원 방안은 민족교육 담당교사들을 위한 연수에 전문가 파견을 통해 가능할 수 있다. 현재 재외한인 지역이 공통적으로 직면하고 있는 문제는 교원의 전문성과 자질 문제이다. 이러한 문제를 해결하기 위해서는 양질의 교원양성 및 교원연수프로그램 도입이 필요하다. 새로운 교원양성 및 교원연수 프로그램이 원활하게 이루어지도록 한국 정부가 전문가를 파견할 수 있을 것이다.

(3) 민족교육의 활성화

□ 민간지원 확대

현재 조선족 집거구의 해체가 필연적인 추세라고 하지만 그럼에도 불구하고 민족문화의 형성과 보존에 집거구의 존재는 여전히 의미가 있다. 그런데 문제는 현재 조선족 자치주가 인구를 유인할 만한 기제를 가지고 있지 못하다는 점이다. 대부분 조선족 집거구의 해체를 경제적인 요인에 의해 비롯된 것으로 설명한다. 물론 동북 3성 지역이 중국의 여타 지역에 비해 경제적 발전이 더딘 것이 사실이지만, 단순히 경제적 요인만으로 집거구 해체를 설명할 수는 없다. 이와 관련하여 김강일 (2003)은 연변대학을 졸업하고 한국이나 일본에서 학위를 마친 사람들이 연변으로 돌아가지 않는 현상은 경제적 요인만으로 설명될 수 없다고 주장한다. 예컨대 조선족 사회 집거구의 흡인력 부족은 경제적인 여건 뿐만 아니라 사회문화적 환경, 자녀들의 교육환경, 그리고 제도적인 혜택 등에서 열악한 수준이라는 것이다. 즉 작금의 조선족 집거구 해체는 경제적, 사회적, 문화적, 정치적 요인이 한데 어우러져 발생한 것이다. 따라서 조선족 집거구의 경제적인 여건을 호전시킬 수 있는 방안을 마련하고, 동시에 인구 유입을 일으킬 만한 사회적, 제도적 여건을 조성하는 것이 급선무이다. 이는 단기적으로 해결될 수 있는 문제가 아니며, 향후 동북아 시대를 대비하여 조선족 사회가 경제적, 문화적 발전을 꾀할 때 조선족 집거구가 점차 회생할 수 있을 것이다.

한편 산재지역의 재중한인을 위한 민족교육을 활성화하기 위해서는 정규 학교에만 집착할 것이 아니라, 비정규 교육이나 원격교육을 통한 방안을 고려해 볼 수 있을 것이다. 또한 중국에 진출한 한국인 자녀들을 위한 교육도 간과할 수 없다. 이들을 위한 민족교육 시설과 민족교육 운영을 위한 기금을 중국에 진출한 한국 기업 등의 민간단체들이 지원할 수 있는 창구를 마련하는 것도 필요하다. 아울러 산재지역의 재중한인들이 자녀를 한족학교에 보내더라도 자녀에게 한국어를 가르칠 수 있는 유인을 제공하기 위해서는 한국어능력 급수 제도를 마련하여 일정 급수 이상인 동시에 성적이 우수한 학생에게 장학금을 지급하는 등의 민간지원 방안을 도입해 볼 수도 있다.

❑ 정부의 제도적 지원

한민족공동체 건설이 강조되고 있는 요즘 조선족 사회의 역할이 점차 커지고 있다. 조선족의 문화는 중국과 한국의 문화에 두루 능통한 변연문화의 속성을 지니고 있기 때문에, 한국과 중국간 교류에서 훌륭한 중개자 역할을 수행할 수 있을 것으로 예상된다. 따라서 이러한 역량을 개발할 수 있도록 한국 정부가 모국 수학 및 취업 기회를 제공하는 제도적 지원을 마련할 필요가 있다.

2) 민족교육 네트워크 구축

조선족학교 교육의 경쟁력을 제고하기 위해서는 조선족자치주 정부와 한국 정부간 네트워크를 형성하고 긴밀한 협력관계를 구축하는 것이 도움이 될 수 있을 것이다. 현재 여러 가지 경로를 통해 한국의 민간단체가 조선족 교육을 위한 지원을 하고 있다. 그런데 인적, 물적 자원이 원활하게 교류되기 위해서는 조선족 자치주 정부와 한국 정부간에 협력관계를 맺고 법적, 제도적 제약을 제거해 주려는 노력이 필요하다.

그런데 조선족 집거구의 민족교육을 위한 네트워크는 나름의 체계를 갖추고 있지만, 산재지역의 재중한인들을 위한 민족교육기관간 네트워크는 그 기반이 약한 상태이다. 따라서 우선 산재지역 가운데 거점도시를 지정하고, 재중한인들의 민족교육을 위한 현대적 의미의 집거구 구축을 위한 방안을 모색할 필요가 있다. 이와 관련하여 허명철(2000)은 현재 조선족 사회가 직면한 위기는 농촌집거구의 와해라고 할 수 있으며, 앞으로는 기존의 농촌집거구를 고수하기 보다는 도시의 새로운 집거지, 즉 정보화와 산업화를 기반으로 한 "코리아타운" 형성에 주목해야 한다고 주장한다. 즉 초기 집거구가 토지를 생산수단으로 한 농업경제에 의존한 형태였다면, 오늘날 사회는 산업화 단계를 넘어 정보화 사회로 나아가고 있기 때문에 새로운 집거지 형성을 도모해야 한다는 것이다. 이러한 방안은 제보자 학생 E와의 면담을 통해서도 재차 확인되었다.

저는 청도에 있었어요. 청도에 있을 때 저도 직장생활을 할 때 학교에 있었는데요. 학교에 있으면서 한국 유학생도 보고 한국 사람들이 중국에서 생활하는 걸 봤는데요. 가정과 갈라져 있으면서 자녀교육도 큰 문제인 것 같아요. 한국 사람들도 그 자녀들이 교육을 하는데 중국 학교에 직접 들어가서 따라가기 힘드니까 애들이 무척 힘들어해요. 그래서 자녀교육 때문에 어차피 갈라질 상황이고 해요. 그래도 청도에 있는 조선족의 경우는 학교를 무척 꾸리고 싶어 하는데 중국 정부가 싫어하는 거예요. 중국 조선족이 청도에서 운동회 해도 별로 반가워하지 않아요. 중국 정부에서 그걸 아주 경계하고 있는 거예요. 제가 통역도 많이 따라다녔는데 제 생각인데요. 원래 저는요. 한국에 와서 유학을 해서 다시 중국에 가서 제가 하고 싶은 일 중에 하나는 한국 사람들이 중국에 오래 있고요. 한국에 안 돌아올 사람들이 많아요. 그런 분들이 2세 3세 되면 그 분들도 조선족이에요. 저는 그렇게 생각해요. 같은 거예요. 그러니까 그분들 자녀교육이나 현재 조선족 자녀교육이나 똑같은 거예요. 그래서 중국에 있는 한국 사람들의 자녀와 조선족 자녀를 결합시켜서 조선족학교를 꾸리려면 조선족 힘으로는 모자라요. 너무 부딪치는 거예요. 혹시 한국 정부에서 교포를 위해서뿐만 아니라 중국에 있는 한국 분들의 자녀를 위해서 모아서 학교를 꾸리면서 이것도 유치원, 초등학교, 중학교, 고등학교 동북의 체계를요, 중국 조선족들이 많이 거주하고 있는 청도 지역이나 혹은 기타 다른 지역에 동북의 원래 있던 체계가 흩어지고 있는데 그 체계를 다시 다른 발전한 도시에서 쟁취할 수 없는가, 얻을 수 없는가 하는 생각을 해요… 현실적으로 한다면, 청도나 연해 도시에 좋은 대학이 있잖아요? 예를 들어서 청도 해양대학은 조선족 교수분들이 있어요. 그러니까 한국학과 교수는 거의 연변대학에서 오시거든요. 그러면 연변대학보다 연해 도시 좋은 대학에서 그 분들의 힘을 빌어서 혹은 그 분들하고 하면 좋지 않겠나. 왜냐하면 조선족이 중국에서 자체 혼자 하는 건 힘에 부치고, 힘들고 하는 게 사실이에요. 근데 한국 정부에서 나선다면 진짜 힘이 되는 일이라고 생각해요(학생 E).

학생 E가 지적한 바와 같이, 산재지역 가운데 몇 개의 거점도시를 선정하고 이 지역에 현대적 의미의 집거지를 형성하는 방안을 모색할 수 있다. 이를 위해서는 조선족 사회 내부의 협력과 한국 정부의 지원이 요구된다. 그렇지만 앞서 언급했지만, 산재지구에서 학교를 설립하거나 자치주와 같은 형태의 공동 거주지역을 마련하는 것은 쉽지 않은 일이며, 여기에 한국 정부가 직접적인 개입을 하는 데에도 한계가 있을 것이다. 따라서 이 부분은 재중한인들이 주도적으로 추진하되 민간 차원의 지원이 이루어질 수 있도록 정부가 매개자 역할을 하는 것이 적절할 것으로 보인다.

한편 산재지역의 한족학교에 재학 중인 조선족 학생들을 위해 방과후 학급을 개설하는 방안도 적극적으로 추진할 필요가 있다. 자치주 이외의 지역에서 지방 학과목을 개설하는 것은 법으로 금지되어 있지만, 소수민족의 언어와 문화를 유지하기 위한 활동으로 특별활동 형식의 교육은 소수민족 자치법을 통해서도 보장될 수 있다. 따라서 한족학교와 협의하여 방과후 학급을 개설하여 조선족 학생들이 민족언어와 민족문화를 학습할 수 있는 방안을 고려해 볼 수 있다. 이를 위해서는 한족학교와 자치주 교육위원회가 협의를 하고, 연변 사범대에서 특별활동을 담당할 교사를 파견하는 방안을 마련할 수 있을 것이다. 재중한인 민족교육 네트워크에 관한 이상의 내용을 그림으로 나타내면 〈그림 V-2〉와 같다.

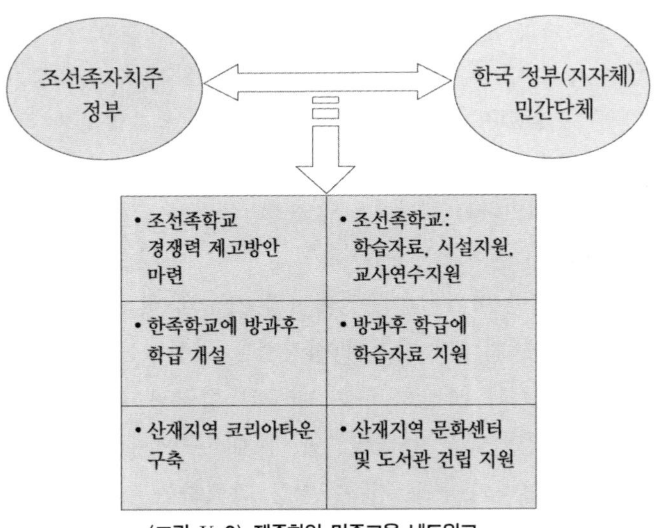

〈그림 V-2〉 재중한인 민족교육 네트워크

VI
재중앙아시아한인 민족교육의 모형과 네트워크

1. 재중앙아시아한인 사회의 특성

제정 러시아로의 한인 이주는 1860년대에 이루어졌는데, 특히 1869~1870년에 발생한 이북 지역에서의 대기근은 러시아로의 대규모 이민을 촉진하였다. 1910년 일본이 한국을 강제 합병하고 1919년 삼일 운동이 실패로 끝남에 따라 연해주로의 한인 이주는 정치적인 동기에 의해 빠른 속도로 진행되었다. 정치적 망명과 독립운동의 성격을 띠고 이주한 한인들은 연해주 지역을 독립운동을 수행할 수 있는 기지로 활용하고자 하였다. 그러나 이러한 민족주의적인 움직임은 대러시아주의를 표방하는 러시아에 의해 좌절되었다(권희영, 1996).

1937년 스탈린은 일본과의 전쟁을 앞두고 한인들이 일본의 첩자 역할을 할 것이라는 군사적 우려와, 중앙아시아의 낙후한 지역을 한인들로 하여금 개간시키려는 경제적 목적 하에 한인들을 우즈베키스탄과 카자흐스탄으로 강제 이주시켰다. 1989년 고르바초프가 스탈린 시대에 이루어졌던 소수민족의 강제이주는 불법적이고 범죄적인 행위였으며 희생자들의 명예와 권리가 회복될 것이라는 성명을 발표하기까지, 소수민족들은 민족어를 가르칠 수도 배울 수도 없는 상황에 놓여 있었다.

이와 관련하여 윤인진(1998)의 연구에 따르면, 중앙아시아 한인들은 높은 수준의 언어동화에도 불구하고 여전히 한민족으로서의 민족 정체성을 강하게 유지하고 있는 것으로 밝혀졌다. 특히 중앙아시아 한인들은 심리적인 면에서는 자신의 민족정체성을 강하게 느끼지만, 한민족의 전통, 문화, 규범 등을 보존, 계승하는 것과 같은 실제 행동에서는 소극적인 것으로 나타났다. 이는 1995년 대한민국 공보처가 독립국가연합, 미국, 일본, 한국의 4개국에서 행한 한민족공동체 의식 조사결과에서도 확인할 수 있다. 중앙아시아 한인들은 평소 자신을 한민족으로 생각하는 심리적 동일성을 강하게 표출하였고(83.0%), 자신을 한민족으로 느끼는 자긍심을 나타내는 독자성에 대해서도 높은 응답을 한 반면(78.9%), 한민족의 문화를 보존하고 계승하려는 노력을 나타내는 지속성의 측면에서는 낮은 응답(57.4%)을 보였다(권희영, 1996).

1991년 구소련의 해체 이후 중앙아시아 국가들의 독립과 이들 국가들이 처한 정치경제적 상황 및 사회문화적 변화는 중앙아시아에 거주하고 있는 한인 사회에 크고 작은 영향을 미치고 있다(윤인진, 1998; 장원창, 2000; 윤인진 외, 2001). 예컨대 1991년 중앙아시아 모든 국가들이 시장화 및 대외개방을 선언하면서 발생하게 된 경제적 위기를 들 수 있다. 이 때문에 농업을 비롯한 전문직, 사무직에 종사함으로써 중산층 이상의 생활을 누리고 있던 고려인들은 경제적 타격을 입고 있다. 아울러 중앙아시아 지역의 국가들이 독립 이후, 자국 언어를 강조함에 따라 러시아어를 주로 사용하는 고려인들의 경우 직장생활을 원활히 할 수 없는 경우가 많고, 설령 거주국가의 언어를 구사한다 하더라도 동등한 경쟁은 불가능하다(성동기, 1999).

게다가 고려인들은 뚜렷한 국가 귀속 정체성을 형성하고 있지 않다. 과거 소련 연방 체제 하에서 우즈벡인, 카자흐인 등과 고려인들 사이에는 문화적인 상호작용이 미미하였다. 주로 고려인들은 연해주에서부터 높은 교육열과 사회적 성취에 대한 열망 및 근면성이 두드러졌던 집단이었기 때문에 중앙아시아의 유목적인 문화를 열등한 것으로 간주하였다. 그러나 우즈베키스탄과 카자흐스탄이 새로운 정치 공동체로 등장하였고, 사회생활을 함에 있어 현지어 구사가 점차 필수적인 요건이 되었다. 그런데 현지어를 구사할 수 있는 고려인들의 비율은 높지 않으며, 현지인에 대한 경멸적인 태도도 여전하다. 이는 최근 토착민족주의에 대한 불만과 위기의식으로 인해 더욱 심화되고 있는 실정이다. 즉 소련이 사라진 자리에 우즈베키스탄이나 카자흐스탄이 들어섰지만 고려인들의 의식 속에는 뚜렷한 국가 귀속 정체성이 형성되어 있지 않은 것이다(박명규, 1996). 이러한 경향은 우즈벡어나 카자흐어를 구사할 수 없으면 교사, 공무원, 전문직 등에서 일할 수 없는 상황임에도 불구하고 대부분의 고려인들이 현지어를 배우려 하기보다는 러시아어를 계속적으로 사용해도 별 불편함이 없다고 반응하는 데에서도 확인할 수 있다.

최근에는 고려인 사회에 기독교 중심의 많은 선교 단체가 진출해 있다. 현지에 진출한 교회는 한국어와 한국 문화를 소개하고 한인들 간의 유대와 상호 교류의 장으로서 중요한 역할을 수행하고 있다. 그러나 기독교의 전파로 인해 고려인들의 이슬람 문화에 대한 경멸과 적대감이 증대되어 종교적 분쟁에 대한 우려도 제기되고 있다.

2. 재중앙아시아한인 사회의 민족교육 현황

중앙아시아 지역의 고려인을 위한 민족교육기관은 크게 한국교육원과 한글학교로 나눌 수 있다. 우선 한국교육원은 교육인적자원부가 현지에 설치한 민족교육기관이다. 한국교육원에서는 정부의 지원을 받아 무료로 한국어와 한국문화를 가르치고 있으며 학생들의 호응도는 매우 높은 편이다. 우즈베키스탄의 타슈켄트나 카자흐스탄의 알마티에는 민족교육관이 별도로 신축되어 있어 시설 면에서도 매우 높은 수준을 보인다. 또한 한국교육원은 현재 사실상 한국어 교사 연수의 핵심기관으로도 기능하고 있다. 그리고 이 지역에는 한국학교가 전무한데다가 시설을 갖춘 한글학교도 부족한 실정이어서 타 지역과 달리 한국교육원이 고려인 민족교육에서 차지하는 비중이 매우 크다(김경근, 2004).

우즈베키스탄 타슈켄트 한국교육원은 재우즈베키스탄 동포들에게 한국어, 한국 역사 및 한국 문화 등의 민족교육을 실시하고 있다. 그러나 고려인들의 한국어 구사능력은 거의 절망에 가까운 것으로 이주 1세를 제외한 2세부터는 러시아어를 모국어로 사용하고 있으며, 2~3세의 경우 7~8%, 4세의 경우는 9~10% 정도가 한국어 구사가 가능하다(장원창, 2006). 이러한 추세를 따르면 다음 세대의 젊은이들이 한국어와 한국문화에 대한 계승의지가 약화될 가능성이 매우 크다.

다행히 1992년 이후 한국 정부의 지원으로 설립된 한국교육원을 통해 모국어를 익힌 동포 3~4세들은 순수 한국어 교육을 받아 발음 등 한국어구사능력이 부모 세대보다 뛰어나다. 많은 동포 3~4세들이 한국어를 배워 한국으로 취업하기 위해 떠났고, 현지에 진출한 한국 기업체에 통역원, 기술자 등으로 취업하고 있다. 이 때문에 한국어를 잘 하면 곧 취업과 연결된다는 생각에서 한국어 학습 열기가 나날이 높아져 가고 있다.

한국교육원에서는 매년 1회의 정기적인 교사연수를 통하여 재교육을 하고 있을 뿐만 아니라 1995년부터 매년 단기간의 교사 양성반 자격연수를 통하여 한국어교사를 배출하고 있다. 또한 우즈베키스탄 타슈켄트 한국교육원은 한국어 강좌, 컴퓨터 강좌, 우즈벡어 강좌를 개설하고 있으며, 현직 한국어 교사연수반, 우즈벡어반, 한국어 교사양성반을 운영하고 있다. 우즈벡어 강좌는 우즈벡어가 공식어로 통용되고 있음에도 고려인 청장년층의 경우 우즈벡어 구사 비율이 5% 미만으로 나타나, 고려인들의 취업과 주류사회 진입에 중대한 장애요소가 되고 있다. 이러한 문제를 해결하기 위해 한국교육원에서는 2004년부터 우즈벡어 강좌를 개설하고 있다. 2005년 타슈켄트 한국교육원에 등록한 전체 수강생의 현황은 〈표 Ⅵ-1〉과 같다.

〈표 Ⅵ-1〉 타슈켄트 한국교육원 강좌별 수강생 현황(2005)

| 반별
인원 | | 한국어 강습반 | | | | | | 컴퓨
터반 | 한국어
교사
연수반 | 우즈벡
어반 | 교사
양성반 | 계 |
		입문	초급	중급	상급	고급	계					
인원 (명)	1학기	794	250	180	17	15	1,256	136	50	55	-	1,497
	2학기	570	266	120	35	25	1,016	160	50	30	12	1,268

자료: 타슈켄트 한국교육원 미공개 보고서, 2005.

그런데 조사에서 발견된 특이한 점은 최근에 고려인 수강생의 숫자
가 계속 줄어들고 있는 반면, 우즈벡 민족의 비율이 증가하고 있다는
사실이다. 이러한 사실은 〈표 Ⅵ-2〉의 타슈켄트 한국교육원의 한국어
강좌반에 등록한 민족별 수강생의 연도별 추이를 통해 확인할 수 있다.

〈표 Ⅵ-2〉 타슈켄트 한국교육원 한국어 수강생 연도별 추이(1, 2학기 합계)

민족 \ 연도	1999	2000	2001	2003	2004	2005
고려인	1,215	940	992	1,278	1,258	922
우즈벡인	235	104	203	262	949	1,091
러시아인	162	84	98	123	613	105
기타민족	7	32	71	87	179	154
전체	1,619	1,619	1,364	1,750	2,780	2,272

자료: 타슈켄트 한국교육원 미공개 보고서, 2005.

이는 고려인의 인구감소와도 관계가 있으나, 보다 더 중요한 점은 한
국어에 대한 우즈벡 민족의 관심이 매우 높아졌다는 사실과 무관하지
않다. 이는 산업연수생 제도에 의해 매년 많은 수의 우즈벡인들이 한국
으로 진출할 수 있는 기회를 얻고 있기 때문으로 보인다. 뿐만 아니라
대우자동차를 비롯한 현지 한국 기업들이 상대적으로 높은 보수를 제
공하면서 통·번역 업무를 위한 사무원을 고용하는 사례가 많아짐에
따라 취업을 위해 한국어를 배우고자 하는 수가 많아지기도 하였다. 게

다가 최근에 불기 시작한 한류의 영향으로 우즈벡 청소년들도 한국어에 많은 관심을 갖게 되었다.

중앙아시아 국가들과 한국의 교류가 증가함에 따라 한국어에 대한 높은 수요를 충족시키기 위해 민간 차원의 한글학교들이 증가하고 있는 상황이다. 그렇지만 일반 한글학교에서 제공되는 교육의 질은 공식적인 교육기관에 비해 낮은 편이다. 학생수의 증가에 따른 교실 공간의 부족으로 효율적인 학습을 기대하기 어려운 상황이며, 운영비 부족으로 학습기자재 및 멀티미디어 학습 환경을 갖추기가 매우 어렵다.

그러나 한글학교는 가장 가까운 곳에서 한국어 교육을 접할 수 있는 기회를 제공하고 있으며 실제로 많은 학생들이 이곳을 통해 한국어를 배우고 있다는 점에서 한국어 교육, 더 나아가 민족교육에 있어서 중요한 비중을 차지하는 것으로 평가할 수 있다. 실질적으로 중앙아시아 한인들은 한글학교를 통해 한국어를 처음 접하는 경우가 많다. 그리고 한국어를 배우는 학습자 중 대부분이 바로 한글학교 학생들이고, 연령층도 초·중·고교 학생들 위주이기 때문에 사실상 한글학교가 한국어 교육의 토대를 형성한다고 할 수 있을 것이다. 특히 한글학교는 고려인은 물론 현지인들의 접근이 용이할 뿐 아니라, 거주국의 정치적 문제에도 영향을 받지 않는다는 장점이 있다. 따라서 앞으로 한글학교에 대해서는 고려인 뿐 아니라 현지인에 의해서도 보다 많은 수요가 발생할 것으로 예상된다(김경근, 2004).

이러한 한글학교는 우즈베키스탄의 타슈켄트, 카자흐스탄의 알마티, 키르키즈스탄의 비쉬켁 등 고려인이 많이 거주하는 지역에 집중되어 있다. 이들 중앙아시아 3국에는 2006년 현재 총 348개교의 한글학교가 설립·운영되고 있다. 교사 수는 총 504명이며, 학생 수는 성인 학생을 포함하여 총 19,176명에 달하고 있다. 중앙아시아 한글학교의 총현황과 학생수 현황은 〈표 Ⅵ-3〉과 〈표 Ⅵ-4〉에 제시되어 있다.

〈표 Ⅵ-3〉 재중앙아시아 한글학교 총현황(2006)

(단위: 명)

구분 소속	학교수	교원수	학생수		
			합계	일시	영주
우즈베키스탄 대사관	122	186	11,580	-	11,580
카자흐스탄 대사관	162	234	5,685	75	5,610
키르키즈스탄 대사관	64	84	1,911	-	1,911
전체	348	504	19,176	75	19,101

자료 : 재외동포재단(2006). 『재외동포 교육기관현황』, p. 33.

〈표 Ⅵ-4〉 재중앙아시아 한글학교 학생수 현황(2006)

(단위: 명)

구분 소속	학생수									
	유치원생		초등학생		중학생		고등학생		성인	
	일시	영주	일시	영주	일시	영주	일시	영주	일시	영주
우즈베키스탄 대사관	-	-	-	3,112	-	5,145	-	1,600	-	1,723
카자흐스탄 대사관	20	205	41	1,410	11	943	3	734	-	2,318
키르키즈스탄 대사관	-	46	-	408	-	269	-	386	-	802
전체	20	251	41	4,930	11	6,357	3	2,720	-	4,843

자료 : 재외동포재단(2006). 『재외동포 교육기관현황』, p. 33.

한편 중앙아시아 지역의 대학 내 한국어과는 중요한 한국어 교육기관으로서의 역할을 수행하고 있다. 일례로 우즈베키스탄의 타슈켄트 니자미사범대는 1937년 한글교육이 중단된 지 20년 후인 1956년에 한국어문과를 개설하여 한국어 교육을 재개하였다. 그러다 1964년 다시 중단되었다가 1985년 고르바쵸프의 개혁·개방 정책에 따라 한국어 강좌가 부활되었고 1988년에는 정식 한국어과로 승격하여 매년 20여명의 한국어 교사를 배출하고 있다. 〈표 Ⅵ-5〉와 〈표 Ⅵ-6〉에는 우즈베키스탄과 카자흐스탄 대학에서의 한국어 교육현황을 보여주고 있다.

<표 Ⅵ-5> 우즈베키스탄 한국어학과 설치대학(2005)

	개설년도	교수요원		학생수	학년수	소재지
		현지인	한국인			
타슈켄트 사범대	1956.09.01	7	6	124	4	타슈켄트
타슈켄트 동방대	1993.09.01	7	6	204	4	타슈켄트
타슈켄트 세계언어대	2005.09.27	4	6	210	4	타슈켄트
사마르칸트 외국어대	2002.09.01	5	5	224	4	사마르칸트

자료 : 장원창(2006). 미발간 보고서

<표 Ⅵ-6> 카자흐스탄 한국어학과 설치대학(2003)

대학(설립년도) \ 학년	1	2	3	4	5	계
카자흐국립대(1989)	20	14	5	7	6	52
알마티국립대(1991)	10	16	27	12		65
알마티외국어대(1999)	10	6	6			22
경제경영대(2000)	10	20				30
끄즐오르다대(1991)	0	5	10	10		26
계	50	61	48	48	6	195

자료 : 장원창(2006). 미발간 보고서.

3. 주요 제보자 소개

본 연구에서는 중앙아시아 지역의 민족교육의 장애요인을 파악하고, 민족교육 모형 및 네트워크 구축 방안을 모색하기 위해 민족교육 종사자 및 중앙아시아한인들과의 심층면담을 실시하였다. 연구자들은 중앙아시아의 우즈베키스탄, 카자흐스탄, 키르키즈스탄 출신의 고려인들, 그리고 중앙아시아 지역 전문가 및 민족교육에 종사하고 있는 교사를 포함한 총 8명의 제보자와 심층면담을 수행하였다. 제보자들은 한국어 구사가 원활한 현지 고려인들과 현재 중앙아시아 지역에서 민족교육에 종사하거나 이전에 종사했던 전문가들, 현지 대학에서 한국어학과를 졸업하고 서울에 유학을 온 학생들이 주를 이룬다. 이들은 민족교육의 문제점이나 발전 방안에 대한 문제의식을 가지고 있었으며, 민족교육과 관련하여 유용한 정보를 제공해 주었다. 현지 고려인들 중 일부는 전자우편과 전화를 통해 면담을 대신하기도 하였다. 다음에서는 주요 제보자와의 심층면담을 통해 얻어진 질적 자료를 바탕으로 민족교육의 장애요인이 무엇인지를 살펴볼 것이다. 〈표 Ⅵ-7〉에는 본 연구의 심층면담에 참여한 주요 제보자의 인적 사항이 간략하게 제시되어 있다.

<표 Ⅵ-7> 중앙아시아한인 주요 제보자의 인적 사항

제보자	성별	인적사항
전 한국어문학과 교수 A	남	• 고려인 3세, 우즈베키스탄 타슈켄트 출신 • 우즈베키스탄 T 대학에서 3년간 한국어 지도 • 현재 한국에서 한국학 박사과정을 밟고 있음
한국어문학과 교수 B	남	• 고려인 2세 • 현재 우즈베키스탄 T 대학에서 한국어문학과 교수로 재직 중 • 고려인 문화협회 부회장으로 활동 중
학부모 C	남	• 고려인 2세, 우즈베키스탄 타슈켄트 거주
학생 D	여	• 고려인 3세, 우즈베키스탄 사마르칸트 출신 • 우즈베키스탄에서 대학 졸업, 현재 한국에서 박사과정 준비 중
학생 E	여	• 고려인 3세, 카자흐스탄 알마티 출신 • 키르기즈스탄 L 대학의 한국어학과 졸업 후, 장학생으로 선발되어 현재 한국에서 국문학 석사과정을 밟고 있음
전 한국교육원 교사 F	남	• 전 카자흐스탄 알마티 한국교육원과 키르기즈스탄 비쉬켁 한국교육원 파견교사, 현재 고등학교 교사
한국교육원 교사 G	남	• 카자흐스탄에서 3년간 한국교육원 파견교사로 재직하였음 • 현재 우즈베키스탄 한국교육원에 재직 중
중앙아시아지역 NGO 전문가 H	남	• 중앙아시아 지역에 분산되어 있는 고려인 관련 NGO 단체 사무국장으로 재직 중

4. 재중앙아시아한인의 민족교육에 대한 평가 및 민족교육의 장애 요인

1) 민족교육에 대한 평가

중앙아시아한인 민족교육에 대한 평가는 아래 〈표 Ⅵ-8〉과 같다. 우선 중앙아시아한인의 민족교육기관의 실태를 살펴보면 다음과 같다.

첫째, 중앙아시아에서의 대표적인 민족교육기관인 한글학교의 시설과 교육환경은 대단히 열악한 실정이다. 이는 설문조사 및 방문조사를 통해서 거듭 확인할 수 있었다. 독자적인 건물을 사용하고 있는 한글학교는 극히 드물었다. 중앙아시아 민족교육기관의 교육환경은 다른 어느 지역보다 심각한 것으로 나타났다.

둘째, 대부분의 한글학교에서는 교과서와 학습 자료가 부족한 것으로 나타났다. 가장 많이 활용되고 있는 교과서는 한국에서 공급한 교과서였으며, 학교 자체에서는 교과서를 제작할 여건을 갖추고 있지 못하였다.

셋째, 고려인 한글학교의 교사들의 전문성 역시 많은 문제가 있는 것으로 확인되었다. 고려인들은 구소련의 강력한 민족융화 정책으로 인해 모국어의 상실 정도가 심각하다. 따라서 한국어를 제대로 구사하는 고려인들을 확보하기도 어려운 실정이며, 뿐만 아니라 한국어를 학습한 후에도 한국어 교사를 희망하는 경우가 많지 않기 때문에, 단기간의 연수과정을 통해 한국어를 습득한 현지인들에 의해 한국어 교육이 이루어지고 있었다. 이 때문에 한국어 교육은 한국어 문법 위주의 학습이 주를 이루고 있으며, 전문적이고 효율적인 교육은 실시되기 어려운 여건이라 할 수 있다.

〈표 Ⅵ-8〉 재중앙아시아한인의 민족교육에 대한 평가

대상	지표	척도	수준	
민족교육 기관	시설	상		
		중		
		하	○	
	학습자료	상		
		중		
		하	○	
	교사	상		
		중		
		하	○	

대상	지표	척도	학부모	학생
민족교육 수요자	민족의식	상		○
		중	○	
		하		
	민족교육의 필요성	상	○	○
		중		
		하		
	민족교육에 대한 만족도	상		
		중	○	○
		하		
	민족교육에 대한 문제의식	상		
		중	○	
		하		○
	민족교육에 거는 기대	상	○	○
		중		
		하		
	중시하는 민족교육 내용	1순위	정기적인 교사연수	한국방문 프로그램
		2순위	이중언어와 다문화 이해 교사양성프로그램	한국의 대중문화 소개 프로그램
		3순위	한국방문 프로그램	한국과 거주국의 상호비교가 가능한 교재

다음으로 재중앙아시아한인의 민족교육관을 살펴보겠다.

첫째, 고려인들의 민족의식은 세대에 따라 차이가 있었다. 구소련 시기에 철저한 러시아화를 경험했던 2~3세 학부모들은 민족의식이 그다지 높지 않았다. 반면 중앙아시아 각국의 독립 이후 성장한 고려인 4~5세 학생들은 민족의식이 강한 것으로 나타났다.

둘째, 재중앙아시아한인 학생들은 실용적인 목적에서 민족교육의 필요성을 인식하고 있었다. 즉 그들은 '한국어로 의사소통을 할 수 있는 능력배양'과 '거주국 및 한국에서의 대학진학 및 취업에 유리하다는 점' 때문에 민족교육이 필요하다고 인식하였다. 학부모들 역시 민족교육이 필요한 이유로는 '한국어로 의사소통을 할 수 있는 능력배양'을 가장 중시하는 것으로 나타났다.

다음으로 중앙아시아한인들의 민족교육에 대한 만족도는 비교적 양호한 것으로 나타났다. 민족교육의 여건이 열악함에도 불구하고 이러한 반응이 나타난 것은 중앙아시아 한인들의 민족교육에 대한 높은 수요를 반영해주는 것으로 볼 수 있다.

셋째, 민족교육에 대한 문제의식은 학생에 비해 학부모가 더 강하게 느끼고 있었다. 그렇지만 학생과 학부모 모두 민족교육의 문제점으로 학습교재 및 교육 자료의 부족, 민족교육기관 수의 부족, 빈약한 재정 상태를 지적하였다. 이는 전반적으로 중앙아시아 지역의 한글학교가 학습자료의 부족이나 시설의 열악함으로 인한 어려움을 겪고 있어 한국 정부의 예산 지원이 필요함을 시사해준다.

넷째, 중앙아시아한인들은 민족교육에 대한 기대가 높았다. 학부모들은 민족교육이 한국과 거주국의 교량적 역할을 수행하고, 다문화에 대한 이해와 민족자긍심을 높일 것으로 기대했다. 학생들 역시 민족교육이 다문화에 대한 이해를 높이고 한인사회 내에서 원만한 인간관계를 형성하는 한편 민족자긍심을 함양시키는 데 기여할 것으로 인식하였다.

다섯째, 중앙아시아한인 학부모들은 민족교육 내용 가운데 정기적인 교사연수 프로그램, 이중 언어와 다문화를 이해하는 교사양성 프로그램, 한국방문 프로그램 순서로 중요하게 인식으로 있었다. 반면 학생들의 경우 한국방문 프로그램, 한국의 대중문화소개 프로그램, 한국과 거주국의 상호비교가 가능한 교재 개발의 내용을 중요하게 간주하고 있었다. 이는 학부모들에 비해 학생들이 한국방문이나 한국의 대중문화에 대한 관심을 많이 가지고 있기 때문으로 볼 수 있다. 또한 학부모와 학생 모두 한국 방문에 대한 기대감이 크다고 할 수 있다.

2) 민족교육의 장애요인

중앙아시아 지역에서의 한국어에 대한 관심과 수요는 날로 증가하고 있다. 이러한 이유로 한국교육원과 한글학교뿐만 아니라 대학의 한국어학과에 대한 수요도 증가하고 있다. 그럼에도 불구하고 중앙아시아 한인들의 민족교육에는 아직도 해결해야 할 과제가 많다. 구체적인 민족교육의 장애요인을 살펴보면 다음과 같다.

(1) 민족교육 토대 및 시스템의 부재

우선 재중앙아시아한인 민족교육의 가장 심각한 장애요인은 민족교육을 시행할 만한 토대가 취약하다는 점이다. 중앙아시아 지역에서는 사실상 민족교육으로 부를 만한 내용의 교육이 실시되고 있지 않다. 고려인들의 경우 이주의 역사가 길고, 오랜 시간동안 모국과 단절되어 왔으며, 구소련 시절 철저히 러시아화가 되었기 때문에 체계적인 민족교육을 실시한다는 것이 사실상 불가능했다.

중앙아시아 쪽은 전혀 민족교육, 민족문화교육이 이루어질 수 없는 것이 일단 사람들이 한국어가 안 되니까 한국어도 안 되는데 문화교육, 민족교육이 될 수가 없죠. 민족교육이 실제로 어려운 상황입니다. 이것은 또 왜 그러냐면 민족교육을 우리 한국교육원에서도 해야겠지만 제가 보기에는 더더욱 중요한 것은 민족교육은 자생적으로 이게 민족교육에 대한 생각이 좀 있어야 되요. 그러려면 그것은 바로 고려문화센터를 중심으로 하는 일반 고려 사람들의 얘기가 나와야 하는데 지금 고려문화센터가 물론 하고는 있습니다. 하긴 한다고는 하는데 고려문화센터도 어떻게 보면 구조적으로 문제를 갖고 있는 것이 (우즈베키스탄) 정부 산하에 소속되어 있는 것으로서 … (우즈베키스탄은 다민족 국가로) 중앙에 민족문화센터라는 것이 있고 그 산하에 각 민족들의 민족문화센터가 있는데 그 중에 하나가 고려문화센터입니다. 그러니까 사실 한국처럼 민주적인 방법으로 조직이 만들어지는 것은 아니고 정부 산하에서 했기 때문에 거기 관여했던 사람들이 아무래도 권력하고 가까운 사람들이 중심으로 해서 만들어진 것 같고 그러다 보니 상당히 관료적인 성격이 좀 있고 그래서 제대로 그것까지 내용을 채워 넣는 것까지는 못하고 있어요. 그러나 결국 우리 정부가 상대할 수 있는 파트너는 고려문화센터이기 때문에 그런 직간접적으로 많은 지원을 받고 거기서는 행사 중심, 그러니까 설날 행사를 한다거나 추석 행사를 한다거나 이런 게 많고 내용으로 치면 소홀한 … 그것은 그럴 수밖에 없는 것이 그들 자신이 우리 문화에 대한 의식이 없는 거예요. 자기의식이 없으니까 어떻게 해야 할지를 모르고 결국 한다는 것이 한국 춤이나 노래를 하고 있지만은 어느 정도 그래서 우리 교육원에서만 해서는 안 되는 것이고 그 쪽 밑에서의 열의가 있어야 접목이 될 텐데 그것이 약한 추세고. 또 하나는 공산주의 사고가 남아가지고 민족교육 이런 거에 대해서 일부러 의도적으로 피하려고 하는 경향이 있어요. 이를테면 민족혼을 심어준다는 것이 자기네들은 한민족이기는 하지만 자기는 우즈벡 국민이다. 그런 식의 사고 그러니까 그들이 어디서든지 얘기하는 것이 자랑스러운 우즈벡 국민이고 우즈벡은 자기 공동의 집이다 이렇게 하면서 상당히 그런 부분을 민감하게 받아들여요. 그런 거 보면 민족교육에 대한 사고 자체가 어려운 것 같아요. 아무튼 풀어야 할 과제예요(한국교육원 교사 G).

G가 지적한 바와 같이, 고려인들의 경우 모국어의 상실 정도가 가장 심각하며, 그 동안 러시아 문화에 동화된 탓에 민족교육에 대한 인식 자체가 어려운 상황이다. 또한 다민족 국가로 구성된 우즈베키스탄이 독립 이후 자민족 중심주의를 경계하고 있기 때문에, 고려인들 스스로 민족의식을 강화하는 민족교육을 주도해 갈 수 없는 상황이기도 하다. 아울러 고려인들의 자치 조직인 고려문화센터 역시 민족교육을 실행할 만한 역량을 갖추고 있지 못한 실정이다. 이 때문에 중앙아시아 지역에서의 민족교육의 여건은 가장 우려할 만한 수준이라 할 수 있다.

상술한 민족교육 토대의 미비는 한국어와 한국문화에 대해 정서적인 애착을 가진 고려인들에게 그러한 애착을 직접적인 행동으로 표출할 적절한 기회를 제공하지 못하는 원인으로 작용할 수 있다. 고려인 3세이자 한국에서 국문학을 전공하고 있는 학생 E는 이에 대한 문제를 다음과 같이 지적했다.

> 제가 주말에 홈스테이를 하는데 거기는 아주 작은 아이들이 있어요. 한국말로 얘기하고 하잖아요. 부모님들하고 통화할 때 애들하고 하는 얘기가 다 들리니까, 엄마가 '너 정말 행복하구나! 그렇게 말을 이해할 수 있으니까…' 하시면서 엄마는 되게 답답해하세요. '우리가 왜 우리 언어를 모를까?'라고 생각하시고요… 고려인들은 한국말도 하고 싶어 하고, 뿌리도 되찾고 뭔가 정체성을 가지고 살고 싶은 마음이 강해요. 많은 고려인들은 그런 걸 찾고 싶어 하지만 반면 여건이 안 되어 있어요(학생 E).

E의 부모는 고려인 2세로 카자흐스탄에서 성공적으로 정착하였지만, 러시아 문화에 완전히 동화되어 한국어를 거의 구사하지 못한다. E의 부모와 같이 정서적으로는 한국어와 한국문화에 대해 많은 애착을 가진 고려인들에게 민족문화와 민족교육에 대한 애착을 응집시키고 그것을 적절하게 발산시킬 수 있는 제도적 지원을 제공하는 것이 무엇보다

중요하다.

중앙아시아 지역에서 민족교육의 토대와 체계를 마련하기 위해서는 교육기관간 네트워크를 형성하는 것이 필요하다. 고려인 동포 사회에서는 동포 지도자와 일반 고려인들의 네트워크가 원활하지 않을 뿐만 아니라 현지에서 활동하고 있는 교육기관과 민간단체들 간에도 유기적인 협력이 쉽지 않다. 따라서 민간단체와 정부 기관간에 민족교육을 위한 상설 기구를 마련하는 것이 이러한 문제를 해결하는 데 실질적인 도움을 제공할 수 있을 것이다.

> 진짜 말하고 싶은 것은 대사관이나 교육원에서 상설 기구를 마련해서 마인드가 있는 공무원을 배치해서 민간단체와 협력할 수 있는 어떻게 보면 중간 역할을 해 주는 사람들이 없어요. 윗선은 공무원이고 아래는 민간단체들끼리 먹고 살기 바쁘고. 기구들이 별로 없으니까 따로 놀고. 그리고 대사관 같은 경우도 보면 그냥 3년 임기 채울 때 뭔가 해 놓고 가려고 하고, 아니면 복지부동한다든지. 그런 게 있기 때문에 중간 역할을 할 수 있는 기구를 정부 차원에서 안정적으로 하되, 민간하고 윗선을 연결할 수 있는 체계를 만들어 주는 것이 좋을 것 같습니다. 몇 단계의 시스템만 갖춰주면, 이건 시스템으로 움직이면 되잖아요. 그런 프로그램을 만들어야 합니다(중앙아시아지역 NGO 전문가 H).

민족교육의 차원에서는 한국교육원과 각 대학 한국어과, 그리고 한국어 교육을 위해 현지에 진출해 있는 민간단체, 또한 현지 고려인협회 및 고려문화센터들의 정기적인 모임을 마련하고 협력할 수 있는 시스템을 갖추는 것이 요구된다.

(2) 교사의 자질 문제

한국어 학습 수요를 감당할 수 있기 위해서는 무엇보다도 한국어 교사의 배출이 매우 중요하다고 할 수 있다. 현재 한국어 교사양성은 주로 대학의 한국어학과와 한국교육원에서 이루어지고 있다. 그런데 중앙아시아 지역에서 한국어학과를 졸업한 제보자들은 한국어 교사 양성 과정에 문제점이 있다고 지적한다. 대학에서 직접 한국어를 가르쳤던 경험이 있는 제보자 A는 우즈베키스탄의 경우 한국어 교육의 가장 심각한 문제점으로 교사들의 낮은 보수를 지적했다.

경제적인 수준이 낮다 보니까 교사들 월급이 제일 문제거든요. 제가 사범대학에 있었는데 한국어 교사를 배출하는 곳이거든요. 제가 볼 때는 10% 정도 나가서 (한국어를) 가르치더라구요. 실력있는 분들이 안 나가는 이유를 물어보니까 '보수가 적어서 못 간다'였습니다. 그 부분을 해결했으면 하는 개인적인 고민이 있는데, 그 부분에 있어서는 한국 정부도 쉽게 접근할 수 없는 부분인 것 같아요. 그렇다고 저희 우즈벡 정부가 적극 지원해 주겠다는 것도 아니고. 다른 문제도 많은데 결정적인 문제가 그걸 겁니다. 문제는 교수님들의 월급이 생활비도 안 되니까, 다른 일을 하게 되죠. 아르바이트를 하게 되는데 그렇게 되면 가르치는 건 그냥 자기 시간에 왔다가 시간만 채우고 가고, 나머지 시간들은 다른 부업을 하게 되고, 그러면 교육의 질도 떨어지고 의욕도 안 나고 문제가 많이 있습니다. 중요한 것은 우수한 인력을 확보를 못 합니다. 한국어를 잘 가르칠 수 있는 인력은 절대 가르치려고 하지 않거든요. 그만큼 대우를 받지 못하기 때문에 … 그렇기 때문에 저희(대학)는 중급 이하 인력을 뽑게 되고, 아시겠지만 요즘 한국어 교사 수준이 높지 않다는 말을 많이 합니다. 그런 것들이 이유가 다 있죠. 왜 그런지 … 그 만큼 대우를 받지 못하니까 … 예를 들어서 한국 회사 가서 어느 정도 받는데 교사를 하면 10배나 적게 받습니다. 하고 싶어도 못 해요(전 한국어문학과 교수 A).

A에 따르면, 한국어 교사의 자질 문제는 결국 교사들의 낮은 보수에 기인하는 것으로 볼 수 있다. 이런 이유 때문에 한국어학과를 졸업한

능력 있는 학생들은 한국어 교육기관에서 가르치기를 꺼려하게 된다. 따라서 현지 한국어 교사들은 정규 사범대학이나 한국어학과를 졸업한 경우는 거의 드물고, 대부분 한국교육원에서 3개월의 교사 양성반 과정을 통해서 한국어 교사 자격증을 획득한 사람들이거나 심지어는 고려 방언을 사용하는 수준의 고령자도 한국어를 가르치고 있는 실정이다. 아울러 최근 한국어학과를 졸업한 젊은이들이 학교보다는 더 좋은 조건의 직장을 찾는 것도 이러한 이유에서 비롯된 것이다.

한편 우즈베키스탄에 비해 경제적 상황이 양호한 카자흐스탄이나 키르키즈스탄에서는 교사나 교수들의 낮은 보수보다는 현지에서 한국어를 배워 가르치는 교사들의 교수법이나 강의 내용의 정확도가 떨어지는 문제 등 교사양성 과정의 질이 확보되고 있지 못한 것이 문제였다.

교사들, 현지에서 배워서 가르치는 선생님(키르키즈스탄 현지인)들이 있는데 좀 저도 한국에 와서 보니까 한국을 접해 보니까 넓혀야 하는 것이 많아요. 교수법이라든지, 체계적으로 배워서 체계적으로 전달하는 것들도 아직은 부족해요. 일단은 준비된 교사들을 양성해야 될 것 같아요. 저도 5년 동안 공부하면서 한국어만 배웠어요. 단순히 한국어만 습득하는… 그런데 그걸 전달하는데 교수법이 효과적이지 않아요. 저도 (한국에서) 교육과 관련된 과목을 듣고 있는데, 외국어로서의 한국어 교수법 이런 것들 보니까 정말 많이 미비하고 부족해요. 그래서 저도 학생 입장에서 있을 때 되게 답답할 때도 많았고, 어떤 문법은 어느 정도 알겠다가 아니라 아주 많이 모르겠는 거예요. 느낌으로 하고, 나중에 보니까 틀린 것도 많고(학생 E).

(3) 학습교재와 교육과정의 문제

내실 있는 민족교육을 위해서는 교육내용을 효과적으로 전달할 수 있는 학습교재나 교육과정이 개발되어야 하는 바, 우선적으로 한국어 교재의 보완 및 확대 보급이 이루어질 필요가 있다(김경근, 2004). 물론 현재 한국교육과정평가원이 개발한 한국어 교과서의 보급으로 한국어 학습용 교재가 부족한 경우는 없다. 다만 현지어로 발행되는 한국어 교재 개발이 병행되어야 할 것으로 보인다. 왜냐하면 고려인들의 경우 거의 외국인으로 간주해야 할 정도로 한국어에 대한 기초지식이 갖추어져 있지 않기 때문이다. 이 때문에 재외동포용 한국어교재로 수업을 진행하는 데 어려움이 있다. 특히 한국어 교육에 종사했던 경험이 있는 제보자들은 한국어 교재와 교육과정의 문제점에 대해 지적하였다.

> 학생들에게 전체 교재를 나누어 주는 게 그리고 수준별로 다 나누어 주는 것이 어려워서 저희들은 이제 해마다 일 년에 한 번씩 교육과정평가원에서 가져오는 것을 갖다가 배포를 하기는 하지만 부족한 감이 있어요. 그래서 그쪽에서 인쇄기를 하나 사가지고 그것을 복사를 해가지고 쓰고 있고 내용에 있어서는 조금 문제가 있는 게 이쪽(중앙아시아) 사정에 맞는 그런 한국어 교재를 만들 필요가 있다 생각을 해서 그 작업이 근데 쉬운 작업은 아니고 전문가들이 해야 할 것이니까 우리 교육원에서 할 것은 아니고 그런 문제점이 있어요. 다만 우리는 인제 자체 내에 인쇄기가 있기 때문에 한국어 공부를 도와주는 학습지 형태로 예를 들어서 기초 동사를 활용한 한국어 배우기나 고빈도 활용 단어를 초급교육용 교재를 만든다거나 그 다음에 한러, 러한 단어장 식으로, 사전을 만들 수는 없으니까 이런 거를 만들고 있습니다. 금년에 만든 것도 있어요. 교재가 많이 부족한 편입니다(한국교육원 교사 G).

> 저는 한국어 교육과정에 대해서 고민하고 있고요. 대학, 중고등학교 한국어 교육과정을 어떤 내용으로 어떻게 가르쳐야 하는지 … 상황에 맞는 교재 개발을 해야겠다는 말은 많이 하고 있는데, 상황에 맞는 교재가 무엇이며 어떤 교재가 상황에 맞는 것인지 연구가 더 필요할 것 같아요 (전 한국문학과 교수 A).

5. 재중앙아시아한인 민족교육의 모형과 네트워크

1) 민족교육 모형

중앙아시아의 한인은 최근에 와서야 한글학교와 한국교육원을 통해 한국어 교육을 실시하고 있기 때문에 한국어 구사 능력에 어려움을 겪고 있는 것이 가장 큰 특징이다. 또한 민족교육의 장애요인에서 살펴보았듯이, 민족교육 시행에 필요한 토대가 취약하며, 한국어 교육을 제외하고는 민족교육으로 명명할 만한 내용이 부재하다. 그러나 이처럼 열악한 상황에서도 중앙아시아한인들은 다른 지역의 한인들에 비해 한국어 학습에 대한 동기가 높다는 장점을 들 수 있다. 적절한 민족교육 모형을 마련함에 있어 가장 중요한 것은 중앙아시아한인들의 민족교육에 대한 동기를 제대로 파악하는 것이다. 민족교육 수요자들의 요구 수준이 제대로 반영되지 않은 민족교육 모형은 성공할 수 없기 때문이다.

심층면담을 통해 수집한 면담 자료에 따르면, 고려인들의 한국어 학습 동기는 크게 두 가지로 나타났다. 그것은 실용적인 목적과 민족정체성 확립이라는 목적으로 정리해 볼 수 있다.

한국어를 할 줄 알면 우즈베키스탄과 한국 합작 회사에 취직할 수도 있고 여행사도 있거든요. 거기 취직도 할 수 있고⋯ 특히 사마르칸트에서 6년 전에 한국어학과가 처음 생겼어요. 그때 인기가 정말 많았어요. 그때 의대 경쟁률보다 한국어학과 경쟁률이 더 높았어요⋯ (학생 D).

제가 (한국어학과 학생들을 대상으로 한국어 학습에 대한) 요구조사 같은 걸 해 봤는데 (한국어를 배우고 싶은 이유) 1위는 우즈벡에 진출한 한국 기업에서 일을 하고 싶다, 2위는 전공에 상관없이 한국에 유학 가서 공부를 하고 싶다. 3위는 한국에 가서 일을 하고 싶다로 나왔어요. 고려인들은 복수응답을 했는데요. 첫 번째는 모국어이기 때문에 한국어를 배우고 싶다, 또 일이나 유학 이유를 대더라구요(전 한국어문학과 교수 A).

A의 설명에서도 확인할 수 있듯이 현지인들뿐만 아니라 고려인들에게도 한국어 학습은 명확한 동기에 의해 이루어지고 있음을 알 수 있다. 독립 이후 중앙아시아 각국과 한국과의 수교가 이루어지면서, 한국은 발전한 산업국가로 부각되기 시작하였다. 즉 우즈벡인과 고려인 모두에게 현지에 진출한 한국 기업에서 일을 하거나, 유학 및 취업을 위해 한국으로 진출하는 것이 선망의 대상이 된 것이다. 이 때문에 학생 D가 설명했던 것처럼, 대학의 한국어학과에 진학하고자 하는 학생들의 수도 증가하였다.

뿐만 아니라 고려인들은 한국어 학습을 정체성을 확립하는 과정으로 인식하였다. 이와 관련하여, 고려인 3세인 E의 경우 청소년기에 정체성에 대한 고민을 많이 했고, 우연한 계기로 대학에서 한국어를 공부하게 되면서 자신의 뿌리를 찾을 수 있었다고 설명한다.

전 오랫동안 정체성에 대해 고민했거든요. 카자흐에서 살면서 카자흐 사람 아니고요, 러시아말 쓰면서 러시아 사람도 아니고요, 외모는 그러니까 고려인 피가 흐르는데 한국인도 아니고 어디에 속한 것도 아니고, 어렸을 때는 많이 생각했었어요 … 대학에서 한국어를 배우면서 역사에 대해서도 많이 알게 됐고, 우리 민족에 대해 많이 알게 됐고, 차차 뿌리를 찾게 되었는데 아주 지금은 자랑스러워요. 한국어를 배울 수 있었던 게 너무 다행이고 너무 감사해요. 제 생각인데 대학에서 저 같은 고려인들은 한국어를 배우면서 정체성을 찾는 경우가 많아요(학생 E).

이와 같이 민족교육의 필요성 또는 민족교육의 동기에 대한 중앙아시아한인들의 인식에는 실용적인 목적뿐만 아니라 정체성 확립이라는 복합적인 이유가 내재되어 있는 것으로 볼 수 있다. 따라서 민족교육의 내용 및 방향도 이러한 요구 수준을 만족시킬 수 있는 방안에 초점을 맞추어야 할 것이다. 또한 민족교육의 내용과 범위를 한국어 교육에서 민족문화 전반으로 확대시키는 것도 중요하다.

중앙아시아 지역에서 실효성 있는 민족교육이 이루어지기 위해서는 우선 외교적인 마찰이 불거지지 않는 범위 내에서, 개별적이고 산발적으로 실시되는 민족교육 및 민족문화 행사를 한국교육원과 고려인 단체들이 협력하여 통합, 실시하고, 그것을 통해 고려인들에게 민족교육에 대한 동기를 부여할 수 있도록 하는 방안을 마련할 필요가 있다. 이와 관련하여 제보자 G는 중앙아시아 지역에서의 민족교육 방향에 대해 다음과 같이 제시하였다.

제가 생각하는 민족교육의 모델은 어디서 이루어질 수 있느냐 하면 고려문화센터.. 우리 교육원이 하는 것도 한계가 있는 거고 일선 (한글)학교에서 하는 것도 한계가 있는 거예요. 그래서 민족문화센터, 고려문화센터를 중심으로 이루어져야 한다고 봅니다. 여기서는 가능하다고 봐요. 여기는 말 그대로 고려인들의 단합과 고려인들의 문화 재생을 위해 만든 곳이 고려문화센터예요. 그래서 이게 전체 공화국에, 전체 공화국을 대표하는 문화센터가 있고 각 시와 주에 29개의 지부가 있기 때문에 그 지부를 통해서 사람들이 모이고 문화 활동을 하니까 여기를 통해서 당연히 한국 문화, 민족교육이 이루어져야 한다, 그렇게 생각한 겁니다. 그래서 앞으로 더, 지금 저희들이 숫자가 좀 작아요. 많지가 않아요. 그래서 저희가 일선 (한글)학교를 중심으로 지원을 했는데 앞으로 민족교육의 방향을 잡으려면 문화센터를 좀 지원해서 그쪽에서 실력 있는 강사를 좀 보내고 또 거기에서 민족교육이 이루어질 수 있는 여건이 만들어져야 하는 게 아닌가, 저는 개인적으로 그렇게 생각하는데 지금까지 우리 교육원하고 대사관은 그게 잘 안 되었어요.

우선 민족교육이 이루어지기 위해서는 한국어교육이 우선되어야 한다. 일단 한국어 교육을 문화센터에서 활성화가 되도록 지원을 해야 돼요. 문화센터 내에서 한국어 교육이 일어나려면 사무실도 임대가 돼야 되고 그 안에는 교육 기자재도 갖추어져야 하는 것이고 사실 좀 열악해요. 일단 모일 장소가 없잖아요. 구 별로 타슈켄트 시 내에서 구 마다 사무실이 제공되어야 하고 그 안에 교육환경을 갖추어야 하는데 이게 어렵고 앞으로 이 지원방향이 지금까지 일선 한글학교 중심에 지원이 되었는데 민족문화센터 중심으로 환경을 갖추고 그들이 모일 수 있는 장소를 주어야 할 것 같아요. 민족문화센터에는 학생들보다는 나이든 세대가 주로 모이는 곳이기 때문에 그 분들이 관심을 가지면 당연히 자식들 손자들도.. 그 쪽에서 그걸 중심으로 이루어져야 한다. 시작은 한국어 교육으로 하되 재미를 가질 수 있는 노래나 악기를 배운다든지, 무용도 한다든지 그런 것을 같이 포함시켜야 할 것이고 또 그들을 중심으로 행사도 자발적으로 이루어져야 한다고 생각해요. 우리가 해결해야 할 문제는 아니고 문화센터 조직의 문제니까 쉽지는 않습니다(한국교육원 교사 G).

G와의 면담 내용을 통해 알 수 있듯이 중앙아시아 지역의 민족교육 여건은 대체로 열악하다. 중앙아시아 한인들의 이주의 역사가 오래 되었기 때문에 한국어 교육 이 외에는 마땅히 민족교육이라 부를 만한 내용의 교육이 부재하고, 대부분 한글학교의 교육환경은 양호하지 못하다. 뿐만 아니라 민족교육에 대한 한인단체의 자발적인 참여도 부족한 상황에서, 한국교육원이 민족교육에 대한 대부분의 업무를 수행하고 있는 실정이다.

현재 재중앙아시아한인 민족교육은 한국교육원과 한글학교를 중심으로 실시되고 있다. 한국교육원의 민족교육 환경은 양호한 편이지만 한국교육원이 중앙아시아 지역의 민족교육 수요를 모두 감당할 수는 없다. 한글학교가 중앙아시아 지역의 민족교육을 대부분 담당하고 있다고 볼 수 있지만, 한글학교의 민족교육 환경은 매우 열악하다. 게다가 중앙아시아 사회에 민족교육을 주체적으로 담당할 만한 주도적인 한인단체 역시 부재하다. 물론 고려인협회나 고려문화센터와 같은 단체가 존재하긴 하지만 이들 단체들이 일반 고려인들의 민족교육에 대한 참여를 유도하고 있지 못하다. G가 지적한 대로, 장기적으로는 고려문화센터와 같은 한인단체가 민족교육을 주도해야겠지만, 이들 고려인 단체가 민족교육을 위한 체계적인 역량을 갖출 때까지, 재중앙아시아한인 민족교육은 한국교육원 및 재외공관을 중심으로 실시될 필요가 있다. 상술한 내용을 반영한 재중앙아시아한인 민족교육 모형은 〈그림 Ⅵ-1〉과 같다.

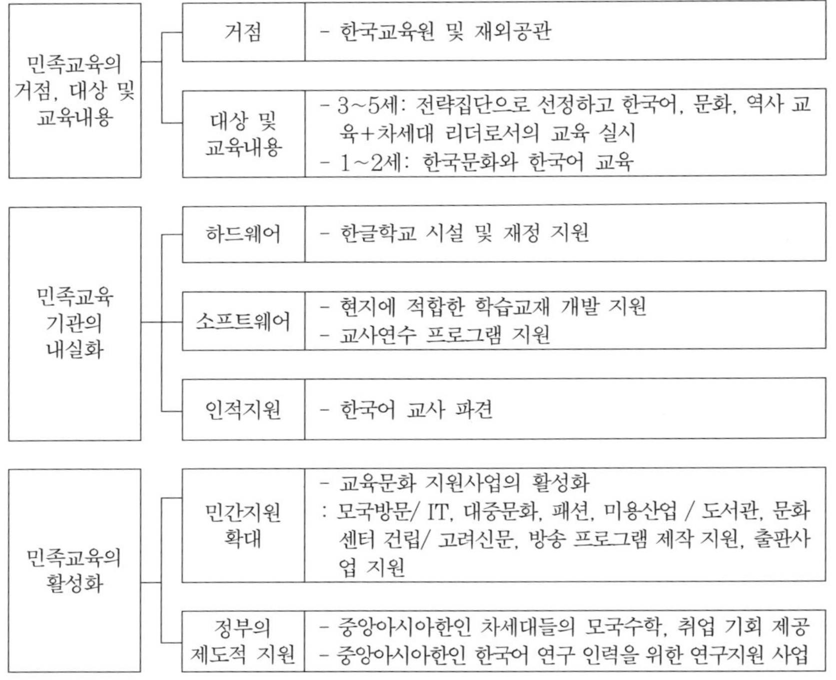

〈그림 Ⅵ-1〉 재중앙아시아한인 민족교육 모형

(1) 민족교육의 거점, 대상 및 교육내용

❑ 민족교육의 거점

중앙아시아 지역에서의 민족교육은 한국교육원과 재외공관이 구심점이 되어 주도적인 역할을 담당해야 한다. 상술한 바와 같이 중앙아시아 지역에는 민족교육을 주도적으로 이끌어 나갈 고려인 단체가 부재한 상태이다. 물론 장기적으로는 고려인 단체가 자발적으로 민족교육을 주도해 나가야 하겠지만, 민족교육이 정착되기까지는 정부가 더 많은 노력을 해야 할 것이다. 정부가 민족교육을 주도적으로 지원한다 하여 중앙아시아 지역의 민족교육을 일방적으로 시행한다는 것은 아니며, 이는 어디까지나 고려인 단체가 민족교육을 실행할 만한 역량을 갖출 때까지 지원하는 형식을 취하는 것이어야 한다. 이는 앞서 민족교육기관간 네트워크를 구축하는 데 있어서도 예외가 아니다. 민족교육기관간 협력관계를 구축하고 민족교육을 위한 상설기구 및 지원체계를 마련하는 데 있어서도 정부가 중심이 되어 사업을 추진해 나가야 할 것이다.

□ 민족교육의 대상 및 교육내용

중앙아시아한인의 민족교육은 3~5세를 중심 대상으로 실시할 수 있을 것이다. 생존해 있는 1세들의 수가 적고, 구소련 시절 러시아 문화에 동화되었던 2세들에 비해, 3~5세들은 한국어와 한국문화에 대한 관심이 많기 때문에 민족교육의 효율성을 높일 수 있으리라 본다. 특히 3~5세들은 중앙아시아한인의 차세대 리더가 될 주역들이기 때문에 이들에게 민족의식과 뿌리를 자각할 수 있는 기회를 제공하는 것은 매우 중요하다고 볼 수 있다.

(2) 민족교육기관의 내실화

중앙아시아 지역의 경우, 정부는 민족교육의 기반을 우선적으로 조성할 필요가 있다. 민족교육을 위한 하드웨어, 소프트웨어, 인적 지원은 다음과 같이 고려해 볼 수 있다.

□ 하드웨어 측면

현재 우즈베키스탄의 타슈켄트, 카자흐스탄의 알마티, 키르키즈스탄의 비쉬켁에 설립된 한국교육원이 설립되어 운영되고 있다. 한국교육원의 시설은 비교적 양호한 것으로 알려져 있고, 교육원에 개설되어 있는 강좌에 대한 호응도 높은 편이다. 그렇지만 소도시에 거주하고 있는 한인들에게는 한국교육원의 프로그램에 대한 접근성이 떨어진다. 대신 이들은 교회 부설의 한글학교를 통해 민족교육을 접하고 있다. 그런데 중앙아시아 지역에서 민족교육의 주축을 이루는 한글학교의 여건은 매우 열악하다. 따라서 한글학교가 최소한의 교육여건을 갖출 수 있도록 시설 및 운영에 필요한 재정적 지원이 우선적으로 이루어져야 할 것이다.

❏ 소프트웨어 측면

중앙아시아 지역의 민족교육 환경은 다른 지역에 비해 가장 열악하다. 이는 민족교육에 필요한 적절한 한국어 학습교재와 교수법에 있어서도 예외가 아니다. 특히 대다수의 고려인들은 한국어 학습에 있어서 외국인 수준에 버금갈 정도로 한국어 구사 수준이 낮다. 따라서 고려인들을 위해 현지어로 발행되는 학습교재를 개발할 필요가 있다. 이를 위해서는 한국 정부의 지원 및 현지에서 한국어 교육에 종사하는 고려인들의 협조가 요구된다.

제보자들은 한국어 교재 및 교수법의 개발에 있어서 문화적인 접근의 필요성을 역설하였다. 즉 한국어 교육이 문법적인 전달에 치중할 것이 아니라 한국의 사회문화적인 요소를 가미하여 이루어져야 하며, 또한 그렇게 될 때 민족교육으로서의 면모를 제대로 갖출 수 있다는 것이다.

최근 한국어 교재에서 오디오 교재를 활용할 수 있도록 편집된 것은 크게 환영할 만한 것으로 생각됩니다. 왜냐하면 한글학교 교사의 대부분이 현지 교사로서 한국어 발음이 부정확하기 때문에 오디오 교재를 활용하면 정확한 발음지도를 가능하게 해 줄 수 있기 때문입니다. 또 비디오 교재를 이용하여 수업을 하게 된다면 좀 더 생동감이 있고, 흥미 있는 수업이 될 것으로 생각해요. 외국어 지도 시에 언어학적인 요소 이외에 문화적인 지식이 중요하다는 이론에 비추어 볼 때 비디오를 보면서 문화적인 요소를 자연스럽게 익힐 수 있다는 점이 매우 중요합니다(전 한국교육원 교사 F).

제 생각에는 언어를 배우려면 문화도 배워야 하잖아요. 문화를 이해해야 언어도 배울 수 있는데요. 특히 젊은 사람들이 한국 문화에 대해서 관심이 많거든요. 드라마, 음악, 그런데 그런 거 거의 없어요. 제가 한국에서 한국어 연수를 받을 때, 그때 선생님이 한국어를 한국문화 중심으로 가르치셨어요. 예를 들면 뭐랄까. 한국의 술 문화 있잖아요. 처음에 딱 오면 외국인이 술 문화를 이해할 수 없잖아요. 그런데 보통 어학당 가면 이건 술이다, 소주다, 와인이다, 이렇게 가르쳐요. 그런데 그 선생님은 그렇게 가르치는 게 아니라 술 문화에 대해서 가르쳐주셨어요. 문화 중심으로 가르쳐 주셔서 굉장히 효과가 있었거든요. 그런데 우즈벡이나 러시아에서는 한국어학과도 많고 한글학교도 많지만 보통 문법이나 한국어 언어 중심으로 가르치는 거예요. 그렇게 가르치면 효과가 없다고 할 수는 없지만 글쎄요…(학생 D).

이와 관련하여 한국어 교수법의 쇄신을 위해서는 한국교육원과 대학의 한국어학과를 중심으로 한국어 교수법에 관한 세미나와 학술대회를 통해 새로운 정보를 공유할 필요가 있을 것이며, 한국 정부에 의한 인적, 물적 지원이 이루어져야 할 것이다(남빅토르, 2003).

❑ 인적 지원
중앙아시아 지역의 경우 민족교육에 대한 현지인 및 고려인들의 높은 관심에 비해 민족교육 담당 교사가 절대적으로 부족한 실정이다. 특히 민족교육에 대한 자질과 역량을 갖춘 교사 모집이 어렵다. 이러한 문제를 해결하기 위해서는 한국 정부에 의한 한국어 교사 파견을 고려해 볼 수 있다. 현재 재외동포재단과 국제교육진흥원에서는 CIS지역 한국어 담당교사 및 교육관련 인사를 초청하여 연수를 실시하고 있다. 그러나 초청연수 만으로는 중앙아시아 지역의 한국어 교사의 수급 및 교사들의 전문성 확보에 한계가 있는 것으로 보인다. 따라서 국제협력단(KOICA) 및 NGO 단체나 각 대학의 한국어문화센터 및 어학당과 현지의 한국교육원 및 한글학교와의 자매결연을 통해 현지에 한국어 교사를 파견하여 교사 수급 및 전문성 문제를 해결하는 방안을 모색하는 것이 필요하다.

(3) 민족교육의 활성화

❑ 민간지원 확대

민족교육을 정착시키고 확산하기 위해서는 민간차원의 지원을 확대하는 것이 필요하다. 이러한 맥락에서 교육문화 지원 사업을 실시해 볼 수 있다. 제보자들은 한국 정부가 고려인 3~5세들에게 모국방문 기회를 제공하고, 한국문화를 학습할 기회를 제공할 필요가 있다고 강조했다. 이들은 모국방문 프로그램이 고려인 3~5세들로 하여금 한인으로서의 정체성을 찾게 하는데 고무적인 역할을 할 것이며, 프로그램에 참여한 이들이 현지로 돌아가 고려인들을 위한 한국문화 교육을 실시할 수 있다면 더욱 효과적일 것으로 예상했다.

> 고려인들은 뭔가 하나가 되고 싶은 마음이 있거든요. 그러니까 이런 접근을 계속 해야 하는 거예요. 저도 들었는데 이번에 문화관광부에서 중앙아시아 청소년들을 위한 아주 큰 행사가 있었어요. 중앙아시아 출신 청소년 60명을 초청해서 현지 학습, 방문을 하면서 한복을 입고 먹는 거 배우고. 저는 그런 게 좋다고 생각해요(학생 E).

> 한국어뿐만 아니라 문화적 접근이 필요합니다. 한국에서 한국문화를

공부하고 돌아와서 우즈벡 고려인들에게 문화를 전수해 준다면 좋을 것입니다. 또 한국문화학교 같은 걸 열었으면 해요. 한번 하는 일회성 공연에 그치는 것이 아니라 지속적인 문화교육이 될 수 있도록 그리고 직접 가르치는 가운데 문화와 인정이 오고가는 것이 이상적이라고 생각해요 (한국어문학과 교수 B).

예를 들어 2001년부터 정보통신부 주관으로 해외 인터넷청년봉사단이 결성되어 정보기술 수준이 낮은 지역으로 파견되어 컴퓨터와 인터넷 교육을 실시하고 있는데, 이러한 활동이 중앙아시아 고려인들에게도 좋은 반응을 얻고 있는 것으로 파악되고 있다. 이러한 활동은 IT 강국으로서의 한국의 위상을 높이는 동시에 한국과 현지 고려인들의 교류를 강화하는 역할을 해 줄 것으로 전망된다. 이 외에도 한국의 전통문화와 현대문화를 활용한 민간교류 사업을 통해 한국어 및 한국문화에 대한 관심을 확대시키는 방안도 생각해 볼 수 있다.

❑ 정부의 제도적 지원

중앙아시아한인들을 위한 민족교육의 목표는 우선적으로 그들이 현지에서 성공적으로 정착할 수 있도록 돕고, 나아가 그들을 모국에 기여할 수 있는 인적자원으로 육성하는 데 있다. 이를 위해 정부가 제공할 수 있는 제도적 지원 방안은 크게 두 가지로 나누어 볼 수 있다. 우선은 중앙아시아한인들에게 모국에서의 취업 기회를 제공하는 것이다. 이는 한국어와 현지어에 능통하고, 현지와 한국 상황에 밝은 중앙아시아한인들에게 유용한 기회가 될 수 있을 것이다.

물론 현재에도 중앙아시아 지역의 고려인들과 현지인들에게는 산업연수생 자격으로 한국에 진출하여 취업할 수 있는 기회가 열려 있다. 그런데 이 제도는 동포들의 취업을 장려하는 차원에서 도입되었음에도 불구하고, 경제적 상황이 가장 열악한 우즈베키스탄에서 조차도 이에 대한 고려인들의 관심은 그리 높지 않았다. 그럼에도 불구하고 제보자 A는 이러한 취업 지원 제도가 한국어 교육을 활성화하는 데 긍정적인 영향을 줄 것으로 기대하였다.

> 제가 볼 때는 산업연수생 제도가 좋은 방법이 될 수 있다고 생각하구요. (한국으로) 올 때는 한국어를 어느 정도 배우고 시험을 보고 오기 때문에 무조건 한국어를 가르칠 수 있는 기회가 되구요. 한국으로 올 수 있는 기회가 된다는 점에서 바람직하지 않나. 연수생들은 필수적으로 몇 개월간 한국어를 배워야 하고, 시험을 봐서 패스해야 한국에 올 수 있으니까. (우즈벡에서) 한국어를 가르칠 수 있는 기회도 되고, 한국어를 배울 수 있는 기회도 생기는 거죠(전 한국문학과 교수 A).

최근 외국 국적을 가진 재외동포의 국내 취업 절차를 간소화하는 내용을 담은 법률 개정안이 국회에 제출됨에 따라 재외동포 국내 취업이 활발해질 것으로 보인다(중앙일보, 2006. 5. 10). 이렇게 되면 중앙아시아 지역의 고려인들에게도 취업 기회가 확대되어 한국어 교육이 더욱 탄력을 받을 것으로 기대해 볼 수 있다.

아울러 중앙아시아한인 차세대들에게 모국 수학의 기회를 제공하는 것도 이들을 인적자원으로 활용할 수 있는 방안이 될 수 있다. 예컨대 한국어학과에 재학 중이거나 졸업한 고려인 학생들에게 모국 수학의 기회를 제공한다면 이들이 현지로 돌아가 한국어 교육의 질을 제고하고 한국문화를 전파하는 핵심 인력이 될 수 있을 것이다. 이를 위해 교환학생 프로그램이나 장학제도 사업을 활성화하는 것을 고려해 볼 수 있다.

한편 중앙아시아 지역 가운데에서도 우즈베키스탄의 경우 한국어학과 교수들은 가르치는 일 만으로는 생계를 유지하기 어렵기 때문에 부업을 할 수 밖에 없는 상황이다. 이러한 경우에는 한국어 교육의 질이 낮아질 수밖에 없다. 따라서 중앙아시아 재외한인 연구 인력에게 연구와 강의에 집중할 수 있도록 지원을 해주는 것이 도움이 될 수 있을 것이다. 뿐만 아니라 내국인 중심의 연구 지원 사업의 일정 비율을 재외한인 연구 인력에게 할당하여, 재외한인 학자들의 참여 기회를 확대할 필요가 있다. 한국어학과나 한국학을 연구하는 중앙아시아 지역의 동포 학자 및 교수 등의 모국 방문 및 모국에서의 연구를 지원한다면 한국어교육의 발전에 기여할 수 있을 것으로 보인다.

2) 민족교육 네트워크 구축

민족교육의 효율적 집행을 위해서는 교육기관간 네트워크를 형성할 필요가 있다. 네트워크를 형성함에 있어서의 구심점은 한국교육원과 재외공관이 맡아야 할 것이다. 그리고 각 대학의 한국어과와 한글학교, 현지 고려인협회 및 고려문화센터들이 이러한 네트워크에서 참여할 수 있다. 이들이 협력하여 민족교육을 위한 상설기구를 조직하고, 여기에서 민족교육을 활성화하기 위한 기금을 조성한다든지, 교재 개발과 한국어 교사 양성 및 연수에 대한 지원 방안을 마련할 수 있다. 또한 현재는 개별적으로 이루어지는 한글학교에서의 교육을 정비하는 차원에서 한글학교협의회를 구성하여 협의회에 소속된 한글학교 대표들이 매년 정기적인 모임을 마련하여, 한국어 교육에 대한 정보를 교환하고 이러한 모임을 통해 자연스럽게 교사 연수가 이루어질 수 있도록 할 필요가 있다. 무엇보다도 중앙아시아지역의 민족교육 네트워크는 고려인 단체가 자발적인 역량을 갖출 수 있는 토대로서 작용해야 할 것이다. 상술한내용을 그림으로 나타내면 〈그림 Ⅵ-2〉와 같다.

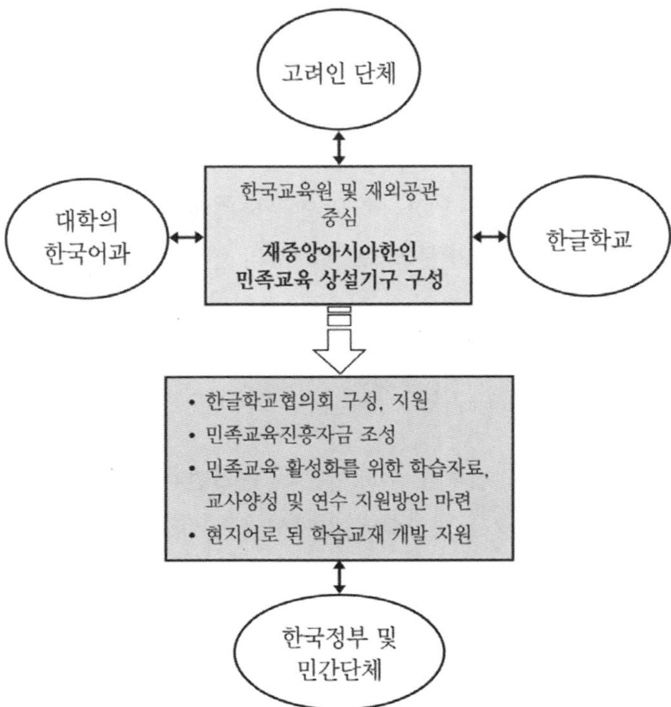

〈그림 Ⅵ-2〉 재중앙아시아한인 민족교육 네트워크

Ⅶ
재외한인 지역간 민족교육 네트워크 구축

　세계화의 여파로 인해 국경을 초월한 무한 경쟁이 전개되고 있는 작금의 상황에서 장차 재외한인 사회를 주도할 차세대들이 한민족으로서의 정체성을 갖고 모국과의 관계를 긴밀하게 유지하도록 하는 것은 매우 중요한 과제라고 할 수 있다. 본 연구는 1, 2차년 동안에 축적한 재외한인 민족교육기관의 실태 및 재외한인의 민족교육관의 조사 결과를 토대로 각 지역별 재외한인의 특수성을 고려한 민족교육 모형을 구안하고 재외한인 민족교육의 네트워크를 구축하는 방안을 모색하기 위해 이루어졌다. 앞서 Ⅲ장에서 Ⅵ장에 이르기까지 재외한인 지역별 민족교육 모형과 네트워크 구축 방안에 대해 논의하였다면, 이 장에서는 재외한인 지역간 민족교육 네트워크 구축 방안을 제시해 보고자 한다.

　재외한인 지역간 민족교육 네트워크를 구축하는 것은 한민족 네트워크 형성의 한 일환으로서, 재외한인 민족교육의 구심점을 마련하고 민족교육을 활성화하기 위한 필요성 때문이다. 이에 본 연구는 재외한인 지역간 민족교육 네트워크를 구축하기 위해 우선 기존의 오프라인, 온라인 민족교육 네트워크 현황에 대해 고찰하고, 기존의 네트워크가 지닌 한계점을 극복할 수 있는 오프라인 및 온라인 민족교육 네트워크 개선 방안을 모색하고자 한다.

1. 오프라인 민족교육 네트워크의 구축

1) 오프라인 민족교육 네트워크의 유형 및 현황

현재 정부부처별로 실시하고 있는 재외한인들을 위한 정책 및 주요 사업 내용은 〈표 Ⅶ-1〉과 같다. 표에서 보는 바와 같이 재외한인 교육을 지원하고 있는 기관은 그 소관부처에 따라 다양하다. 이 때문에 민족교육에 대한 업무도 분산되어 실시되고 있다. 이 가운데 민족교육을 위한 정기적인 네트워크 사업을 벌이고 있는 기관은 교육과학기술부 소관의 국제교육진흥원[10]과 외교통상부 소관의 재외동포재단[11]이며, 이 두 기관은 현재 우리나라에서 재외한인 교육과 관련하여 가장 중심적인 역할을 하고 있다.

---

10) 국제교육진흥원은 1977년 설립된 서울대학교 재외국민교육원이 1992년 대통령령 제13623호에 의해 확대 개편된 기관으로서, 2000년 8월부터는 책임운영기관으로 지정되어 운영되고 있다. 이 기관의 주요 기능은 재외동포의 교육, 국제교육교류 협력, 교원 및 대학생의 국외연수, 국비유학생 지도·관리, 외국인 유학생 유치 업무 등이다. 이 기관은 2006년 국제교육환경의 변화와 요구에 부응하는 사업 목표를 설정하고 추진하기 위해서 재외동포교육 내실화, 국제교육 교류·협력 활성화, 외국인 유학생 유치 강화, 기관 책무성 및 혁신전략 강화를 사업목표로 내걸고 있다.
11) 재외동포재단의 설립 목표와 기본임무는 재외동포 권익신장 및 민족정체성 확립을 기초로 하여, 재외동포를 민족자산화로 국가역량 강화 및 상호발전을 도모하고, 궁극적으로는 한민족 공동체를 구현하는 것이다. 재단이 수행하는 사업은 크게 교류사업, 경제사업, 교육사업, 정보화사업, 홍보사업, 조사·연구사업, 재일민단지원사업으로 구분된다.

〈표 Ⅶ-1〉 재외한인정책 관련 주요부처 및 사업내용[12]

소 관 부 처	주요 사업 내용
재외동포 정책위원회	• 재외동포정책 최고 심의기구 • 재외동포 관련 부처별 사업계획 조정 및 심의 • 기타 재외동포 관련 사항으로 위원장이 부여한 내용에 대한 심의 조정
외교통상부 (재외동포재단)	• 재외동포 관련정책 수립 • 재외동포재단 지도·감독 • 재외동포사회 발전 및 권익향상 지원사업, 민족문화 및 민족 정체성 유지사업, 동포간 교류강화사업 등
교육인적자원부 (국제교육진흥원)	• 재외한국교육원, 한국학교 운영 및 교사파견 • 재외동포학생 단기교육 및 연수 • 재외한글학교 교원 연수 • 재외동포교육용 교과서 공급
법무부	• 재외동포의 출입국 및 체류 관리
문화관광부	• 세계한민족 축전 등 문화교류사업 • 한국어 전문가 파견 및 한국어 교사 초청 사업 • 겨레문화창의단 활동(한국/전통문화 전문인력의 동포사회 파견 활동)
통일부	• 세계 한민족 통일문제 토론회 등 재외동포대상 통일정책 홍보
과학기술부 (한국과학재단)	• 해외 고급과학두뇌 초빙·활용사업
여성부	• 세계한민족 여성 네트워크 • 재외동포 여성지도자 국내연수

자료 : 김남희 외(2005:33)에서 재인용

재외동포재단과 국제교육진흥원은 두 기관이 수행하는 사업의 범위
와 구체적인 내용에는 차이가 있지만, 민족교육에 한정하여 살펴보면
유사한 부분이 많다. 구체적으로 각 기관이 민족교육의 네트워크 차원
에서 실시하는 사업들은 〈표 Ⅶ-2〉에 정리된 바와 같다. 두 기관이 수

---

12) 일반적으로 재외동포는 "대한민국 국민으로서 외국에 장기 체류하거나 외국의 영주권
을 취득한 자, 또는 국적을 불문하고 외국에서 거주 생활하는 한민족의 혈통을 지닌
자"로 그 범위가 규정된다. 이처럼 재외동포의 개념은 한국 국적의 장기 체류자 및 외
국의 영주권을 취득한 자 모두를 포괄하는 개념이다. 그러나 본 연구에서 논의되는 재
외한인은 영주권을 취득한 한인(재일코리안은 예외)만을 의미하기 때문에, 표에서 논
의되는 재외동포가 포괄하는 범위와는 다르다고 할 수 있다. 그러나 표에 제시된 용어
는 각 부처나 기관에서 사용하고 있는 것을 그대로 따르기로 하며, 또한 이명박정부에
서 부처명이 바뀐 경우가 있으나 여기에서는 이전 명칭을 사용하기로 하겠다.

〈표 Ⅶ-2〉 오프라인 민족교육 네트워크 유형13)

사업	재외동포재단	국제교육진흥원

일반
교육
사업
	• 재외동포 청소년·대학생 모국 연수
	• 국외입양인 초청연수 및 지원사업
	  - 국외입양인 모국문화 체험 연수 실시
	• 문화예술단 파견사업
	  - 문화예술 공연단 파견 : 러시아 등
	   CIS지역
	  - 한국문화 순회특강 : 러시아 등 CIS 지
	   역
		• 장·단기 교육과정
		  - 장기교육과정 : 모국에서의 대학교육
		   과정 수학에 필요한 한국어 구사능력
		   배양
		  - 단기교육과정 : 한국어 구사력 증진
		• 계절제교육과정
		  - 재일동포 대학생 춘계학교
		  - 재외동포 학생 학계학교
		  - 재일동포 중·고생 하계학교
		  - 개발도상국 동포 대학(원)생 초청연수
		  - 중남미·대양주 동포학생 동계학교
		• 재외동포학생 모국방문
		  - 문화전통체험, 현장학습, 학생교육 및
		   홈스테이
		  - 개발도상국 청소년 초청교육

교육
연수
사업
	• 재외동포 교육지도자 초청연수
	• CIS 지역 한국어교사 초청연수
		• 재외동포교육자 초청연수(재외동포재단
		  위탁사업) : 재외 한글학교 협의회 임원
		  에 대한 초청연수를 통한 한 본원과 주재
		  국 학교와의 협조체제 구축
		• CIS 지역에 대한 전문가 파견 현지 교원
		  집중연수
		• CIS 한국어 교육관계자 초청연수
		• 국외현지교원연수 : 재외 한국·한글학
		  교 교사 등을 대상으로 한국어 및 한국문
		  화 연수를 실시

교육
지원
사업
	• 한인회관, 한글학교, 문화센터 등 다목
	  적 종합회관 건립지원
	• 모국어 및 민족교육 지원 사업
	  - 재외한글학교 지원 : 재외한글학교
	   운영비 지원, 한글학교 보조교재 지
	   원, 한글학교 현지교사 연수비 지원
	  - 민족학교 지원(중국 및 CIS 지역 민
	   족학교 대상)
	• 재외동포 장학사업
	  - 재외동포 초청 장학사업
	  - 중국·CIS 지역 장학금 지원
		• 재외동포교육현지 지원
		  - 재외동포 교육용 교과서 및 교육개발 보
		   급
		  - 재외동포 유아용 교재 보급

---

13) 이 내용은 국제교육진흥원과 재외동포재단의 2006년 사업계획서를 참고하여 정리한
   것이다.

<table>
<tr><td>

- 모국수학 재외동포 장학사업
- 재외동포 문화예술 지원사업
  - 재외동포 문화예술단체 육성지원 :
    재외동포 문화예술단체의 각종 문화
    예술 활동 지원
  - 특수지 민족문화 보존유지 활동지원
    : 중국 및 CIS 지역 내 각종 민족문화
    보존유지 활동지원
  - 한국문화용품지원 : 사물놀이용품,
    한복, 전통문화 학습비디오 등 전통
    문화 학습용 물품구입 지원

</td><td></td></tr>
</table>

행하고 있는 사업은 크게 일반교육사업, 교육연수사업, 교육지원사업으로 분류할 수 있으며, 다음에서는 표에 제시된 사업 중 대표적인 사례들만 살펴보도록 하겠다.

(1) 일반교육사업

일반교육사업은 각 기관이 외국국적 재외동포들의 민족교육 수요를 충족시키는 동시에 그들의 민족정체성을 유지함으로써, 궁극적으로는 재외동포들을 모국과 연계성이 높은 국외의 인적자원으로 확보하기 위하여 실시하는 직접적인 교육 활동을 말한다. 대표적인 일반교육사업으로는 재외동포재단의 재외동포 청소년·대학생 모국연수와 국제교육진흥원의 장·단기 교육과정을 들 수 있다.

우선 재외동포재단이 실시하는 대학생 모국연수의 목적은 재외동포 대학생의 인적 네트워크 구축을 위한 기반을 조성하고 재외동포 대학생들에게 모국의 역사, 문화, 현실 체험에 대한 기회를 제공하며, 뿌리찾기 교육을 실시함으로써 모국과의 유대감을 강화하고 민족정체성을 고양시키기 위한 것이다. 한편 청소년 모국연수의 목적은 모국의 역사, 문화, 전통을 체험할 수 있는 기회를 제공하여 바람직한 모국관을 부여하고 거주국의 주류사회로의 진입을 위한 자신감을 고취시키는 것이다.

이 연수는 재외동포 고등학생을 대상으로 하여 실시되고, 특강, 토론, 문화 유적지 탐방, 병영체험 및 산업시설 견학과 전통문화의 체험 및 국내학생과의 교류 프로그램을 포함하고 있다.

한편 국제교육진흥원이 실시하는 장기교육과정은 모국에서의 대학교육과정 수학에 필요한 한국어 구사능력을 배양하며, 한민족으로서의 기본적인 소양을 갖추고 국제 사회에서 활약할 자긍심 높은 세계인을 육성하기 위한 것으로, 교육은 9개월 동안 진행된다. 반면 단기교육과정의 목적은 한국어 구사력을 증진시키고 모국에 대한 이해를 깊게 함으로써 민족 정체성과 자긍심을 고취시키는 것으로, 교육은 12주 동안 진행된다. 이러한 장·단기 교육과정에서는 공통적으로 한국어 능력 신장 교육, 현장체험학습·학생 교외학습, 체육대회 등이 실시되며, 한민족 정체성 교육을 심화하기 위한 홈스테이, 자매결연도 운영된다.

(2) 교육연수사업

교육연수사업은 각 기관이 재외동포 교육을 담당하고 있는 민족교육자의 자질 함양 및 교육력 증대, 자긍심 및 사명감 재조명을 위해 실시하는 연수사업을 말한다. 대표적인 교육연수사업에는 재외동포재단의 재외동포 교육지도자 초청연수, CIS 지역 한국어교육 초청연수와 국제교육진흥원의 CIS 지역에 대한 전문가 파견 현지 교원 집중연수, CIS 한국어 교육관계자 초청 연수, 국외현지교원연수 등이 있다. 교육연수사업은 일반교육사업과 교육지원사업에 비해, 재외동포재단과 국제교육진흥원이 실시하는 업무에 유사점이 많으며, 특히 재외동포재단의 재외동포 교육지도자 초청연수 사업은 국제교육진흥원에 위탁되어 실시되고 있다. 교육연수사업의 대표적인 예는 다음과 같다.

재외동포재단이 실시하는 CIS 지역 한국어 교사초청연수의 목적은 민족교육환경이 열악한 CIS 지역 한국어교사에게 모국어 연수 및 한국

문화를 체험케 함으로써 모국 및 우리문화의 맥을 이어갈 수 있는 교사 자질의 함양 및 교육력을 배양시키기 위한 것이다. 대상은 CIS 지역 한글학교의 한국어 담당 교사이며, 연수 내용으로는 한국어 관련 일반교과목 수강, 국내 교육기관 방문, 특강, 현장학습 등이 있다.

재외동포재단이 국제교육진흥원에 위탁하여 실시하는 재외동포교육자 초청연수 사업은 재외 한글학교 협의회 임원에 대한 초청연수를 통한 재외동포재단과 주재국 학교와의 협력체제 구축을 목적으로 실시되며, 재외 한글학교 협의회 임원 및 한글학교 임원을 대상으로 한다.

국제교육진흥원이 실시하는 CIS 지역에 대한 전문가 파견 현지교원 집중연수는 한국어교육의 전문적 지식이 부족한 중앙아시아 지역 교원들에게 집중연수를 실시함으로써 현지 교원의 교수능력을 제고하고 자질을 향상시키는 것을 목적으로 하며, CIS 지역 현지 교원 150명을 대상으로 실시된다. 이 과정은 현지 한국교육원 및 국립국어원 등과의 협조체제 하에 진행된다.

마지막으로 CIS 지역에 대한 한국어 교육관계자 초청연수는 2006년부터 새로이 실시된 사업으로, 현지 교육기관 등에서 근무하는 한국어 교육관련 인사(교장, 교사, 행정가 등)를 초청·연수하여 한국에 대한 이해 증진·친한 인사 육성 및 한국어교육 활성화를 목적으로 실시된다. 이 과정은 러시아와 중앙아시아권 국가(러시아어 공용국)의 대학, 교육청, 초중고교 등의 한국어 교육관계자 30명을 대상으로 12일간 실시되며, 연수과정에는 한국어 수업, 한국역사·문화 강의, 한국·산업체 방문 등이 포함되어 있다.

(3) 교육지원사업

교육지원사업은 재외동포 및 재외동포 교육기관에 민족교육 활성화를 목적으로 수행하는 일반교육 및 교육연수 이외의 모든 활동을 말한다. 교육지원사업은 재외동포재단과 국제교육진흥원이 가장 큰 차이를 보이는 사업 분야로, 국제교육진흥원은 교과서 및 교육개발과 보급에 중점을 두고 있는 반면에 재외동포재단은 재외동포 장학사업, 재외동포 문화예술 지원사업, 한인회관, 한글학교, 문화센터 등 다목적 종합회관 건립지원, 모국어 및 민족교육 지원사업 등의 다양한 사업을 통하여 민족교육을 지원하고 있다.

재외동포재단에서 실시하는 모국어 및 민족교육 지원사업은 재외한글학교의 운영비지원(103개국, 2,100여개 교), 한글학교 보조교재지원(300여개 교에 배포), 한글학교 현지교사연수비지원(4월, 10월), 교육기자재 등 교육자료 지원, 중국지역 등 민족학교 지원 등으로 실시되며, 주로 한글학교의 재정 및 교육재원에 대한 직접적인 지원이 이루어진다.

재외동포 문화예술 지원사업은 재외동포재단의 문화사업 부분에 해당하며 재외동포 문화 예술단체 육성지원, 특수지 민족문화 보존유지 활동지원, 한국문화용품 지원으로 구성되어 실시된다. 재외동포들이 한민족 고유의 문화를 소실하고 각국에 동화되어 정체성을 잃어감으로써 민족교육의 여건이 악화되고 있음을 고려할 때, 민족문화보존을 위한 지원활동은 민족교육에 중요한 요소라고 할 수 있다. 특히 특수지 민족문화 보존 유지 활동지원은 중국 및 CIS 지역 내 각종 민족문화 보존유지 활동을 지원하기 때문에 민족교육의 여건을 조성하는 교육지원사업으로 볼 수 있다.

국제교육진흥원에서 실시하는 재외동포 교과서 및 교재 개발·보급사업은 재외동포의 현지 교육에 사용되는 교과서 및 교재를 수요자 중심으로 개발·보급하여 한국어교육의 효율성을 제공하는 것을 목적으로 한다. 이 사업에서는 2~4종(2005년 2종)의 교재를 개발하여 한국 및 한글학교(1,924개교)와 한국교육원(35개원)에 583천여 권(2005년 577천권)을 보급한다.

한편 재외동포 유아용 교재 보급은 2006년에 새로 도입된 사업으로 재외 한국학교 및 한글학교 유치원과정 교육을 위한 한국어 교재 및 교육자료 보급을 통한 한국어 조기 습득 지원을 목적으로 한다. 이 사업에서는 교사용 지도 자료집을 유치원과정이 개설된 한국 및 한글학교(1,384개교)에 1세트(12권)씩 보급한다.

2) 오프라인 민족교육 네트워크의 개선 방안

재외한인 민족교육 네트워크의 궁극적인 목적은 재외한인 차세대로 하여금 모국에 대한 관심의 끈을 놓지 않고 한인으로서의 정체성을 유지하게 하기 위함이며, 동시에 각국의 재외한인 사회가 당면하고 있는 민족교육의 당면 과제를 총체적인 차원에서 검토하고 유기적으로 협력하기 위함이다.

이러한 측면에서 기존의 오프라인 민족교육 네트워크 유형은 몇 가지 한계점을 지니고 있다. 우선 민족교육 네트워크에 대한 접근이 총체적이지 못하고, 한국과 재외한인 거주국가라는 1:1의 관계망을 형성하고 있다는 점이다. 이 때문에 재외한인 거주국가들 간의 네트워크가 취약하다. 또한 기존의 오프라인 민족교육 네트워크 프로그램이 각 재외한인 차세대들이 속한 거주국의 사회문화적 특성을 고려하거나, 재외한인 차세대들의 요구수준을 반영한 다양한 프로그램을 제공하고 있지도 못하다. 이러한 관행은 오히려 재외한인들의 민족교육에 대한 관심과 흥미를 떨어뜨리는 역효과를 야기할 수 있다. 게다가 오프라인 민족교육 네트워크 프로그램은 각 정부 부처별로 산발적으로 실시하는 일회성 행사의 성격이 강하기 때문에 프로그램의 효율성 면에서도 문제가 있다.

따라서 상술한 문제점을 토대로 오프라인 민족교육 네트워크 개선 방안을 마련할 필요가 있다. 이를 위해서는 우선적으로 여러 부처에서 분산적으로 실시하였던 프로그램을 종합하고, 오프라인 민족교육 프로그램을 체계화하여 효율성을 높여야 한다. 즉 프로그램을 주관하는 부처는 단일화하되, 프로그램의 종류는 다양화하는 방향으로 갈 필요가 있다. 오프라인 민족교육의 네트워크 개선 방안을 제시하면 〈표 Ⅶ-3〉과 같다.

오프라인 민족교육 네트워크 개선 방안으로는 한국식 울판(Ulpan)[14] 프로그램의 개발 및 시행, 재외한인 민족교육 축제, 재외한인 차세대 탐방 프로그램을 들 수 있다. 한국식 울판 프로그램의 개발 및 시행은 이스라엘의 울판 프로그램을 차용한 것이다. 울판 프로그램은 그 종류와 내용이 다양하고, 프로그램을 이수하는 대상 집단에 따라 프로그램의 수준이 다르게 구성된다. 이와 같이, 모국방문 및 문화체험 프로그램도 대상과 목적에 따라 다양해질 필요가 있다. 한편 재외한인 민족교육 축제는 민족교육을 테마로 재외한인 민족교육 세계 포럼과 문화제를 실시하는 것을 주요 내용으로 하며, 재외한인 차세대 탐방 프로그램은 차세대들로 하여금 모국에 대한 관심과 참여를 높여 차세대들간의 네트워크를 형성하기 위한 것이다.

---

14) 울판(Ulpan)은 이스라엘에서 히브리어를 집중적으로 학습할 수 있도록 만든 전문기관 혹은 학교, 또는 프로그램을 총칭하는 교육 시스템을 말한다. 울판은 이스라엘로 들어오는 성인 이민자들에게 대화하고 쓰고 이해할 수 있는 기초적인 언어 기술을 가르치기 위해 고안되었으며 유대인 협회(Jewish Agency)와 교육부 그리고 이민수용부(Ministry of Immigrant Absorption)에 의해 운영되고 있다. 대부분의 울판은 이스라엘의 문화, 역사, 그리고 지리에 대한 기초적인 사항들을 가르치고 있으며, 울판의 근본적인 목적은 새로운 시민들이 이스라엘에서 사회적, 문화적, 경제적으로 가능한 빠르고 쉽게 통합될 수 있도록 도와주는 것이다. 이스라엘에서는 울판부(The Ulpan Department)를 따로 두고 울판을 국가적으로 운영, 지원하고 있다. 울판부는 이민자들의 편익을 위해 울판의 시행에 대한 지원, 다양한 이민자들을 위한 프로그램과 학습방법의 개발, 이민자들이 이스라엘 사회에 좀 더 쉽게 흡수될 수 있도록 하기 위한 문화·정보 서비스의 제공, 울판의 독창성과 혁신성의 개발 등 4가지 목표를 설정하여 울판의 원활한 운영을 위해 노력하고 있다. 울판의 종류에는 히브리어 교육(Hebrew Language Instruction), 히브리 문화 울판(Hebrew Culture Ulpan), 집중 히브리어 울판(Intensive Hebrew Ulpan), 키부츠 울판(Kibbutz Ulpan) 등이 있다(http://www.moia.gov.il/Moia_en/StudyingHebrew/WhatsUlpan.htm.).

<표 Ⅶ-3> 오프라인 민족교육 네트워크 개선 방안

종류	내용
한국식 울판 프로그램 개발 및 시행	- 3~4일/1주일/15일/1개월/6개월 등 형식에 따라 내용을 차별화 함 - 초등학생/중·고등학생/대학생/성인(민족교육담당교사, 외국인용, 국내 이주한 외국인) 등 대상 집단에 따라 내용을 차별화 함
재외한인 민족교육 축제 (Overseas Korean Education Festival: OKEF)	- 한민족 네트워크 오프라인 행사는 경제, 과학기술 분야에 국한된 경향이 있었고, 주로 한인 1, 2세를 중심으로 이루어져 왔음 - 민족교육 및 문화 사업을 중심으로 한 오프라인 네트워크를 구축할 필요가 있음 - 교육문화 사업을 핵심 테마로 한 재외한인 민족교육 축제(민족교육 세계포럼, 문화제)를 통해 재외한인 차세대 교육의 현 상황을 공유하고, 민족교육의 실태, 문제점 및 개선 방안을 모색하여, 실제 재외한인 민족교육 정책에 반영될 수 있도록 함
재외한인 차세대 탐방 프로그램 (Overseas Korean Young Explorer: OKYE)	- 모국에서 일방적으로 재외한인 차세대를 초청하여 연수 프로그램을 실시하는 것과 달리, 재외한인 차세대들로 하여금 탐방활동의 주제와 탐방지역을 선택하게 하여 모국에 대한 관심과 흥미를 높이고, 탐방을 통한 학습이 이루어질 수 있도록 유도함 - 모국 탐방 프로그램에 대한 지원을 통해, 자연스럽게 모국과 각 지역의 재외한인 차세대들간의 네트워크 형성을 유도할 수 있음

기존의 프로그램과는 차별화된 오프라인 민족교육 네트워크를 구축할 수 있는 각 방안에 대해 간략하게 살펴보면 다음과 같다.

(1) 한국식 울판 프로그램 개발 및 시행

한국식 울판 프로그램은 한국인으로서의 자부심과 민족정체성을 유지하게 하는 한국역사, 한국문화, 한국인의 사상 등에 관련된 민족교육 프로그램이라 할 수 있다. 프로그램의 형식과 프로그램의 핵심 대상 집단에 따라 내용은 다양하게 개발될 수 있을 것이다.

여기에는 한국어 공인 학습기관 운영, 한국문화 과정, 집중 한국어 과정, 지역 민속과정, 기타 프로그램이 포함된다. 한국어 공인 학습기관 운영은 현재 한국학 및 한국어와 관련된 연구기관은 존재하지만 공인 학습기관은 존재하지 않는 현실을 고려하여, 이를 전담하는 학습기관을 설립하는 것을 주된 내용으로 한다. 한국어 공인 학습기관이 설립될 경우, 이를 통해 각 대상별로 교육기간과 내용을 다양화하는 프로그램을 개발하고, 한국어 학습에 있어 세계적인 메카로서의 역할을 수행할 수 있을 것이다.

한국문화 과정은 한국 문화와 음악, 연극 및 영화 등을 통해 한국문화를 학습하는 프로그램으로 한국어 수준이 일정 수준 이상이 되는 재외한인 및 외국인을 위한 프로그램이다. 이러한 프로그램은 현재 존재하는 비영리 문화재단에 위임하는 형식을 통해 실시할 수 있다.

집중 한국어 과정은 비교적 짧은 기간 동안에 한국어 학습을 원하는 집단을 대상으로 실시되는 프로그램으로, 현재 한국어 교육과정을 개설하고 있는 대학에 위임하여 실시할 수 있다.

한편 지역 민속과정은 현재 국제교육진흥원에서 실시하고 있는 재외한인 학생 초청방문을 전국의 지자체로 확대하여 실시하는 것이다. 특히 지자체 가운데 민속 문화가 잘 보존된 지역을 특화하여 홈스테이나 워킹 홀리데이 형식을 통한 한국어 및 한국문화 학습이 이루어질 수 있도록 한다.

마지막으로 해외에서 한국어 및 한국학을 전공하는 재외한인 학생들과 한국의 국문과 및 국어교육과 학생들이 교류할 수 있는 장을 마련하는 프로그램도 실시해 볼 수 있다. 특히 한국어와 한국 문화에 관심이 많은 중앙아시아 지역의 재외한인 학생들에게 기회를 제공한다면 한국어 교육의 질을 높이는 기회가 될 수 있을 것이다. 실행 방안은 대학평가에서 국문학 및 한국학 교육 분야에서 높은 평가를 받은 대학에 위임하여 실시할 수 있다. 상술한 내용을 정리하면 〈표 Ⅶ-4〉와 같다.

〈표 Ⅶ-4〉 한국식 울판 프로그램의 예

종류	내용	실행 방안
한국어 공인 학습기 관 운영	- 현재 공식적인 한국어 학습과정을 제공 하는 학습기관이 존재하지 않는 상황 이므로 이를 전담하는 학습기관을 설 립하는 것이 필요함 - 재외한인 학생 및 교사, 교육관계자를 위한 단기 교육과정 개발, 실시	- 한국학중앙연구원과 같은 한국학 연 구기관과 국립국어연구원과 같은 한 글 연구기관이 공동으로 학습기관 설 립에 참여
한국 문화 과정	- 한국 문학, 음악, 연극, 영화, 예술작품 을 통한 한국문화 학습 프로그램(3개 월 혹은 6개월 과정) - 한국어 수준이 일정 수준 되는 재외한 인 및 외국인에 한함	- 비영리 문화재단에 위임
집중 한국어 과정	- 1달 혹은 2달 코스의 한국어 학습과정 - 18세 이상	- 현재 한국어 교육기관이 존재하는 대 학에 위임
지역 민속 과정	- 홈스테이 - 워킹 홀리데이 형식	- 각 시 단위의 지자체 가운데 민속문화 가 잘 보존된 지역을 중심으로 홈스테 이 및 워킹 홀리데이 형식을 통해 한국 어, 한국문화 학습 기회 제공
기타	- 해외 한국어 및 한국학 전공 재외한인 학생과 한국의 각 대학 국문과 및 국어 교육과 학생 교류 - 특히 한국어와 한국문화에 관심이 많은 중앙아시아 지역 학생들에게 기회 제공	- 대학평가에서 국문학 및 한국학 교육 분야에서 높은 평가를 받은 대학에 위 임하여 실시

이상의 프로그램 개발 시에는 교재 및 교구, 시청각 자료 등을 어떻 게 활용할 것인지에 대한 지침도 함께 포함되어야 한다. 또한 프로그램 개발진에는 한국학 전문가, 외국어교육 전문가, 국제교육 전문가, 재외 동포문제 전문가, 교육과정개발 전문가 등 다양한 분야의 전문가가 참 여할 수 있도록 해야 한다.

(2) 재외한인 민족교육 축제 (OKEF: Overseas Korean Education Festival)

현재 한민족 네트워크는 경제 및 과학기술 분야를 중심으로 실시되고 있고, 민족교육을 주제로 재외한인이 한 자리에 모일 수 있는 장이 거의 부재하다. 따라서 재외한인 민족교육 축제를 개최하여 재외한인의 민족교육에 대한 참여와 관심을 높이는 한편, 재외한인 민족교육의 실태와 문제점을 공유하고 나아가 개선 방안 및 비전을 마련하도록 해야 한다.

재외한인 민족교육 축제는 크게 민족교육 세계 포럼과 민족교육 문화제로 구성한다. 민족교육 세계 포럼은 재외한인 교육자 및 교육지도자를 모국에 초청하여 일방적으로 연수를 실시하는 기존의 방식이 아니라, 민족교육에 관한 교육 주체(재외한인 학생 및 학부모, 교사, 교육지도자)들이 민족교육의 현 실태와 문제점에 대한 진단 및 처방 그리고 장기적인 비전을 공유할 수 있는 장이 될 수 있어야 한다. 매 해 민족교육의 핵심 의제(교육이념과 방향, 교재개발, 교수방법 등)를 설정하고, 재외한인 교육전문가와 재외한인 학생 및 학부모, 교사, 교육지도자 등이 함께 참여해 심도 있는 논의를 진행할 수 있을 것이다. 포럼에서 논의된 내용들은 교육과학기술부, 재외동포재단, 국제교육진흥원 등 관련 기관들의 정책 입안이나 사업 추진에 적극적으로 반영하여 활용되도록 한다. 특히 실효성 있는 정책 제안을 하는 팀에게 민족교육 지원금이나 모국 방문 등의 인센티브를 주어 참여를 높이고 포럼의 효율성을 기하는 노력이 필요하다.

한편 민족교육 문화제는 세계 각지에 분산 거주하는 재외한인의 민족교육에 대한 관심과 참여를 높이기 위해 민족교육에 관한 에피소드를 중심으로, 다양한 매체와 장르로 표현한 작품을 선보이는 장이 되게 한다. 민족교육 문화제는 재외한인들의 민족교육의 경험을 공유하는 동시에 다문화를 학습할 수 있는 기회를 제공하기 위한 것이다. 이를 통해 재외한인들의 민족교육에 대한 관심과 참여를 제고시킬 수 있을 것이다. 민족교육 문화제는 민족교육에 대한 관심과 참여를 높이기 위해, 홀수 해는 한국에서 짝수 해는 해외에서 행사를 개최하는 것도 의미가 있을 것이다.

(3) 재외한인 차세대 탐방 프로그램 (OKYE: Overseas Korean Young Explorer)

이 프로그램은 재외한인 차세대들이 직접 모국에서의 탐방활동의 주제 및 탐방지역을 선정함으로써 모국에 대한 참여와 관심을 높일 수 있게 한다는 점에서 기존의 연수나 모국 초청 프로그램과는 차이가 있다. 모국 탐방 프로그램에 대한 지원을 통해 재외한인 차세대들로 하여금 모국에 대한 관심을 제고하고, 탐방 과정을 통해 모국에 대한 애정과 민족정체성을 높일 수 있도록 유도할 필요가 있다. 이를 위해서는 교육과학기술부 내에 새로운 부서를 신설하고 외교통상부 및 문화체육관광부 등의 부서간 협력 체계를 마련하여 프로그램이 원활하게 진행될 수 있도록 지원해야 할 것이다.

재외한인 민족교육 탐방 프로그램은 다음과 같이 운영될 수 있다. 우선 탐방 프로그램에 응모할 수 있는 자격은 한글학교나 한국교육원에서 한국어 교육을 적정 기간 이수한 재외한인 차세대 청소년과 청년에 한정한다. 이는 재외한인 차세대들의 모국에 대한 관심을 제고하기 위한 것이다. 이들은 모국에 대한 자유 주제로 탐방 프로그램에 응모할 수 있으며, 탐방지역은 모국 뿐만 아니라, 세계 여러 지역에서 활동하고 있는 재외한인에 관한 주제라면 모두 가능할 수 있도록 한다. 크게 미주 지역, 아시아 지역, 유럽 지역으로 나누어 탐방이 이루어질 수 있도록 유도할 수도 있겠다.

교육과학기술부의 담당 부서에서 탐방 목적 및 내용을 포함한 참가 신청서 및 관련 서류를 받아 서류심사와 면접심사를 거쳐 합격자를 선발한다. 각 팀별로 탐방 이후에는 보고서를 제출하게 하고, 탐방 결과를 공유하는 자리를 갖게 하여, 이들이 재외한인 차세대라는 이름으로 네트워크를 형성할 수 있도록 한다. 온라인 민족교육 네트워크가 구축될 경우, 웹 사이트를 통해 OKYE의 활동 결과를 공개하고, 이에 대한 관심을 제고시킬 수 있을 것이다. OKYE의 네트워크가 탐방 이후에도 지속될 수 있도록 온라인 민족교육 네트워크를 통해 연계할 수 있는 방안을 마련하는 것도 중요할 것이다.

2. 온라인 민족교육 네트워크의 구축

1) 온라인 네트워크의 필요성 및 특징

일반적으로 네트워크 또는 공동체의 가장 중요한 기능은 구성원들에게 소속감과 동질감 및 집단 정체성을 부여하여 그들의 사회적 욕구를 충족시키는 것이다. 온라인 네트워크의 구성원들 역시 주제에 대한 정보와 의견을 지속적으로 교환하고 공유함에 따라 서로에 대해 잘 알게 되고 정서적인 친밀감까지 느끼는 관계로 발전하게 된다. 뿐만 아니라 그들이 교환하는 정보에 대한 상호비교와 평가를 통해서 집단 학습과 집단 실천까지도 경험할 수 있다. 이러한 상호작용 경험을 통해 비록 물리적인 공간이 부재할지라도 구성원들은 서로 실제적인 감정교류를 하게 되며 대면적인 만남 못지않은 우정과 정서적 애착을 공유함에 따라 사회적 유대감을 획득하게 된다. 즉 온라인 공동체는 인간이 살아가는 데 있어서 필수적인 사회적 지지를 구성원들 간의 상호 작용을 통해 제공해줌으로써, 온라인 네트워크의 구성원들은 자신들의 소속감과 유대감을 강화시키게 되는 것이다.

개방성과 쌍방향성 그리고 익명성이라는 특징을 지닌 온라인 네트워크는 몇 가지 면에서 기존의 네트워크와는 다른 특성을 보인다(Wellman and Gulia , 1999; 이건, 1999). 우선 온라인 네트워크는 공간적인 구속이 없는 공동체라는 특징을 갖는다. 또한 온라인 네트워크는 구성원들의 공통 관심사(common interests)를 기반으로 한다. 아울러 온라인 네트워크는 상호작용 중심의 공동체이다. 단지 어떤 공동체에 속해있다는 소속감만으로는 온라인 네트워크의 구성원이 될 수 없다. 상호작용을 하지 않는 구성원은 오프라인의 공동체에서보다 더 쉽게 잊혀지며, 그가 공동체에 속해 있다는 사실조차 인정되지 않는다. 하지만 여기에서 상호작용은 직접적이고 대면적인 오프라인 상의 상호작용과는 달리 구성원들 간의 실제적 접촉 없이 일어난다는 점에서 간접적이라는 특성을 지닌다. 온라인 네트워크는 구성원들 간의 '약한 유대'(weak tie)를 기반으로 한다. 온라인 공동체의 구성원들도 다른 공동체의 구성원들과 같이 소속감과 유대감을 느끼지만, 그렇다고 해서 그들이 항상 동일한 시간을 공유하지는 않는다. 한편 온라인상의 집단에서는 직접적인 상호작용을 눈으로 확인할 수 없기 때문에, 오프라인의 집단들 보다 훨씬 쉽게 와해될 가능성이 있다. 따라서 온라인 공동체가 유지되기 위해서는 구성원들의 상호 작용을 뒷받침 할 수 있는 일정 수준 이상의 지속성이 필수적이다. 마지막으로 온라인 공동체는 가입과 탈퇴가 비교적 자유롭기 때문에 열려있는 공동체라고 할 수 있다.

2) 온라인 학습 네트워크의 가능성과 한계

온라인 교육은 학습자 중심의 교육, 평생학습 체제의 구현, 시공간을 초월한 상호작용 환경을 구현할 수 있는 특징을 지니고 있다. 아울러 온라인 시스템은 몇 가지 점에서 재외한인 민족교육 네트워크의 형성에 커다란 가능성을 제공해 준다.

우선 온라인 교육체제에서는 학습자 개인이 필요한 정보를 찾고, 분석하고, 네트워크 상에서 다양한 의견을 교환할 수 있는 환경이 제공되기 때문에, 세계 각국에 분산된 재외한인 차세대들을 위한 맞춤식 학습 환경을 제공할 수 있을 것으로 예상된다. 또한 오늘날 사회는 일과 학습이 분리되지 않은 특성을 보이고 있는 평생학습 체제를 지향하고 있다. 따라서 교육체제는 학교교육, 일터에서의 교육과 가정에서의 교육, 그리고 지역사회에서의 교육과 통합되어 다양한 학습 기회를 제공하도록 권장된다. 이에 온라인 교육시스템은 재외한인들의 가정과 학교, 직장과 사회가 네트워크로 연결되고 다양한 종류의 지식과 기술, 경험이 공유될 수 있도록 하는 데 기여할 수 있을 것이다.

다음으로 온라인 교육시스템에서는 시공간을 초월한 상호작용이 가능한 환경을 구현할 수 있다. 많은 정보가 빠르게 생성되고 유통되는 현대 사회에서 민족교육에 관한 학습자료와 정보교환은 유용한 학습자원이 될 수 있다. 온라인 프로그램을 통한 학습, 서로 다른 지역의 재외한인 학생들간의 상호작용, 학생과 민족교육 담당교사간의 상호작용, 각 지역별 민족교육 담당교사들간의 상호작용 형식은 면대면 방식의 학습과 상호작용이 지닌 시공간의 제약을 극복하는 데 일정 수준 기여할 수 있을 것이다.

이러한 온라인 교육시스템을 재외한인 민족교육에 적용할 경우 산재한 재외한인 학생들에게 민족교육의 기회를 제공할 수 있다는 점에서 긍정적이다. 나아가 민족교육 담당교사를 대상으로 한 교사 연수를 실시할 수도 있다. 특히 민족교육 담당교사의 수급이 원활하지 않은 지역에서는 온라인 교사양성 프로그램을 통해 이러한 문제를 해결할 수 있을 것이다. 또한 양질의 교육 프로그램을 통해 민족교육 교사를 재교육시킴으로써 이들의 전문성을 제고할 수 있을 것으로 기대된다. 한편 재외한인 민족교육 담당교사들의 대부분이 적합한 학습 자료가 부족하다는 지적을 하였는바, 온라인 민족교육 시스템을 통해 유용한 학습 자료와 새로운 교수 방법을 소개할 수 있다는 장점이 있다.

무엇보다도 온라인 민족교육 시스템은 민족교육을 중심으로 재외한인들간의 네트워크를 형성할 수 있게 한다는 점에서 한민족공동체 형성의 한 방안이 될 수 있다. 특히 모든 재외한인 사회가 현재 세대교체를 경험하고 있는바, 정보통신매체에 친숙한 재외한인 차세대들에게 온라인 네트워크에 참여할 수 있는 기회를 제공하는 것은 원활한 세대교체를 가능하게 하는 기반이 될 수 있다.

그러나 온라인 민족교육 시스템은 상술한 가능성에도 불구하고 일정한 한계점을 지니고 있다. 우선 온라인 교육시스템의 구현은 초기 투자비용의 과다, 기술개발 비용, 그리고 지속적 관리 비용의 증대라는 문제점이 제기되고 있다. 게다가 재외한인 구성원의 이질성과 정보 격차도 온라인 민족교육 시스템 도입에 큰 장애요인으로 작용할 수 있다. 재외한인들은 이질적인 사회적, 문화적 환경에서 생활하고 있고, 이들이 민족교육이라는 동일한 주제로 온라인 공간에 활발하게 참여할 수 있을지는 미지수다. 일례로 중국 조선족의 경우 공교육 체제를 기반으로 민족교육을 체계적으로 실시해 왔기 때문에 조선족들의 민족어와 민족문화에 대한 이해 수준은 높은 편이다. 그러나 중앙아시아 한인들의 경우 이주의 역사가 오래 되어 한국어 구사가 어렵다. 특히 이 지역에는 인터넷 인프라가 제대로 갖추어져 있지 않기 때문에 온라인 민족교육 시스템에 대한 접근이 쉽지 않을 것으로 보인다. 또한 지역별, 세대별로 재외한인들의 한국어 구사능력과 정보화 능력에 따른 정보격차가 존재한다. 동일한 지역의 구성원이라 하더라도 인터넷을 사용하는 사람과 그렇지 않은 사람은 서로 다른 생활공간을 영위하고 있는 것으로 볼 수 있기 때문에, 정보격차로 인해 온라인 민족교육 시스템에 접근하지 못하는 것은 지역별 네트워크 형성에 또 다른 걸림돌로 작용할 가능성이 있다.

또한 온라인 민족교육 시스템의 최첨단 기술을 활용하여 민족교육 자료를 개발, 보급한다고 해서 민족교육의 효과가 바로 나타나리라고 장담할 수는 없다. 왜냐하면 온라인 매체가 지닌 익명성과 탈맥락성의 특성으로 인해 온라인 시스템을 통한 네트워크 형성에 장애가 발생할 수 있기 때문이다. 이 때문에 모든 사회적 조건과 환경적 조건을 벗어난 새로운 방식의 네트워크가 가능할 수 있는지에 대해서도 상반된 견해가 존재한다. 따라서 온라인 민족교육 시스템을 운영함에 있어 각 재외한인 거주 지역별 특성을 고려하고, 재외한인들의 민족교육에 대한 동기와 요구 수준을 반영하는 등 면밀한 검토가 우선되어야 할 것이다.

3) 온라인 민족교육 네트워크의 현황

지금까지 재외한인들을 위한 민족교육이 원활하지 못했던 것은 한편으로 민족교육에 대한 재외한인들의 민족교육 수요를 제대로 파악하지 못했기 때문이며, 다른 한편으로 이들이 세계 각국에 분산되어 있어 체계적인 교육 지원이 이루어지지 못했던 것도 한 원인이라고 할 수 있다. 그러나 정보 통신기술, 특히 인터넷을 통한 광범위한 연결망의 구성, 대용량 자료전송 기술, 쌍방향 의사소통 기술의 발전은 정보 사회의 구현을 촉진하고 있으며, 교육은 이러한 정보통신 기술의 변화에 지대한 영향을 받고 있다. 정보통신 기술의 발전은 '자료 접근성'과 개인간의 '상호작용적인 연결성'을 가능하게 하는 특성이 있으며(임철일, 2003), 이는 세계 각국에 분산된 재외한인들을 위한 민족교육에 이점을 제공해 줄 수 있다. 이러한 측면을 고려하여 재외동포기관 및 유관 단체들은 인터넷 사이버 시스템을 이용하여 재외한인들을 위한 교육을 지원하고 있다. 여기에서는 현재 실시되고 있는 온라인 민족교육 네트워크 현황에 대해서 살펴보도록 하겠다.

(1) 국제교육진흥원의 KOSNET(http://www.kosnet.go.kr/)

국제교육진흥원에서는 2001년 12월부터 외국인 및 재외한인을 위한 온라인 한국어 학습 프로그램을 제공하고 있다. KOSNET의 컨텐츠는 유아용, 어린이용Ⅰ, 어린이용Ⅱ, 청소년·성인용 등 4 단계 프로그램으로 구성되어 있고, 각 단계별로 수준에 맞는 학습장면을 설정하여 쉽게 한국어를 습득, 활용할 수 있도록 되어 있다. 그러나 KOSNET에서는 한국어 학습 프로그램만을 제공할 뿐, 그 외 한국의 문화, 역사, 예술 등 다양한 학습 프로그램을 제공해 주지 못하고 있다. 각 지역의 재외한인들이 민족교육에 대한 다양한 요구수준을 가지고 있다고 가정하면, KOSNET의 프로그램은 재외한인들의 민족교육에 대한 요구수준을 충족시키기에는 한계가 있다.

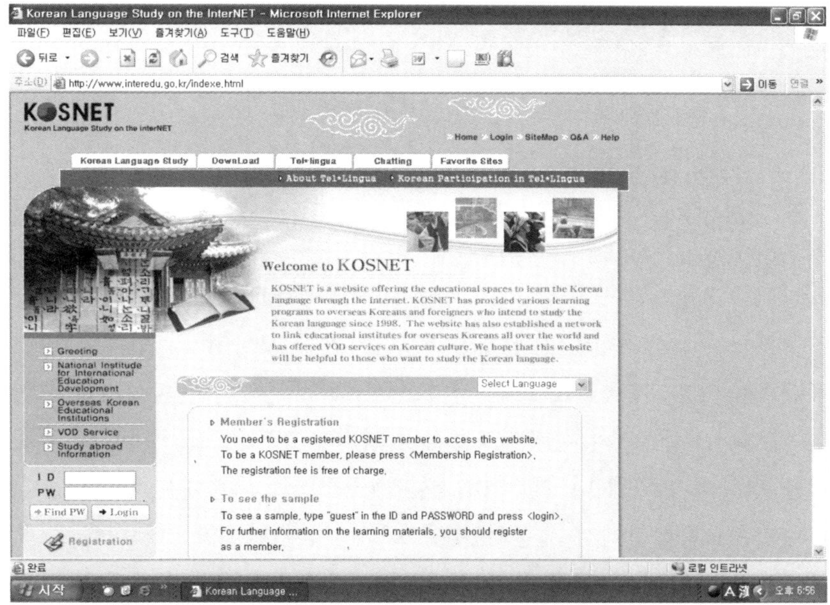

〈그림 Ⅶ-1〉 국제교육진흥원의 한국어 학습 프로그램 KOSNET

또한 재외한인 민족교육에서 중요한 교육주체는 민족교육을 담당하는 교사들이다. 민족교육 담당 교사들의 전문성이 민족교육의 질과 그 효과에 상당한 영향을 미친다고 볼 때, 이들을 위한 체계적인 연수 프로그램이 매우 중요하다. 그러나 KOSNET의 시스템은 해외에서 한국어를 가르치는 교사들을 위한 연수 프로그램을 지원하고 있지 못하다. 무엇보다도 재외한인 민족교육을 위한 온라인 교육시스템이 필요한 이유는 아직까지 재외한인 민족교육을 특화한 웹사이트가 개발되어 있지 않을 뿐만 아니라 민족교육에 관한 컨텐츠 역시 다양하지 않기 때문이다. 아울러 세계 각지에 산재한 재외한인들을 연계시킬 수 있는 방안은 인터넷을 기반으로 한 네트워크 구축이라고 볼 때, 온라인 교육시스템의 개발은 오히려 늦은 감이 없지 않다. 따라서 재외한인 민족교육을 위한 온라인 교육시스템을 마련하고, 그것을 통해 각 지역별 재외한인들의 기대수준에 부합하는 교육내용 및 최적의 교육이 이루어질 수 있는 학습 환경을 제공하는 것이 민족교육을 내실화하고 활성화하는 방안이 될 수 있다.

(2) 한국교육학술정보원(KERIS)의 한민족교육마당 (http://korean.edunet4u.net)

한민족교육마당은 중앙교수학습센터 에듀넷(EDUNET)의 하위 메뉴의 하나로서, 재외한인의 정체성 확보를 위한 모국어 및 한국사 관련 콘텐츠를 개발, 제공하는 포털 서비스 체제로 구축된 것이다. 아울러 한민족교육마당은 재외 한국학교들간의 협력을 도모하고, 모국과의 연계성을 강화하기 위해 다양한 서비스를 제공하려는 취지에서 마련되었다.

한민족교육마당에서 제공하는 서비스는 재외 한국학교에 대한 소개, 학급교류 프로젝트, 한국어 및 한국문화, 해외지역 자료를 수집한 학습자료실, 이야기마당, 포토갤러리 등이다. 뿐만 아니라 2006년 2월에는 재외한인 e-러닝 지원을 위해 에듀넷 멀티미디어 교육자료와 EBS 교육용 콘텐츠가 탑재된 홈페이지 서버를 재외 한국학교에 제공하기도 했다.

그러나 한민족교육마당 홈페이지를 살펴보면 재외한인들의 참여가 부진하다는 것을 알 수 있다. 그것은 한민족교육마당을 통해 제공되는 서비스 내용이 재외한인들의 요구 수준에 부합하지 않는다는 점에 원인이 있다. 학급교류 프로젝트나 학습자료실의 내용을 보더라도, 부실한 정보들이 주를 이룬다. 뿐만 아니라 모국의 학교현장에서 사용하고 있는 에듀넷 멀티미디어 교육자료나 EBS 교육용 콘텐츠를 재외한인에게 그대로 사용하도록 한 점은 재외한인들이 거주하고 있는 각 국가별 사회문화적 환경을 고려하지 못한 것이라고 할 수 있다. 따라서 재외한인들을 위한 교육 콘텐츠나 포털 서비스 체제를 구축한다고 할 때, 지역별 재외한인들의 요구 수준을 고려해야 할 것이며, 콘텐츠 내용의 전달도 학습자의 연령을 고려하여 적합한 매체를 사용하도록 해야 할 것이다.

(3) 한국어세계화재단의 한국어교실(http://www.glokorean.org/)

한국어세계화재단은 한국의 국제적 위상이 높아짐에 따라 국내외 한국어 학습에 대한 다양한 수요를 충족시킬 수 있는 교재 및 기초 학습사전을 연구 개발하고, 한국어 교사의 양성 및 교육 연수 프로그램을 개발하여 한국어의 세계화를 추진하기 위한 목적으로 설립되었다. 이러한 목적을 달성하기 위해 한국어세계화재단에서는 주로 한국으로 이주한 외국인 근로자 및 재외한인들을 대상으로 한국어 교육 사업을 실시하고 있다.

그러나 한국어세계화재단이 주로 한국어 교재 및 교원 양성 프로그램의 개발에 주력하다 보니 재외한인들을 위해 특화된 한국어 교육 사업은 실시하고 있지 않다. 또한 재단이 실시하고 있는 교원 양성 프로그램은 온라인 교육 프로그램의 형태가 아니라 '한국어 교육능력 인증

시험'을 관리함으로써 한국어 교원의 자질 향상을 제고하는 데 초점이 맞추어져 있기 때문에 재외한인 민족교육 교사들에게는 실질적인 도움을 제공하고 있지 못하다.

(4) 재외동포재단의 Teen Korean(http://study.korean.net/)15)

재외동포재단에서 만든 Teen Korean은 재외한인 청소년들을 위한 웹 페이지로서, 청소년들의 감수성과 관심사를 반영하여 만들어졌다. Teen Korean은 학생용 메뉴(student: 한국어강좌, 한국에 대한 소개, 한국 드라마, 퀴즈, 노래, 동화), 교사용 메뉴(teacher: 우리학교 소개, 교사 사랑방, 자료실, 사진첩, 숙제검사), 리더십 커뮤니티(leadership community: 한글학교 운영사례, 한글학교 운영수기), 커뮤니티(community: 펜팔, 월드포토 UCC, 문화 경험), 정보(information: 한국 학교에 대한 정보, 해외에 있는 한국학교, 한국어능력시험)로 구성된다.

학생들을 위한 메뉴 가운데 한국어 강좌는 초, 중, 고급으로 청소년들의 관심사에 부합하는 주제들로 내용을 구성하고, 해당 강좌를 한글 파일과 MP3 파일로 서비스하여 학습자의 편의를 돕고 있으며, 또한 드라마, 게임, 퀴즈 등의 형식을 도입하여 재외한인 청소년들의 참여를 높이기 위해 노력하고 있다. 또한 정보(information) 메뉴에서는 한국 유학에 대한 정보와 한국생활과 문화에 대한 정보를 제공하고 있다. 이 외에도 한글학교 교사들이 한국어 수업에서 활용할 수 있는 자료를 공유할 수 있도록 한 점은 Teen Korean이 가진 장점으로 지적할 만하다.

상술한 여러 가지 장점에도 불구하고 Teen Korean은 재외한인 청소년 네트워크, 나아가 재외한인 민족교육 네트워크를 위한 도구로 활용되기에는 몇 가지 제한점이 있다. 물론 Teen Korean은 온라인 상의 재

---

15) TeenKorean은 최근 Study Korean으로 명칭을 바꾸면서 교사들을 위한 메뉴와 한글학교 운영사례와 운영수기를 공유하는 리더쉽 커뮤니티 메뉴를 추가하였다.

외한인 청소년 네트워크를 시도했다는 점에서 의미가 있지만, 이들을 네트워크로 묶어내는 구심점이 존재하지 않는다. 즉 다양한 메뉴를 제공하고는 있지만 웹페이지가 목적으로 하는 바가 명확하게 제시되고 있지 못하기 때문에, 특화된 프로그램이 존재하지 않는다. 재외한인 민족교육 네트워크의 차원에서 보더라도, Teen Korean에서 제공하는 한국어, 한국문화 강좌는 다양한 지역에 거주하는 재외한인 청소년들의 관심사와 수준을 반영하기에는 한계가 있다. 이러한 이유 때문에 Teen Korean에서의 커뮤니티 개설이 활발하지 못하고, 재외한인 청소년들의 참여도 활발하지 않다.

〈그림 Ⅶ-2〉 재외동포재단의 재외한인 청소년 네트워크 Teen Korean

이러한 문제를 해결하기 위해서는 네트워크 형성에 있어서 구심점을 마련하는 것이 무엇보다도 중요하다. 예컨대 직종별 전문가를 연결하는 한상네트워크, 한민족과학기술자 네트워크, 경영인, 과학자, 한민족 글로벌벤처네트워크가 뚜렷한 주제로 구성된 점을 고려할 때 재외한인 민족교육도 명확한 목표를 마련할 필요가 있다. 또한 전술한 바와 같이 온라인 네트워크가 실효성을 기하기 위해서는 오프라인 네트워크와 연계하는 방안을 반드시 마련할 필요가 있다. 따라서 방향성 없이 무작위적으로 네트워크를 형성하기 보다는 지역별 재외한인들을 위한 온라인 커뮤니티가 우선적으로 형성될 수 있도록 하는 방안을 마련하고, 그것이 오프라인 네트워크로 연계될 수 있는 별도의 프로그램을 개발할 필요가 있을 것이다.

4) 온라인 민족교육 네트워크의 개선 방안

온라인 민족교육 네트워크의 목표는 각 지역의 재외한인들이 민족교육을 매개로 네트워크를 구축하는 데 있다. 여기에서는 온라인 민족교육 시스템을 가칭 '한민족 에듀넷'(Koreanedu.net)으로 명명하고, 민족교육 체제의 대략적인 설계, 개발, 운영과 관련된 핵심적인 내용을 정리해 보고자 한다. 우선 한민족 에듀넷의 목표시스템 구성도는 〈그림 Ⅶ-3〉과 같다.

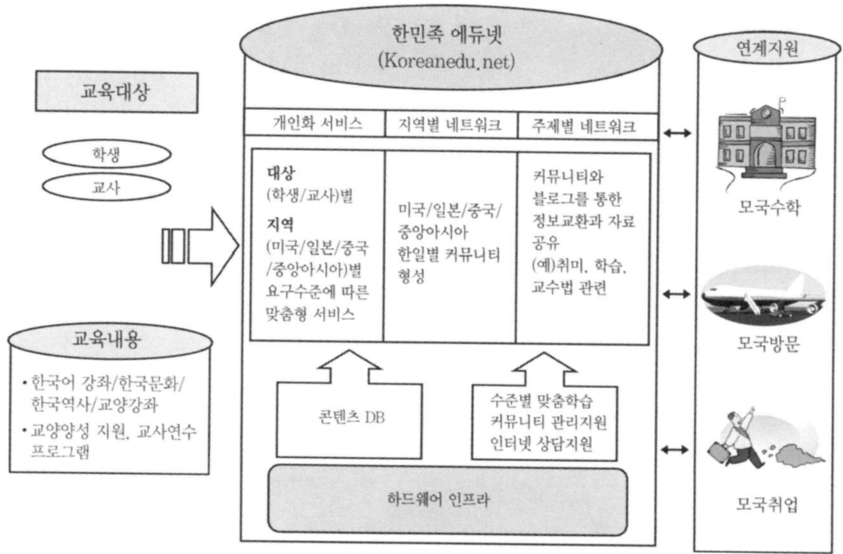

〈그림 Ⅶ-3〉 한민족 에듀넷(Koreanedu.net) 목표시스템 구성도

(1) 교육대상과 교육내용

우선 한민족 에듀넷의 주된 교육대상에는 학생과 민족교육 담당교사
가 포함될 수 있다. 교육대상별 교육내용은 재외한인 학생 및 교사의
요구수준을 토대로 설계되어야 할 것이다. 단 재외한인 학생의 민족교
육에 대한 요구수준은 학부모의 요구수준까지 반영한 것으로 볼 수 있
다. 중요한 것은 온라인 민족교육 시스템에서 제공하는 교육내용이 지
역별 학생 및 교사의 요구수준을 반영하여 개발되어야 한다는 데 있다.
지역별 재외한인 민족교육의 교육내용을 결정하기 위해 Ⅲ장에서부터
Ⅵ장까지 살펴본 재외한인의 민족교육에 대한 요구수준을 정리해 보면
〈표 Ⅶ-5〉와 같다. 지역별로 민족교육에 대한 요구수준의 우선순위에
차이가 있으나, 학생과 학부모 모두 민족교육에 대해 유사한 요구수준
을 가지고 있음을 알 수 있다. 즉 학생들은 한국방문이나 한국의 대중
문화 프로그램에 많은 관심을 가지고 있었다. 그리고 한국어, 역사, 문

화 이해 프로그램과 민족교육 담당교사 양성 및 연수의 필요성을 강하게 인식하고 있었다. 학부모들 역시 교사양성과 교사연수 프로그램을 중요하게 인식하고 있었고, 한국어, 역사, 문화 이해 프로그램 및 한국 방문 프로그램도 중요하게 평가하였다.

〈표 Ⅶ-5〉 재외한인 교육대상별 민족교육에 대한 요구수준

지역 \ 대상	순위	부모		학생	
미국	1	한국어, 역사, 문화 이해 프로그램		한국 방문 프로그램	
	2	이중언어 다문화 이해 교사양성		한국 대중문화 소개 프로그램	
	3	정기적 교사연수 프로그램		이중언어 다문화 이해 교사양성	
일본		민단계	총련계	민단계	총련계
	1	이중언어 다문화 이해 교사양성	한국과 거주국의 상호비교 가능한 교재	한국의 대중문화 소개 프로그램	정기적인 교사연수
	2	한국어, 역사, 문화 이해 프로그램	한국어, 역사, 문화 이해 프로그램	이중언어 다문화 이해 교사양성	이중언어 다문화 이해 교사양성
	3	정기적인 교사연수	정기적인 교사연수	한국방문 프로그램/한국어, 역사, 문화 이해 프로그램	한국방문 프로그램
중국	1	정기적인 교사연수		이중언어 다문화 이해하는 교사양성	
	2	한국과 거주국의 상호비교 가능한 교재		정기적인 교사연수	
	3	이중언어 다문화 이해하는 교사양성		한국과 거주국의 상호비교 가능한 교재	
중앙아시아	1	정기적인 교사연수		한국방문 프로그램	
	2	이중언어 다문화 이해 교사양성		한국의 대중문화 소개 프로그램	
	3	한국방문 프로그램		한국과 거주국의 상호비교 가능한 교재	

상술한 내용을 고려할 때, 학생들을 위한 민족교육 내용은 한국어, 역사, 문화 이해 프로그램을 기본으로 구성하되 한국 방문과 한국 문화

소개 프로그램을 병행할 필요가 있다. 교사들을 위한 교육에는 무엇보다도 이중언어와 다문화를 이해할 수 있는 내용이 포함되어야 할 것으로 보인다. 또한 새로운 교수법이나 한국어, 한국 역사와 문화에 대한 새로운 정보를 제공하는 정기적인 교사연수 프로그램이 제공되어야 한다.

(2) 시스템 구성과 운영

□ 하드웨어 인프라

한민족 에듀넷의 하드웨어 인프라는 한국교육개발원의 온라인 교육 시스템을 이용하거나, 한국교육학술정보원의 인프라를 이용할 수 있겠다. 학습 콘텐츠는 교육내용별로 전문가들과의 협의를 거쳐 개발할 필요가 있다. 이를테면 한국어 강좌, 한국문화 및 한국역사에 대한 프로그램을 개발할 시에는 각 영역에 대한 전문가와 교육학자, 그리고 재외한인 전문가들의 공동 참여가 요구된다.

한민족 에듀넷에서는 학생과 교사별로 각 교육내용에 대한 수준별 맞춤학습을 제공해 줄 필요가 있다. 아울러 지역별 재외한인 네트워크가 원활하게 이루어질 수 있도록 커뮤니티 회원, 게시판, 공지사항 등에 대한 관리를 지원하고, 학생 및 민족교육 담당교사들의 교육을 보완하기 위한 인터넷 상담 지원 역시 이루어져야 할 것이다.

□ 한민족 에듀넷의 주요 기능

한민족 에듀넷은 다양한 기능을 구현할 수 있으나, 세 가지 주요 기능을 중심으로 구성될 수 있다. 학생과 교사를 대상으로 한 학습 개인화 서비스, 각 지역별 재외한인 네트워크, 모든 재외한인들이 참여할 수 있는 주제별 네트워크가 그것이다. 주요기능별 세부 구현 내용을 제시하면 다음과 같다.

학습 개인화 서비스와 관련하여, 강의실, 문제은행, 학습창 기능을 제공할 수 있다. 강의실에서 이루어지는 주요 업무는 수강, 과제 수행, 시험 등이다. 원활한 학습과 학습 상호작용이 이루어지기 위해서는 강좌 상담, 강좌 공지사항, 게시판, 토론방, 자료실, 채팅방 등의 부가기능이 구현되는 것이 효율적이다. 또한 문제은행란에서는 문항을 제작하여 DB화 한 후 이를 활용하여 시험문제 출제 및 평가관리를 하는 것이다. 특히 재미한인 학생들의 경우 SATⅡ에 한국어가 포함되어 있기 때문에, 한국어 강좌에 대한 문제은행을 활용해 시험에 대한 대비를 할 수 있을 것으로 보인다. 학습창은 학생들이 실제로 강의를 수강하는 곳이며, 여기에서는 한민족 에듀넷 교육시스템의 특성에 맞게 개발된 교육 콘텐츠가 전달된다. 학습창에서는 강좌별 동영상자료나 MP3 파일자료, 사이버 학습지, 민족교육 담당 교사를 위한 자료 등의 다운로드가 가능하도록 메뉴를 설정하는 것이 필요하다. 한편 지역별, 주제별 커뮤니티 및 주제별 온라인 동호회 활동을 통해 지역별, 지역간 재외한인 네트워크를 활성화할 수 있을 것이다.

❑ 연계지원

재외한인 학생들은 한국 방문에 대한 관심이 높았다. 한국 방문을 원하는 사람들 중에는 한국에서 일정 기간 수학하기를 원하거나, 취업할 수 있는 기회를 찾기도 한다. 따라서 재외한인들의 모국 수학과 모국 방문, 그리고 모국에서의 취업에 대한 지원은 한민족 에듀넷을 활성화하고, 재외한인 민족교육 네트워크를 구축하는 데 기폭제 역할을 할 것으로 예상된다.

상술한 연계지원 활동이 효율적으로 이루어지기 위해서는 모국 수학, 모국 방문, 모국에서의 취업에 대한 자세한 정보를 제공하고, 해당 기관에 재외한인을 연계시켜 주는 작업을 하도록 해야 한다.

(3) 지역별 온라인 민족교육 시스템의 기대효과

온라인 민족교육 시스템을 통한 재외한인의 네트워크를 구축하는 방안이 지역마다 어떤 결과를 가져올 수 있을 것인지에 대해서는 동일한 결론을 내리기는 힘들다. 각 재외한인 사회마다 서로 다른 강점과 약점, 기회와 위협 요인이 존재하기 때문이다.

이러한 온라인 민족교육 시스템의 기대효과를 사전에 파악할 수 있는 방법에는 SWOT 분석이 있다. SWOT 분석을 통해, 현재나 미래의 한 시점의 지역별 민족교육의 장단점과 기회, 위협 요인을 확인할 수 있다. 강점(Strength)은 유능한 분야를 의미하며, 주변 환경을 고려할 때 지역별 민족교육 환경의 강점이 온라인 민족교육 시스템의 활성화를 어떻게 지원할 수 있는가를 의미한다. 약점(Weakness)은 재외한인 지역별로 민족교육이 부진할 수 있는 위험을 야기하는 영역을 나타내는 것이다. 즉 재외한인 민족교육의 취약성을 드러낼 수 있는 전체적인 특성을 찾아내는 작업이 여기에 해당한다. 기회(Opportunity)는 강점이 보완되고 약점이 약화될 때 혁신이 생길 수 있는 주요 영역을 부각시키는 것이다. 위협(Threat)은 기회가 실현되지 않거나 지역별 재외한인 민족교육의 약점이 강점을 압도할 때 나타나는 결과를 부각시키는 작업이다.

SWOT 분석의 본질은 이들 4개 영역 각각과 관련된 쟁점을 수면 위로 떠올리고 강점과 기회를 강화하고 육성하는 전략을 고안하는 동시에, 약점을 줄이고 위협을 감소시키는 데 있다. 또한 재외한인 지역 내부를 투명하게 꿰뚫어 보도록 함으로써, 재외한인 사회가 보유한 자원을 보다 효율적으로 결집시켜 약점을 극복하고 위협을 줄일 수 있도록 한다. 각 지역별 온라인 민족교육 시스템에 대한 SWOT 분석 결과는 〈표 Ⅶ-6〉과 같다.

<표 Ⅶ-6> 온라인 민족교육 시스템에 대한 SWOT 분석

내용 / 지역	강점	약점	기회	위협
재미한인 사회	- 기존 재미한인 사회의 네트워크 활용가능 - 인터넷 인프라 구축	- 민족교육에 대한 동기 부족	- 모국방문 및 모국 취업 활성화로 모국에 대한 애착 증가 - 인력자원 활용 증가	- 민족교육에 대한 무관심 팽배
재일 코리안 사회	- 민족교육을 지탱하는 한인 단체(민단과 총련)의 존재 - 총련계 민족학교를 중심으로 한 민족교육의 기반이 갖추어져 있음	- 귀화 증가 - 일본인과의 혼인 증가	- 민단과 총련의 화해로 민족교육이 활성화될 가능성	- 민단과 총련의 화해 분위기가 와해될 경우, 민족교육의 위기와 교민 사회의 분열 증대
재중 한인 사회	- 공교육 체제를 기반으로 한 민족교육	- 한족학교에 대한 선호 증가 - 조선족학교의 학생 수 감소	- 민족교육의 혁신을 통한 조선족학교의 개혁 가능성	- 자치주 및 민족교육의 붕괴 심화
재중앙 아시아 한인 사회	- 민족교육에 대한 관심과 동기가 높음	- 열악한 민족교육 기관 시설 - 인터넷 인프라 미비	- 이주의 역사가 오래된 한인들에게 민족정체성을 강화시켜 줌	- 모국의 관심과 지원이 부족하다는 인식과 소외의식 강화

재미한인 사회의 경우, 이미 재미한인 사회의 네트워크가 비교적 잘 구축되어 있고, 타지역에 비해 인터넷 인프라가 잘 갖추어져 있다는 점이 강점으로 작용할 수 있다. 반면 학생과 부모들이 민족교육에 대한 동기가 부족하다는 점을 약점으로 들 수 있다. 그러나 재미한인 학생과 학부모가 민족교육 내용 중 가장 선호하는 내용인 모국 방문이나 모국 취업이 활성화될 경우, 민족교육에 대한 동기나 모국에 대한 애착이 증가할 수 있을 것으로 기대해 볼 수 있다. 그리고 한국 정부 차원에서도

재미한인 인력을 활용할 수 있다는 점은 기회 요인이 될 수 있다. 반면 이러한 기대가 충족되지 못할 경우, 민족교육에 대한 무관심이 더욱 증가할 가능성도 존재한다.

재일코리안 사회의 강점은 오랜 시간동안 민단과 총련에 의해 민족교육이 실시되어 옴으로써 민족교육을 위한 공동 사업을 시도해 볼 수 있는 여건이 갖추어져 있다는 점이다. 특히 총련계 민족학교는 민족교육의 뿌리를 유지해 온 산실로 평가된다. 반면 매년 귀화자 수가 증가하고 있고 일본인과의 혼인비율 역시 증가하고 있는데 반해, 재일코리안 사회가 이에 대한 신속한 대응을 하고 있지 못한 점은 약점으로 지적할 수 있다. 만약 민단과 총련의 화합이 민족교육으로까지 이어질 경우 온라인 민족교육 시스템을 통한 민족교육의 활성화 방안은 구체화될 가능성이 크다. 그러나 민단과 총련의 화합에 대한 내부 이견과 갈등이 존재하고 있기 때문에 극단적인 경우 민족교육의 위기가 심화되고 재일코리안 사회의 분열이 가속화될 위험이 존재한다.

재중한인 사회의 경우 민족교육이 공교육 체제를 기반으로 실시되고 있다는 점을 강점으로 지적할 수 있다. 즉 학교교육 체제를 기반으로 온라인 민족교육 시스템을 활용할 수 있다. 그렇지만 한족 학교에 대한 선호와 조선족학교의 학생 수 감소는 약점이라 할 수 있다. 만약 온라인 민족교육 시스템을 통해 민족교육의 혁신을 이룰 수 있다면, 조선족학교를 개혁할 수 있는 기회가 될 수 있을 것이다. 그렇지만 이것이 실패할 경우, 자치주 및 민족교육의 붕괴가 심화될 수 있다.

중앙아시아 지역에서는 한인들이 민족교육에 대해 관심과 동기 수준 역시 높다는 점이 큰 강점 요인이다. 그렇지만 중앙아시아 지역은 다른 지역에 비해 민족교육기관의 시설이 열악하고 무엇보다 인터넷 인프라가 제대로 구축되어 있지 않기 때문에, 온라인 민족교육 시스템을 도입하는데 많은 제약이 있다. 만약 약점을 잘 극복하고 강점을 살릴 경우, 중앙아시아 한인들에게 민족정체성을 강화시켜 줄 수 있는 여건을 마련할 수 있다는 점에서 기회가 될 수 있다. 그렇지만 이에 대한 지원이 미비할 경우, 이주의 역사가 오래 된 중앙아시아 한인들에게 또 다른 소외감을 안겨줄 위험이 있다.

VIII
맺음말

1. 요약

오늘날 세계 각국에 흩어져 살고 있는 재외한인들은 세대교체 및 거주국 사회로의 동화라는 위기에 직면해 있다. 재외한인 민족교육은 이들이 한민족으로서의 정체성과 모국과의 긴밀한 유대를 형성하는 측면에서 중요한 의의를 갖는다. 그러나 이와 같은 중요성에도 불구하고, 지금까지 수행된 재외한인 민족교육에 관한 연구들은 실태를 파악하는 조사가 대부분이었고, 각 재외한인 사회에 적합한 민족교육 모형을 제시하지 못했다. 뿐만 아니라 재외한인 민족교육 네트워크 구축에 관한 논의 역시 발전시키지 못했다.

사실 재외한인 민족교육이 실효성 있게 이루어지기 위해서는 재외한인이 현재의 민족교육에 대해 어떤 평가를 내리고 있고, 향후 민족교육의 방향에 대해 어떻게 인식하고 있는지, 그리고 민족교육을 통해 기대하는 바는 무엇인지에 대한 정확한 진단이 필요하다. 그러한 작업이 선행되었을 때 각 지역별 재외한인 사회에 적합한 민족교육 모형이 마련될 수 있고 그에 따른 제도적 지원이 가능하다. 또한 민족교육 네트워크는 각 지역에서 분산적으로 실시되고 있는 재외한인 민족교육을 체계적으로 관리, 지원할 수 있는 기반이 될 수 있고, 민족교육에 대한 관심과 참여를 높임으로써 민족교육을 활성화시키는 역할을 할 수 있다는 점에서 중요하다. 이 때문에 민족교육 네트워크 구축에 대한 구체적인 방안이 모색되어야 한다.

본 연구는 상술한 문제의식을 바탕으로 하여 미국, 일본, 중국, 중앙아시아 지역을 중심으로 재외한인의 특수성을 고려한 민족교육 모형을 구안하고 재외한인 민족교육 네트워크 구축 방안을 제시하기 위해 실시되었다. 연구 기간은 2005년 9월 1일부터 1년에 걸쳐 수행되었으며 문헌연구, 심층면담을 실시하였다. 연구 분석에는 3차년의 심층면담을 통해 수집한 자료 뿐만 아니라 1, 2차년 동안에 축적한 '재외한인 민족교육기관의 실태' 및 '재외한인의 민족교육관'의 조사 결과도 사용되었다. 여기에서는 연구결과를 요약하고 그것이 갖는 함의를 논의한 후, 향후 과제를 제시하겠다.

1) 재외한인 민족교육 모형과 네트워크

(1) 재미한인 민족교육의 모형과 네트워크

약 130만 명에 달하는 재미한인들은 특유의 근면함과 교육열로 인해 미국에서 성공한 소수민족으로 평가받고 있다. 재미한인들은 비교적 높은 민족정체성을 유지하고 있는 것으로 알려져 있지만 근자에 들어 재미한인 사회는 세대교체 및 거주국 사회로의 동화라는 위기에 직면해 있고, 이로 인해 재미한인들이 앞으로도 민족정체성을 굳건히 지니고 모국과의 관계를 긴밀하게 유지할 수 있을 것인지에 대한 우려가 제기되고 있다.

재미한인 사회에서 제기되는 민족교육의 장애요인으로는 첫째, 민족교육에 대한 동기부여가 결여되어 있다는 점이다. 이는 한편으로 민족교육의 중요성에 대한 후속 세대들의 인식 부족에서 비롯되는 것이지만, 다른 한편으로 성취지상주의에 젖어 있는 재미한인 학부모들의 태도에서 비롯되는 것이다. 즉 후속 세대들은 민족정체성에 대한 인식이 강하지 않기 때문에 민족교육의 필요성을 느끼지 못하며, 학부모들은 미국 사회에서 성공하기 위해서는 자녀에게 한국어와 한국문화보다는 영어 구사가 중요하다고 판단한다. 둘째, 한국 정부의 지원 부족을 들 수 있다. 재미한인들이 민족교육에 대한 동기부여가 미흡한 것은 한국 정부가 재미한인들에게 민족교육에 대한 유인을 제공하지 못한 점도 일조를 하고 있다. 셋째, 열악한 교육여건과 교사의 전문성 부족을 들 수 있다. 재미한인 사회의 민족교육은 주로 한글학교가 주축이 되어 시행되고 있는데, 한글학교들은 일정한 기준도 없이 개인이나 단체에 의해서 설립되는 경향이 있기 때문에 교육시설이나 여건이 열악한 한글학교가 많다. 또한 민족교육 담당교사의 전문성 부족이 나타난다. 한글학교의 민족교육 교사는 대부분 자원봉사자에 의존하는 비율이 높다. 따라서 적정 교사수의 확보도 어려우며, 훌륭한 자질을 갖춘 교사를 초빙하는 일도 어렵다. 넷째, 적합한 교재가 부족하다는 문제점도 제기된다. 현재 재미한인 사회에 제공되는 교재들은 현지 상황에 적합하지 않고, 한국의 문화와 역사를 일방적으로 전달하는 경향이 있어 민족교육에 대한 관심과 동기를 유발시키지 못하고 있다.

상술한 내용을 고려하여 재미한인 민족교육의 모형을 민족교육의 거점 및 대상, 민족교육기관의 내실화, 민족교육의 활성화 방안을 중심으로 세부 내용을 제시하면 다음과 같다. 우선 민족교육의 거점은 한글학교가 담당하고, 대상에는 1세 재미한인 부모와 2~3세 차세대를 포함시킨다. 1세에게는 부모인식 전환 교육을 2~3세 차세대에게는 한국어와 한국 문화 그리고 역사 교육을 실시할 수 있다.

다음으로 민족교육기관의 내실화 방안으로는 다음의 내용을 고려해볼 수 있다. 하드웨어적 측면에서는 기관운영에 어려움이 있는 한글학교에 대한 재정적인 지원이 이루어져야 하고, 소프트웨어 측면에서는 민족교육 수요자를 위한 동기부여 프로그램, 모국방문 프로그램 및 민족교육 프로그램의 개발, 적합한 민족교육 교재개발, 한국교육원의 민족교육업무 체계화가 포함되어야 한다. 또한 한글학교 교사들의 모국 연수 지원 및 재미한인 민족교육 연수시 인력을 파견하는 등의 인적 지원이 이루어져야 한다.

마지막으로 민족교육을 활성화하기 위해서는 재미한인 차세대들의 모국 방문 및 모국 취업을 제도적으로 보장해주는 방안을 마련할 필요가 있다. 이를 위해 재정적인 문제로 모국방문을 하고 싶어도 하지 못하는 재미한인들을 위해 모국방문을 원하는 재미한인들과 교육기관 및 민간단체를 연계해 주는 민간지원 확대를 모색해야 한다. 또한 재미한인 차세대들의 모국과의 유대관계를 높이고 한국어와 한국문화를 학습하게 할 유인으로 국내 기업이나 교육기관에서의 취업기회를 확대해주는 제도적 지원 방안을 마련할 필요가 있다.

한편 상술한 민족교육 모형이 효율적으로 실시되기 위해서는 재미한인학교협의회와 미주한국학교연합회가 주축이 되어 한국교육원 및 재외공관과 협력이 가능한 상설 기구를 제도화하는 네트워크 방안을 마련할 필요가 있다. 이를 통해 민족교육을 위한 교재 개발, 학습자료의 공유, 교사 양성 및 연수를 위한 협력이 가능할 수 있다.

(2) 재일코리안 민족교육의 모형과 네트워크

현재 일본에 거주하는 한인들은 한일합방 이전부터 해방을 전후로 해서 일본으로 건너간 '올드 타이머' 집단과 1980년대 전후 일본으로 건너가 정주권을 취득하게 된 '뉴커머' 집단, 마지막으로 일시체류자 집단으로 구성된다. 재일코리안의 다수를 차지하는 올드 타이머들의 대량 이주는 일본으로의 입국 제한이 자유로워졌던 한일합방 이후에 본격적으로 이루어졌다. 이들은 해방 이후 대부분 귀국하였으나 불가피하게 귀국을 하지 못한 약 60~70만 정도의 조선인들이 현재 재일코리안 사회를 형성하였다.

재일코리안 사회는 크게 재일본대한민국민단(민단)과 재일본조선인 총연합회(총련)에 의해 운영되고 있다. 이들 두 단체는 정치적인 지향이 다르다는 차이점 외에 일본 내 활동에서도 차이가 나타난다. 즉 민단이 주로 일본사회에서의 정주를 목적으로 각종 권익 확보를 위해 노력해 오고 있는 반면, 총련은 재일조선인을 조선민주주의인민공화국의 해외 공민으로 간주하고 일본 사회 내에서의 권익 확보 보다는 해외공민으 로서의 정체성 확립과 이를 위한 교육사업, 그리고 대북지원사업 등에 힘써오고 있다. 그런데 재일코리안들의 귀화가 점차 늘어나고 일본사회 에의 동화 경향이 증가하고 있다. 이러한 상황에서 재일코리안 사회의 민족교육은 뚜렷한 구심점 없이 실시되고 있으며, 여러 가지 위기 상황 에 직면해 있다.

재일코리안 민족교육의 장애요인을 살펴보면 다음과 같다. 민족교육 의 장애요인은 차세대들의 민족정체성의 혼란 문제 그리고 민족교육기 관 내부의 문제로 살펴볼 수 있다. 우선 일본 사회에서의 재일코리안에 대한 편견과 차별은 점차 사라지고 있다. 그러나 사회생활이나 학교생 활에서 본명이 아닌 일본식의 '통명'을 쓸 것을 알게 모르게 강요받고 있기 때문에, 재일코리안들은 민족정체성을 숨기고 살아가는 경우가 많 다. 이 가운데, 일본 사회의 지배적인 가치관을 수용하고 일본 문화에 동화된 재일코리안 3~4세들은 자신의 가치관으로 자신을 이질적인 존 재로 판단해야 하는 자기모순에 빠지게 됨으로써 정체성의 혼란을 겪 고 있다. 이처럼 일본 사회의 일상에서의 차별 및 재일코리안 차세대의 정체성 혼란은 민족교육의 시행에 큰 장애요인이 아닐 수 없다. 또 다 른 장애요인에는 민족교육기관 내부의 문제점을 들 수 있다. 우선 총련 계 조선학교는 일본에 정주할 차세대 재일코리안들에게 적합한 교육을 제공하지 못함에 따라 학생 수의 감소라는 위기를 겪고 있다. 학생수의 감소는 재정적 어려움을 낳고 있고, 이 때문에 학부모들이 거의 모든 재정 부담을 안게 된다는 점에서 큰 문제점으로 제기되고 있다. 반면 민단계 한국학교는 일본 전역에 4개교가 유일할 정도로 그 절대적인 수가 적다. 이들 한국학교들은 일본 정부나 지자체로부터의 지원을 받는 경우가 대부분이나, 그 대신 일본학교와 유사하게 교육과정을 편성해야 하기 때문에 민족교육기관으로서의 역할을 기대하기 힘들다. 게다가 이들 학교는 재일코리안 자녀들보다는 주로 해외상사 주재원 및 외교관 자녀들이 임시로 재학하는 학교의 성격을 띠고 있다는 점이 한계점으로 제기된다. 마지막으로 재일코리안 사회의 민족교육은 총련과 민단에 대한 정치적 입장과 얽혀 있는 복잡한 문제이고, 총련과 민단간의 반목과 대립은 민족교육을 위한 협력과 화합에 걸림돌로 작용하고 있다.

상술한 내용을 고려하여 재일코리안 민족교육의 모형을 민족교육의 거점 및 대상, 민족교육기관의 내실화, 민족교육의 활성화를 중심으로 세부 내용을 제시하면 다음과 같다. 민족교육의 거점은 단기적으로는 한국학교, 조선학교, 한글학교 등의 공동체제가 유지되어야 할 것이지만, 장기적으로는 한국학교나 조선학교를 늘리는 것 보다는 일본 학교 내에 민족학급을 늘리거나 토요학교 형태를 지향하는 것이 바람직할 것으로 보인다. 한편 민족교육의 대상에는 1~2세와 3~5세를 포함시키고, 특히 민족교육 대상의 범주를 확대시키는 것이 중요하다. 예컨대 귀화를 한 재일코리안의 자녀 및 부모 중 한 사람이 한국인일 경우 그 자녀까지도 민족교육의 대상으로 포함시키는 것이 한 방법이 될 수 있다. 그 후 1~2세에게는 재일코리안의 화합을 위한 교육을, 3~5세에게는 재일코리안 차세대로서의 교육을 실시한다.

다음으로 민족교육기관의 내실화 방안으로는 민단계 한국학교와 총련계 조선학교에 대한 지원을 중심으로 한 하드웨어적 측면, 이중언어와 다문화를 이해하는 교사양성 및 교사연수 프로그램 그리고 한국어, 역사, 문화 이해 프로그램에 대한 지원을 포함하는 소프트웨어적 측면, 민족교육 교사들의 수급 및 전문성 신장을 위한 인적 지원을 고려해 볼 수 있다.

마지막으로 민족교육의 활성화를 위해서는 일본에 진출한 한국 기업들이 재일코리안 화합을 위한 각종 문화 사업을 지원하는 방안을 마련하고, 또한 정부에서 재일코리안 차세대들의 모국 수학, 모국 방문 및 취업을 활성화할 수 있는 제도적 지원 방안을 도입해야 할 것이다.

한편 상술한 민족교육 모형이 효율적으로 실시되기 위해서는 민족교육을 위한 민단과 총련의 협력체계를 형성하는 것이 중요하다. 여기에서 고려해 볼 수 있는 것은 민단과 총련의 정치적 화해를 통한 민족교육 협력방안보다는 우선적으로 민족교육에 국한하여 협력방안을 모색해 보는 것이다. 이를 위해서는 정부가 직접 나서기 보다는 재일코리안 민간단체가 민단과 총련의 매개자 역할을 하여 재일코리안 민족교육 협의회를 구성하고, 민족교육의 활성화 방안을 마련할 수 있다.

(3) 재중한인 민족교육의 모형과 네트워크

역사적으로 볼 때, 조선족이 중국의 동북 변경에 대량 이주해 살게 된 것은 19세기 이후의 일이다. 조선족의 본격적인 이주는 1860년대에 대흉작을 맞은 농민들이 대거 간도지방으로 이동하면서 시작되었다. 이후 조선족은 한족과의 큰 마찰이나 갈등 없이 정착에 성공하였다. 1949년 중화인민공화국이 설립되면서, 1952년에는 길림성 동부에 연변조선민족자치구가 형성되었고 1954년 신헌법에 따라 연변조선민족자치주로 바뀌었다. 조선족자치주는 민족문화와 민족언어를 보존하는 동시에, 민족교육이 활발히 이루어질 수 있는 기반으로 작용하였다.

조선족의 자녀 교육에 대한 관심은 중국의 어떤 민족보다 높았으며, 교육에 대한 조선족의 관심과 열정은 민족교육에 대한 강조에서도 나타났다. 그러나 높은 교육수준과 낮은 문맹률을 보여 왔던 조선족의 민족교육 환경은 1980년대 이후 중국의 개혁, 개방 정책과 한국과의 교류 확대로 인해 근본적으로 바뀌고 있다. 특히 인구감소와 인구이동이 증가함에 따라 민족교육과 민족문화의 산실이었던 조선족 집거구의 해체가 가속화되고 있다. 또한 부모들의 도시 이동 또는 해외진출로 인한 가족 분산 및 해체도 심각하다. 이러한 인구이동과 분산은 민족언어와 전통문화의 전승을 어렵게 함으로써, 조선족의 한족에의 동화가능성을 더욱 높일 것이라는 우려도 제기되고 있다.

상술한 상황에서 조선족학교는 여러 가지 장애요인을 갖고 있는 것으로 알려져 있다. 첫째, 조선족학교의 학생수 감소로 인한 민족학교의 통폐합 문제와 한족학교 선호 현상을 들 수 있다. 둘째, 민족교육의 교육이념에서 혼선을 빚고 있다는 점이다. 셋째, 조선족학교의 교육의 질 저하와 교사의 자질 부족 또한 심각한 문제점으로 지적되고 있다. 넷째, 가족분산으로 인한 학생들의 심리적 문제를 들 수 있다.

정부가 조선족 민족교육에 대한 지원을 하기에 앞서 염두에 두어야 할 사항은 중국 조선족 사회에 대한 인식의 전환이 선행되어야 한다는 점이다. 즉 한국 정부나 한국인들은 중국 조선족사회를 한국의 귀속부분으로 간주하거나, 그 문화를 한국문화의 하위문화로 인정하는 경향이 있다. 이는 한국인들의 경제적이고 문화적인 우월감, 또한 모국중심주의적인 배타주의에서 비롯된 것으로 볼 수 있다. 따라서 재중한인 민족교육의 핵심은 그들이 조선족으로서의 민족정체성을 유지하는 동시에 중국에서 적응하고 생존할 수 있는 능력과 기능의 극대화에 맞추어져야 할 것이다.

상술한 내용을 고려하여 재중한인 민족교육 모형의 세부 내용을 제시하면 다음과 같다. 우선 민족교육의 거점은 조선족학교가 담당하고, 민족교육의 대상에는 연변 조선족 자치주의 재중한인 차세대와 산재지역 재중한인의 차세대가 포함되어야 할 것이다. 자치주의 차세대들에게는 세계화 시대에 필요한 인재로서의 교육을 강조하고, 산재지역의 차세대들에게는 민족언어와 민족역사 및 문화를 강조하는 것이 중요하다.

다음으로 민족교육기관의 내실화 방안으로는 우선 현재 조선족학교에 대한 시설 지원이나 산재지역 재중한인을 위한 민족교육 시설 건립을 중심으로 한 하드웨어적인 측면을 고려해 볼 수 있다. 또한 이중언어 교육과 원격교육을 도입하는 등의 교육 프로그램 및 체제의 혁신, 교사양성 및 교사연수 프로그램의 질 제고, 교사보수 체계의 합리적 조정과 직업기술교육의 혁신을 중심으로 한 소프트웨어적 측면도 중요하다. 한편 교원양성과 교원연수 프로그램을 위한 담당인력 파견 등의 인적지원도 필요하다.

마지막으로 민족교육의 활성화를 위해서는 민간 차원에서 자치주에 대한 투자를 늘려 인구 유입을 늘리는 방안을 모색하고, 동시에 정부 차원에서 조선족의 모국 수학 및 모국 취업 기회를 확대하는 제도적 지원을 실시할 필요가 있다.

한편 재중한인 민족교육 모형이 효율적으로 실시되기 위해서는 조선족자치주 정부와 한국 정부간 네트워크를 형성하고 긴밀한 협력관계를 구축하는 것이 필요하다. 이러한 협력관계를 통해 자치주에 위치한 조선족학교를 회생할 수 있는 방안과 산재지역의 한족학교에 방과후 학급을 설치하는 방안을 모색해 볼 수 있다.

(4) 재중앙아시아한인 민족교육의 모형과 네트워크

중앙아시아한인들은 이북 지역의 기근을 벗어나기 위해 그리고 독립운동 및 망명 등의 정치적 목적을 달성하기 위해 1860년대부터 제정 러시아의 연해주 지역으로 이주하기 시작하였다. 그러나 당시 제국적 통치를 위해 다민족의 융합 정책이 시급했던 러시아 정부는 한인들의 민족의식이 고취되는 것을 막기 위해, 그들에게 강제 이주 및 민족 언어를 제한하는 정책을 시행하였다. 그 결과 다른 재외한인들에 비해 중앙아시아한인들의 모국어 상실 정도는 가장 심각하다.

현재 중앙아시아 지역의 사회경제적 상황은 민족교육을 실시하는데 중요한 변수로 작용할 수 있다는 점에서 이에 대한 주의가 요구된다. 우선 경제적으로 과거 사회주의 통제경제 체제였던 중앙아시아 국가들이 자본주의 시장경제 체제로 전환하게 되면서, 그 부작용으로 인플레이션과 실업 증가 등의 사회적 문제들이 발생하고 있다. 또한 중앙아시아 국가들의 독립 후 민족 정체성을 확립하기 위한 차원에서 자국 언어를 강조하거나 역사를 재구성 하려는 움직임으로 인해 인종 갈등의 가능성이 증가하고 있다. 또한 고려인들은 뚜렷한 국가 귀속 정체성을 형성하지 못하고 여전히 소련적 정체성을 고수하는 경향을 보이고 있다.

중앙아시아 지역의 고려인을 위한 민족교육은 대부분 한국교육원과 한글학교를 통해 이루어지고 있다. 그러나 한국교육원을 제외하고, 중앙아시아 민족교육의 여건은 매우 열악하다고 할 수 있다. 이와 관련하여 중앙아시아 민족교육의 장애요인을 살펴보면 다음과 같다. 첫째, 민족교육 토대 및 시스템의 부재 문제를 들 수 있다. 이 때문에 중앙아시아 지역에서는 사실상 민족교육으로 부를 만한 교육내용이 실시되고 있지 않다. 둘째, 교사들의 낮은 보수와 교사양성 과정의 문제점으로 인해 민족교육 담당 교사들의 전문성과 자질 부족 문제가 제기된다. 셋째, 한국어 구사가 어려운 고려인들을 위한 적합한 학습교재와 교육과정의 미비 문제를 들 수 있다.

상술한 내용을 바탕으로 민족교육 모형의 세부 내용을 제시하면 다음과 같다. 중앙아시아한인을 위한 민족교육은 그들의 한국어 구사능력을 신장시키고, 민족교육의 범위를 한국어에서 한국 문화 전체로 넓히는 것이 중요하다. 우선 민족교육의 거점은 한국교육원 및 재외공관이 담당하고, 민족교육의 대상에는 1~2세와 3~5세 모두를 포함시켜야 할 것이다. 1~2세에게는 한국문화와 한국어 교육을 실시하고, 3~5세는 민족교육의 전략 집단으로 선정하여 한국어 및 역사, 문화를 전달하는 동시에 한인 사회를 이끌어갈 사명감을 형성할 수 있는 차세대 리더 교육을 동시에 실시해야 할 것이다.

다음으로 민족교육기관의 내실화 방안으로는 열악한 한글학교에 대한 재정 및 시설 지원을 중심으로 한 하드웨어적 측면과 현지에 적합한 학습교재 개발과 교사연수 프로그램 지원을 포함하는 소프트웨어적 측면을 고려해 볼 수 있다. 한편 전문성과 자질을 갖춘 한국어 교사를 파견하는 등의 인적 지원도 필요하다.

마지막으로 민족교육의 활성화를 위해서는 민간 차원에서 다양한 교육문화 지원 사업을 실시해 볼 수 있다. 또한 정부는 중앙아시아한인 차세대들을 위한 모국 수학 및 취업 기회를 제공하고, 중앙아시아한인 한국어 연구 인력을 위한 제도적 지원 사업을 모색할 필요가 있다.

한편 중앙아시아한인 민족교육 모형이 현실화되기 위해서는 한국교육원과 재외공관을 주축으로 각 대학 한국어과, 한글학교, 그리고 현지 고려인협회 및 고려문화센터들이 민족교육을 위한 상설기구를 조직하고 네트워크를 형성하는 것이 중요하다. 한국정부와 민간단체도 이 기구에 참여하여 민족교육을 위한 지원에 힘써야 할 것이다.

2) 재외한인 지역간 민족교육 네트워크 구축

재외한인 민족교육의 구심점을 마련하고, 민족교육을 체계적으로 지원함으로써 민족교육을 활성화하기 위해서는 민족교육 네트워크 구축에 대한 필요성이 제기된다. 이에 본 연구에서는 재외한인 민족교육 네트워크를 구축하는 방안으로 오프라인과 온라인 네트워크 구축 방안을 모색해 보았다.

지금까지 오프라인 민족교육 네트워크 구축과 관련하여, 재외한인 차세대들의 한국어 능력을 신장하기 위한 교육이나 현장체험학습을 중심으로 하는 교육사업과 재외한인 민족교육을 담당하고 있는 민족교육자의 자질 함양 및 사명감을 제고하기 위한 연수사업, 그리고 민족교육의 활성화를 목적으로 하는 교육지원사업 등이 실시되어 왔다.

그런데 이러한 오프라인 민족교육 네트워크 프로그램은 민족교육 네트워크에 대한 접근이 총체적이지 못하고, 프로그램의 내용이 각 재외한인 차세대들이 속한 거주국의 사회문화적 특성과 재외한인 차세대들의 요구수준을 고려하지 않은 채 일방적으로 민족교육 내용을 전달함으로써, 민족교육 네트워크가 제대로 구축되지 못하는 결과를 초래하였다. 또한 오프라인 민족교육 네트워크 프로그램이 각 정부 부처별로 산발적으로 실시되는 일회성 행사의 성격이 강했기 때문에 프로그램의 효과성 면에서도 문제가 있다고 볼 수 있다.

따라서 상술한 문제점을 고려하여 오프라인 민족교육 네트워크 개선 방안을 마련하는 것이 중요하다. 이를 위해서는 민족교육 네트워크 구축에 관한 비전을 수립하고, 여러 부처에서 분산 실시하였던 프로그램을 종합하여, 오프라인 민족교육 프로그램을 체계화하는 것이 중요하다. 이러한 내용을 포함하는 오프라인 민족교육 네트워크 개선 방안으로는 다음의 몇 가지 사례를 고려해 볼 수 있다. 우선 오프라인 민족교육 프로그램을 체계화하는 차원에서 이스라엘에서 시행하고 있는 모국어 교육 혹은 민족교육 프로그램인 울판 프로그램을 한국식으로 변형한 한국식 울판 프로그램 개발하고 시행해 볼 수 있다. 다음으로 민족교육을 테마로 한 재외한인 민족교육 축제를 고려해 볼 수 있다. 민족교육 축제는 민족교육 세계 포럼과 민족교육 문화제로 구성해 볼 수 있다. 민족교육 세계 포럼은 각 지역의 재외한인들이 민족교육과 관련된 핵심 의제를 중심으로 문제의식을 지속적으로 공유 하도록 하기 위한 것이며, 민족교육 문화제는 다양한 매체와 장르를 통해 재외한인들의 민족교육에 대한 경험을 공유하기 위한 장이라 할 수 있다. 마지막으로 재외한인 차세대들의 모국에 대한 관심을 높이기 위해 모국 탐방 프로그램을 실시해 볼 수 있다. 이 프로그램은 재외한인 차세대들이 직접 모국과 관련된 탐방활동의 주제 및 탐방지역을 선정할 수 있다는 점에서 기존의 연수나 모국 초청 프로그램과는 차별화된다. 또한 이 프로그램은 재외한인 차세대로 하여금 탐방을 통해 모국에 대한 관심과 애정을 가지게 하고, 그 결과를 재외한인 차세대들이 공유함으로써 세계 각 지역의 재외한인 차세대들의 네트워크를 형성하는 데에도 기여할 수 있을 것이다.

한편 온라인 민족교육 네트워크는 세계 각국에 분산된 재외한인들과 같이 오프라인 상의 상호작용을 지속하기 어려운 경우에 유용하다. 일반적으로 온라인 공동체는 약한 유대를 통해 누구나 정보에 효과적으로 접근하여 구성원들끼리 상호작용하는 것이 가능하고, 상대방에 대해 알고 있는 정보의 내용이 매우 적더라도 상호 평등한 상태에서 의사소통을 가능하게 한다. 또한 오프라인 상에서보다 훨씬 더 다양한 사람들과 상호작용할 수 있는 가능성을 높인다. 따라서 온라인 공동체를 통한 민족교육은 산재한 재외한인들에게 민족교육의 기회를 확대할 수 있고, 나아가 민족교육 담당교사의 전문성이 확보되지 않거나 교사 수급이 원활하지 않은 지역의 문제점도 일정 부분 해결할 수 있다는 점에서 의미가 있다.

본 연구에서는 온라인 민족교육 네트워크를 가칭 '한민족 에듀넷'(Koreanedu.net)으로 명명하고 교육대상과 교육내용, 그리고 시스템 운영 방안을 마련해 보았다. 교육대상에는 재외한인 학생과 민족교육 담당교사를 포함시키고, 교육내용은 민족교육 수요자의 요구수준을 반영하여 개발할 필요가 있다. 이와 관련하여 재외한인 학생들의 민족교육에 대한 요구수준을 참고할 필요가 있다. 재외한인 학생들은 민족교육 내용 가운데 한국 방문과 한국 대중문화 소개 프로그램을 선호하는 것으로 나타났다. 따라서 한국어, 역사, 문화 이해 프로그램을 기본으로 구성하되, 재외한인 학생들이 선호하는 프로그램을 반영할 필요가 있다. 또한 교사들을 위한 교육에는 이중언어와 다문화를 이해할 수 있는 내용 및 새로운 교수법이나 한국어, 역사와 문화에 대한 새로운 정보를 제공하는 정기적인 교사연수 프로그램이 제공될 필요가 있다.

온라인 민족교육 네트워크의 운영은 현재 한국교육개발원의 온라인 교육 시스템을 이용하거나 한국교육학술정보원의 시스템을 이용하는 방안을 고려해 볼 수 있다. 이들 시스템을 활용한다면, 기존의 교육 콘텐츠를 활용하거나 그것을 바탕으로 민족교육의 콘텐츠를 새롭게 제작하는 데에도 용이할 것이다. 뿐만 아니라 수준별 맞춤학습이나 커뮤니티 관리의 지원, 그리고 인터넷 상담지원을 통해 민족교육의 효율성을 높일 수 있을 것으로 보인다.

이러한 내용을 포함하는 한민족 에듀넷은 세 가지 핵심 내용으로 구성될 수 있다. 우선 학생과 민족교육 담당교사들의 개인별 학습코너, 그리고 지역별 재외한인 네트워크 형성을 위한 지역 커뮤니티 개설과 운영, 마지막으로 지역을 초월하여 동일한 관심사를 가진 학생 및 교사들을 위한 커뮤니티 개설과 운영이 그것이다. 학습과 커뮤니티 형성을 위한 지원 외에도 모국 수학과 방문, 취업을 위한 연계 지원이 뒤따라야 할 것이다.

2. 연구의 함의 및 향후 과제

본 연구를 통해 얻어진 주요 함의를 살펴보면 다음과 같다.

첫째, 재외한인을 위한 민족교육 모형의 목표는 궁극적으로 민족정체성을 유지하고 모국과의 유대감을 강화하는 동시에 거주국에서의 안정적인 정착을 도모하는 것이다. 이러한 목표는 재외한인을 거주국의 구성원으로 인정하는 관점과 모국과 거주국의 비교문화적인 접근을 통해 달성될 수 있다. 따라서 재외한인 민족교육은 이러한 관점을 바탕으로 국가별 재외한인 민족교육 모형의 개발을 통해 실시할 필요가 있다.

둘째, 각 지역별 재외한인 사회는 고유의 정치경제적, 사회문화적 특성을 보이고 있기 때문에 그에 따른 민족교육의 장애요인 및 요구수준이 다를 수 있다. 그러나 이러한 차이점에도 불구하고 재외한인 민족교육으로 수렴될 수 있는 공통의 문제점이 제기될 수 있다. 그렇기 때문에 재외한인 민족교육의 모형은 각 사회의 특수성이 반영되면서도 공통의 문제점을 해결할 수 있는 방안을 모색하여 실천될 필요가 있다.

셋째, 재외한인 민족교육의 효율성을 기하기 위해서는 각 재외한인 사회에 적합한 민족교육 모형을 개발하고 실시하는 동시에 재외한인 민족교육 네트워크를 구축할 필요가 있다. 이는 민족교육을 중심으로 세계 각지에 산재한 재외한인들을 연계할 수 있는 방안이 되며, 또한 한민족 공동체를 형성하는 데도 기여할 수 있을 것이다.

이상에서 도출한 본 연구의 함의를 고려할 때, 향후 재외한인 민족교육을 위한 과제는 다음과 같이 정리할 수 있을 것이다.

첫째, 각 지역별 재외한인 민족교육의 모형이 제대로 실행되기 위해서는 정부의 실질적인 지원과 각 재외한인 사회의 노력이 동시에 요구된다. 재외한인 사회마다 한인단체의 설립과 운영이 활발한 지역과 그렇지 않은 지역이 존재하며, 활동이 활발하다고 하더라도 한인단체간의 반목과 대립이 심해 민족교육을 위한 공동의 노력이 불가능한 경우도 존재한다. 따라서 정부가 이들 한인단체들간의 대립을 조정하고, 유기적인 협력이 가능하도록 중재하는 역할을 담당할 필요가 있다.

둘째, 한민족 공동체의 형성에 기여할 수 있는 재외한인 민족교육 네트워크를 현실화하기 위해서는 유관기관간 협력이 이루어져야 한다. 이를테면 재외한인 온라인 민족교육 네트워크를 구축하기 위해서는 하드웨어를 지원할 수 있는 정부 출연기관의 협력이 필요하다. 또한 재외한인 학생들과 민족교육 담당교사들을 위한 교육내용 및 교육자료의 DB화를 위해서는 재외한인의 한국어 교육 및 네트워크 구축을 위한 지원에 앞장 서 온 재외동포재단과 국제교육진흥원의 경험을 활용하는 것이 도움이 될 수 있을 것이다.

마지막으로 재외한인 민족교육에 대한 지원이 원활하게 이루어지기 위해서는 재외한인들에 대한 역사적 이해가 우선적으로 이루어져야 한다. 대부분의 한국 사람들은 재외한인들에 대해 배타적인 태도를 취하거나, 그들에게 한국적인 가치관이나 생활태도를 강요하는 경향이 있다. 이는 배타적 민족주의로 이어질 수 있고, 이러한 인식은 민족교육에 부정적인 영향을 미칠 수 있기 때문에 이에 대한 주의가 요구된다. 한편 재외한인 사회를 주도할 차세대들은 활용 여하에 따라 장차 모국 발전에 기여할 수 있는 잠재력이 매우 큰 한민족 공동체의 핵심 인적자원의 일부가 될 수 있다는 점을 인식하는 것이 중요하다. 따라서 민족교육을 통해 이들이 한민족으로서의 정체성을 갖고 모국과의 관계를 긴밀하게 유지하도록 하는 것이 매우 중요한 과제라는 점을 잊지 말아야 할 것이다.

참고문헌

1. 국내문헌

권태환·박광성(2005a). "교육과 조선족 사회의 위기." 권태환(편), 『중국 조선족 사회의 변화: 1990년 이후를 중심으로』. 서울: 서울대학교 출판부.

권태환·박광성(2005b). "가족의 분산과 해체". 권태환(편), 『중국 조선족 사회의 변화: 1990년 이후를 중심으로』. 서울: 서울대학교 출판부.

권태환(2005). "조선족 인구의 추세." 권태환(편), 『중국 조선족 사회의 변화: 1990년 이후를 중심으로』. 서울: 서울대학교 출판부.

권희영(1996). 『세계의 한민족-독립국가연합』. 서울: 통일원.

김강일(2001). 기고논문: 한민족 공동체 형성을 위한 중국조선족의 역할한민족 공동체 형성을 위한 중국조선족의 역할. 지방행정연구, 15(1), 1-29.

김강일(2003). "조선족사회 문화성격과 민족정체성." 전남대학교 아태지역연구소·전국대학통일문제연구협의회 주관 학술대회 동북아 평화번영과 재외한인, 5-39. 12월 18-19일. 구례: 지리산프라자호텔.

김경근(2004). "중앙아시아 한인 민족교육의 실태." 비교교육연구, 14(3), 221-241.

김경근·고형일·황기우(2004). "재외한인 민족교육에 대한 평가." 한국교육학연구, 10(2), 109-134.

김경근(2005). "미주 한인의 민족교육관 연구." 비교교육학연구, 15(3), 29-56.

김경근·임채완·고형일·황기우(2005). 『재외한인 민족교육의 실태』. 서울: 집문당.

김경근·임채완·고형일·양성관·이경자(2006). 『재외한인의 민족교육관』. 서

울: 북코리아.

김경식(2004). 『재중한민족 교육전개사 (하)』. 서울: 문음사.

김남희·강일규·윤인진·이기성·전형권·김광현(2005). 『국외인적자원 개발 및 활용에 관한 정책연구』. 2005년 교육인적자원부 정책연구과제.

김정환(1973). 『교육의 본질과 과제』. 서울: 경지사.

김향화(2003). "조선족중소학교교육의 현주소." 허명철·박금해·김향화·이정 (편), 『연변 조선족 교육의 현황과 과제』. 서울: 한국교육개발원.

남빅토르(2003). "우즈베키스탄 한민족의 정체성과 한국어 교육- 타슈켄트 국립 니자미 사범대 한국어문학과를 중심으로." 전남대학교 아태지역연구소· 전국대학통일문제연구협의회 주관 학술대회 동북아 평화번영과 재외한 인, 41-53. 12월 18-19일. 구례: 지리산프라자호텔.

남호엽(2001). "공간스케일의 관점에서 본 민족정체성 교육." 사회과교육, 34호, 110-126.

박광성(2003). "한국의 조선족노동자들의 유입과 정착, 적응에 관한 연구." 서울 대학교 대학원 사회학과 석사학위논문.

박금해(2003a). "조선족교육에 대한 역사적 회고." 허명철·박금해·김향화·이 정(편), 『연변 조선족 교육의 현황과 과제』. 서울: 한국교육개발원.

박금해(2003b). "조선족 중소학교의 교사교육." 허명철·박금해·김향화·이정 (편), 『연변 조선족 교육의 현황과 과제』. 서울: 한국교육개발원.

박금해(2004). "중국 조선족사회의 현실과 바람직한 미래상." 재외동포재단후원 해외교포문제연구소 주최 교포정책포럼 발표논문. http://research.korean.net/global/docs/r_board_detail.html?menu_type=&txtboard code=RS&sid=20050708102801693&st_page=2 (2006. 4. 30 검색)

박명규(1996). "중앙아시아 한인의 집합적 정체성과 그 변화." 『중앙아시아 한인 의 의식과 생활』. 서울: 문학과 지성사.

박창규(2003). "새로운 국제환경과 한민족공동체: 화교와 유태인의 사례에서 본 재외한인 네트워크의 현황과 과제." 평화연구, 11(2), 151-183.

북가주 두레공동체(2005). 『제1회 여름 수련회 강의록: 우리의 다리가 되시는 하나님』.

성동기(1999). "우즈베키스탄 독립에 따른 고려인의 직업변화와 앞으로의 전망:

이빠드롬 앙케트 분석에 따라.” 재외한인연구, 8(1), 87-110.

손동원(2002).『사회 네트워크 분석』. 서울: 경문사.

송기찬(2004). “소수자로서의 재일동포-민족교육을 중심으로.” 최협·김성국·정근식·유명기 엮음,『한국의 소수자, 실태와 전망』. 서울: 한울아카데미.

연변조선족 자치주 교육위원회(1999). “전주민족교육정황에 관한 회보.”

외교통상부(2007).『재외동포현황』.

윤건차(1997).『일본-그 국가·민족·국민』. 하종문·이예숙 역. 서울: 일월서각.

윤건차(1999). “21세기를 향한 ‘在日’의 아이덴티티-관계성의 모습-.” 강덕상·정진성 외.『근·현대 한일관계와 재일동포』. 서울대학교 출판부.

윤인진(1998). “중앙아시아 한인의 언어와 민족정체성.” 재외한인연구, 제7호, 63-120.

윤인진(2000). “미국으로의 한인 이주와 이민가족의 세대갈등.” 재외한인연구, 9(1), 5-44.

윤인진·장원창·이광규·이종훈·심헌용(2001). “독립국가연합의 정치경제적 상황과 고려인의 당면과제.” 亞細亞硏究, 44(2), 145-173.

윤인진(2004).『코리안 디아스포라』. 고려대학교 출판부.

윤인진(2005). “재외동포 차세대 현황과 한민족공동체로의 포용방안- 재미동포를 중심으로.” 단군학연구, 13호, 191-243.

이건(1999). “전자공동체의 공동체적 성격: 개념적 탐색.” 삼성경제연구소(편),『네트워크 트렌드: 정보기술혁명과 사회변화』. 서울: 삼성경제연구소.

이광규(1997).『재외한인의 인류학적 연구』. 서울: 집문당.

이문웅(2004). “총련계 재일조선인의 생활세계: 인류학적 접근.” 한국사회과학, 26(1-2), 163-224.

이재달(2004).『조선족 사회와의 만남』. 도서출판 모시는 사람들.

임철일(2003).『원격교육과 사이버교육 활용의 이해』. 서울: 교육과학사.

장원창(2005). “우즈베키스탄의 한국어교육의 현황과 문제점.” 타슈켄트 한국교육원 미발간 보고서.

장태한(2000). “로스앤젤레스 폭동과 동포 사회의 미래.” 한국학연구, 12권 1호, 7-22.

장태한(2004). “재미 동포 사회의 현재와 미래.” 재외동포재단 후원 해외교포문제연구소 주최 교포정책포럼 발표논문. http://research.korean.net/global/ docs/r_board_detail.html? menu_type=&txtboardcode=RS&sid=2005070 8104334357&st_page=1 (2006. 4. 30 검색)

정병호(2002). "언어생활과 민족교육." 국립민속박물관(편), 『일본 관서지역 한 인동포의 생활문화』. 245-283. 서울:국립민속박물관

정신철(2004). 『한반도와 중국 그리고 조선족』. 도서출판 모시는 사람들.

조혜영·김종길(2006). "청소년의 사이버 커뮤니티 참여와 사회관계 특성에 관 한 연구." 한국청소년연구, 17(1), 228-232.

채미화(2004). "연변 조선족 중소학교 교육문제실태 조사연구." 교육문제연구, 20집, 93-111.

최항섭(2007). "상류사회의 배제와 통합." 이재열·안정옥·송호근(편저), 『네트 워크 사회의 구조와 쟁점』. 서울: 서울대학교출판부.

최우길(2005). 『중국조선족 연구』. 아산: 선문대학교 중한번역문헌연구소.

최은수(1998). "재외동포 교육과 이를 위한 본국 정부의 교육, 정책에 관한 고찰: 재미동포사회를 중심으로." 교육사회학연구, 8(2), 207-232.

허명철(2000). "중국 조선족 집거구문제에 대한 사고." 아시아태평양지역연구, 3(1), 221-243.

허명철(2003). "조선족 교육개혁과 이중언어교육." 허명철·박금해·김향화· 이정(편), 『연변 조선족 교육의 현황과 미래』. 한국교육개발원.

허명철(2006). "재중동포의 정체성과 문화의식." 공연과 공연비평 모임 주최 동 북아시아 한민족공동체의 문화교류를 위한 시민강좌, 1-14. 5월 19일. 부 산: 동보서적.

2. 국외문헌

Bourdieu, P.(1986). The forms of capital. In J. G. Richardson(ed.), *Handbook of theory and research for the sociology of education*. NY: Greenwood Press Inc. 241-258.

Coleman, J. S.(1988). Social capital in the creation of human capital. *American Journal of Sociology*, 94, S95-S120.

Granovetter, M. S.(1973). The strength of weak ties. *American Journal of Sociology*, 78(6), 1360-1380.

Hampton, K. and B. Wellman(2003). Neighboring in Netville: how the internet supports community and social capital in a wired suburb. *City & Community*, 2(4), 277-311.

Kashiwazaki, C.(2002). The diasporic experience of 'Zainichi'(chaeil): Changes and challenges in comparative perspective. The International conference on the Korean diaspora and strategies of global network. Inchon memorial hall, Korea University. pp. 44-64.

Kim, T.(2006). Identity and education of Koreans in Japan(Zainich Koreans)-the history/present/prospects-. 전남대학교 사회과학대학·세계한상문화연구단·(사)아리랑국제평화재단 주관 2006년 합동 국제학술회의 21세기 사회과학의 이슈: 동북아 신국제질서, 중국발전 패러다임, 코리안 디아스포라, 23-38. 5월 25-27일. 광주: 전남대학교 사회과학대학 별관.

Putnam, R. D.(2000). 『사회적 자본과 민주주의』. 안청시 외 역. 서울: 박영사.

Ryang, S.(2002). Diaspora and beyond: there is no home for Koreans in Japan. *Review of Korean Studies*, 4(2), 55-86.

Schuller, T., S. Baron and J. Field(2002). Social capital: a review and critique. In S. Baron, J. Field and T. Schuller(eds.). *Social capital: critical perspective*. NY: Oxford.

Wellman, B., J. Salaff, D. Dimitrova, L. Garton, M. Gulia, and C. Haythornthwaite (1996). Computer networks as social networks: collaborative work, telework and virtual community. *Annual Review of Sociology*, 22, 213-238.

Wellman, B. and Gulia, M.(1999). Virtual communities as communities: Net surfers don't ride alone. In M. A. Smith and P. Kollock(eds.). *Communities in cyberspace*. London; NY: Routledge.

野村進(1999). 『일본, 일본인이 두려워한 독한 조센징 이야기』. 강혜정·정동선 역. 서울: 일요신문사.

■ 국내외 신문기사

조선일보(2006.3.11). "조선족도 한글간판도 급감... 연변 자치주 해체위기." A3
    면.
조선일보(2006.5.10). "재미교포들, 한국인임이 자랑스러울 때는 바로..."
        http://www.chosun.com/national/news/200605/200605100217.html
    (2006. 5. 11 검색)
조선일보(2006.5.17). "在日민단·조총련 반세기만에 화해." A2면.
중앙일보(2006.5.10). "재외동포 국내 취업 쉬워진다."
        http://article.joins.com/article/naver.asp?aid=2721560 (2006. 5. 11 검색)
한겨레신문(2002.11.4). "통일 전후 이념차이 좁히는 디딤돌"
        http://www.hani.co.kr/section-005100100/2001/07/005100100200107192145055.html
    (2006. 5. 30 검색)

■ 기타

국제교육진흥원 2006년도 사업계획(http://www.ied.go.kr/)
재외동포재단 2006년도 사업계획(http://www.okf.or.kr/)
이스라엘 이민수용부(Ministry of Immigrant Absorption)
(http://www.moia.gov.il/Moia_en/StudyingHebrew/WhatsUlpan.htm.).
코리안넷(http://www.korean.net)의 재외동포현황 자료실

찾아보기

저자

김정숙 고려대학교 교육문제연구소 연구교수, 교육학박사
Jungsook Kim

임채완 전남대학교 정치외교학과 교수, 전남대학교 세계한상·문화연구단 단장, 정치사회학박사
Chaewan Lim

김경근 고려대학교 교육학과 교수, 철학박사
Kyungkeun Kim

서범종 고려대학교 BK21 교육학사업단 연구교수, 교육학박사
Beomjong Seo

전남대학교 세계한상·문화연구 3차총서 **5**

재외한인 민족교육 모형개발과 네트워크 구축

2008년 4월 20일 초판 인쇄
2008년 4월 25일 초판 발행

지 은 이   김정숙, 임채완, 김경근, 서범종
펴 낸 이   이찬규
펴 낸 곳   **북코리아**
등록번호   제03-01240호
주   소   121-020 서울시 마포구 공덕동 115-13 201호
전   화   (02) 704-7840
팩   스   (02) 704-7848
이 메 일   sunhaksa@korea.com
홈페이지   www.ibookorea.com

값 13,000원

ISBN 978-89-92521-52-9   94300
ISBN 978-89-92521-47-5 (전11권)

이 총서는 2003년도 한국학술진흥재단의 지원에 의하여 연구되었음

(KRF-2003-072-BL2002)